KB274309

2009 JPI 정책포럼 시리즈

동아시아 평화의 미래

안보와 다자협력 · 인간안보 · 동아시아 지역연구 · 북한과 통일

제주평화연구원 연구총서 [12]

2009 JPI 정책포럼 시리즈

동아시아 평화의 미래

제주평화연구원 편

안보와 다자협력 · 인간안보 · 동아시아 지역연구 · 북한과 통일

CONTENTS

머리말

새로운 밀레니엄이 시작된 지 10년이 지나가는 지금 세계 곳곳에는 평화의 기운이 증가하고 있지만 여전히 테러의 위험과 인종분쟁 등 중대한 불안요인이 남아 있습니다. 동아시아에도 역사 및 영토문제와 같은 전통적 분쟁요인과 함께 북한 핵개발과 같은 실질적 위협이 여전히 해결되지 않고 지속되고 있습니다.

한반도의 평화정착과 동북아의 안보협력을 통한 공동번영을 추구하는데 기여하고자 설립된 제주평화연구원은 평화와 다자협력에 중점을 두고 이론적 논의와 정책대안의 개발을 위해 노력해왔습니다. 이러한 노력의 일환으로 저희 연구원은 국제관계와 관련한 주요 현안문제를 파악하여 전문가의 분석과 대안을 모색하는 장으로 'JPI 정책포럼'을 운영하였습니다.

2009년 한 해 동안 동아시아 다자협력, 우크라이나 비핵화, 항공안전, 중국의 소수인종 문제, 통일문제 등 다양한 주제를 다루면서 정책 전문가의 지혜와 학자들의 이론적 고찰을 통해 정책제안을 개발하였습니다. 이렇게 모은 글들을 『동아시아 평화의 미래』라는 제목 아래 한 권의 단행본으로 출판하는 것은 새로운 의미가 있다고 생각합니다. 특별히 출판을 위해 노력해 주신 한국학술정보(주)의 여러분에게 감사드립니다.

2009년 12월

제주평화연구원장

한 태 규

1장

안보와 다자협력

동아시아 지역협력과 한국의 과제:
한-아세안의 전략적 협력을 중심으로

이 재 현(제주평화연구원 객원연구위원)

97년 이래로 아세안 10개국과 한중일 간의 협력이 급속히 진행되다가 최근 들어 추진력이 약화되었다. 동아시아 지역협력의 근본적인 장애요인은 리더십을 갖춘 국가의 부재와 ASEAN Way라고 하는 역내 협력 기본원칙의 한계이다.

강대국이 리더십을 행사할 경우 위협적으로 인식되어 반발을 낳는 한편 약소국들은 현실적으로 리더십을 행사할 여건을 갖추고 있지 못하다. 만약 한국이 아세안 국가들과 연대한다면 그 어느 나라보다도 역내협력을 위한 리더십을 잘 제공할 가능성이 있다.

한편 내정불간섭과 주권존중, 협의와 합의를 내용으로 하는 ASEAN Way는 역내협력과 심화, 특히 역내협력의 제도화를 낳는 데는 장애요소가 되고 있다. 어떤 사안을 내정문제라고 주장하면 그 사안에 대해서는 국제적 논의나 행동이 불가능하고, 협의와 합의가 이루어지지 못하면 아무런 결정이나 행동도 가능하지 않기 때문이다.

지역협력이 심화되고 제도화되기 위해서는 리더십이 존재하여야 하고, 국가들이 ASEAN Way를 초월할 수 있어야 한다. 리더십 제공이라는 면에서 한국은 유리한데 중견국가로서 강대국보다 반발을 적게 낳으며 역내 약소국들이 발전모델로 삼고 있기 때문이다. 따라서 한국이 아세안 국가들에게 ASEAN Way를 뛰어넘는 협력의 필요성에 대하여 설득한다면 수용될 가능성이 높다.

한국이 역내협력에 필요한 리더십을 제공하고 역내협력의 심화와 제도화를 위해 국가들을 설득하는 데 적합한 위치에 있다고 해서 자동적으로 한국과 아세안 간의 전략적 연대가 이루어지는 것이 아니다.

전략적 연대의 구축을 위해서는 우리의 대아세안 외교에 있어서 단기적이고 유형적인 이익의 확보에만 집착하지 않는 발상의 전환이 필요하다.

2009-05-08

⫶ 1. 정체와 심화의 '기로'에 선 동아시아 지역협력

○ 동아시아 지역협력은 97년 이후 한동안 급속히 진전된 후 최근 추진력이 감소되고 있음. 이대로 간다면 동아시아 지역협력은 정체를 겪을 우려가 있으나 노력여하에 따라서 높은 차원으로 심화도 가능한 정체와 심화 사이의 '기로'에서 있음. 이 글에서는 97년 이후 동아시아 지역협력이 급속하게 추진될 수 있었던 원인과 최근에 나타나고 있는 문제점, 그리고 지역협력심화를 저해하는 보다 근본적인 문제를 살펴본 후 한국과 아세안의 전략적 역할을 중심으로 역내협력을 심화하는 방안을 찾아보고자 함.

○ 1997년 경제위기는 동북아와 동남아 국가들에게 큰 충격을 주고 많은 변화를 낳았음. 그 중에 하나가 동아시아 지역협력의 출범과 공식화임.

- 1997년 ASEAN+3 비공식 정상회의로부터 2007년 싱가포르의 11차 ASEAN+3 정상회의까지 동아시아 지역의 정상회의가 지속되었음.
- 동아시아 지역협력의 시작은 단순히 경제교류의 심화라는 차원을 넘어서 지금까지 따로 인식되던 동남아와 동북아가 하나의 지역단위로 인식되게 되는 의식의 전환을 낳음.

○ 그런데 최근 들어 동아시아 지역협력의 추진력과 열정이 예전보다 약화되고 있음. 지난 몇 년간 지역협력의 심화를 위한 새로운 움직임이 없다는 사실이 추진력의 상실을 잘 보여주고 있음.

- 특히 최근의 경제위기는 동아시아 국가들로 하여금 지역협력을 심화하기 보다는 개별적인 생존에 더 몰두하게 하는 악재가 될 가능성이 존재함. 이는 97년의 경제위기가 지역협력을 촉발했던 사실과 대조적인데 이러한 차이의 발생은 그

때의 경제위기가 지금의 경제위기와 성격이 다르다는 점에서 비롯됨.

○ 동아시아 지역협력이 정체와 심화의 '기로'에 놓인 현 상황에서 지난 10년의 성과와 미래의 과제를 검토하고 지역협력의 재활성화하는 방안을 논의하는 것이 그 어느 때보다도 시의적절 함.
 - 특히 6월초 한아세안 특별정상회의의 개최로 국내외적으로 그리고 민간과 정부차원에서 모두 동아시아 지역협력에 관한 관심이 고조되어 있음.

2. 97년 이후 지역협력의 추진력과 그 한계

○ 일부의 비관적 평가에도 불구하고 지난 10년간 동아시아 지역협력이 양적인 측면에서 괄목할 만한 성장을 했음.
 - 1997년 말레이시아 쿠알라룸푸르에서 첫 비공식 정상회의가 개최된 이후 10년 이상 매년 빠지지 않고 정상회의가 개최되었고, 1998년에는 ASEAN+3 정상회의가 공식화되고 EAVG(East Asia Vision Group) 제안도 이루어졌음. 1999년 필리핀에서 열린 ASEAN+3 회의에서는 동아시아 지역협력을 공식화하는 "동아시아 지역협력에 관한 공동선언"이 채택되었음. 2000년 정상회의에서는 EASG(East Asia Studies Group)가 제안되었고, 2001년 브루나이 회의에서는 ASEAN+3를 EAS(East Asia Summit)로 전환시키는 제안이 처음 논의되고 EAVG 보고서가 채택되었음. 2002년 캄보디아 회의에서는 동아시아 지역협력을 위한 26개 사업이 EASG 보고서에 의해 제안, 채택되었고, 2003년 인도네시아 회의에서는 EAFTA(East Asia Free Trade Area) 설립을 위한 본격적인 논의가 시작되었음. 2005년 말레이시아 정상회의에서는 EAS의 조기개

최가 합의되었음.

- 싱가포르에서 개최된 제11차 ASEAN+3 정상회의에서는 ASEAN+3 출범 10주년을 맞이하여 향후 동아시아 지역협력을 위한 "제2차 동아시아 협력에 관한 공동성명(Second Joint Statement on East Asia Cooperation: Building on the Foundations of ASEAN plus Three Cooperation)"과 "ASEAN+3 사업계획2007-2017"을 채택하였으며, ASEAN+3 협력기금 설립에 합의하였음. 또 이 회의에서는 ASEAN+3 협력체제는 동아시아 공동체 형성의 주된 기제이며, 이 과정에서 ASEAN은 주도적 역할을 수행한다는 아세안의 중심적 역할이 재차 확인되었음. ASEAN+3 정상회의와 같이 열린 제3차 EAS에서는 기후변화, 에너지, 환경 문제 등이 주로 거론되었고, 이와 관련하여 "싱가포르 선언(Singapore Declaration on Climate Change, Energy and the Environment)"이 채택되었으며, 향후 EAS 발전 방향과 관련하여 정상회의 중심의 전략대화체(leaders-led strategic forum)로서의 성격과 ASEAN 주도 원칙 등 기존의 입장을 재확인하였음.

- 종합컨대 지난 10년간 정상회의마다 주목할 만한 결정과 선언, 계획들을 내놓으며 동아시아 지역협력이 놀랄 만큼 빠르고 숨가쁘게 움직여왔다고 하여도 과언이 아님.

○ 이런 급속한 협력의 진전이 가능했던 요인으로 경제위기, 지역 리더십, 관주도의 성격 등이 지적되고 있음.

- 1997~98년 경제위기 중 동아시아 국가들은 IMF(International Monetary Fund), APEC(Asia-Pacific Economic Cooperation)과 같은 국제기구나 지역경제협력체로부터 만족할 만한 지원을 받지 못했음. 또한 미국도 동아시아 경제위기 극복이나 해소에 큰 도움이 되지 않았음. 이런 상황에서 동아시아 국

가들은 자신들이 당한 위기는 스스로 해결해야만 한다는 현실을 깨닫게 되었고, 1997년 비공식 정상회의를 이듬해에는 공식 정상회의로 격상시키는 결정을 내렸음.

- 두 번째로 중요한 것은 역내 리더십이라는 변수임. 2000년대 중반까지 신뢰를 받고 지역협력의 비전을 공급할 만한 역내 리더가 있었음. 예컨대 말레이시아 전 총리인 마하티르는 1990년 EAEG(East Asia Economic Group)를 주창하면서 동아시아 지역협력에 관한 선구적인 역내 지도자로 부상하였음. 비록 EAEG는 큰 성과를 거두지 못하고 끝나버렸지만 이때 마하티르가 주장한 동아시아라는 지역범주는 이후 ASEAN+3가 출현하면서 자연스럽게 동남아+한, 중, 일이라는 동아시아의 범주를 형성하는 준거점이 되었음. 이런 준거점의 존재는 ASEAN+3가 등장하는 데 중요한 촉진제 역할을 했고, 동남아+한, 중, 일이라는 범주에 대한 문제제기를 최소화시키는 중요한 역할을 했음.

- 마하티르의 바통을 이어받은 것은 김대중 전 대통령으로서 김대중 정부는 지역협력을 위기극복을 위한 중요한 기제로 보았음. 김대중 전 대통령은 1998년 베트남 하노이에서 EAVG, 2000년 열린 싱가포르 정상회의에서 EASG 설치를 제안하였음. EASG는 EAVG의 보고서를 바탕으로 동아시아 지역협력을 위한 26개 협력사업을 제안하였고, 이 사업들은 지금까지도 ASEAN+3 지역협력의 근간을 이루고 있음. 김대중 전 대통령은 또 2001년 브루나이에서 열린 정상회의에서 동아시아 포럼(EAF, East Asia Forum), 동아시아 정상회의, 그리고 "동아시아 자유무역지대(EAFTA)"의 창설을 제안하였음.

- 세 번째로 중요한 변수는 동아시아 지역협력의 관주도 특성임. 적어도 지금까지의 동아시아 지역협력은 학계, 재계를 포함하는 Track II의 일부 참여를 제외하고는 모두 정부 간 대화와 협의를 통해 진행되어 왔음. 지역협력에 관한 주요한 결정과 실천들은 모두 정부 수준에서만 이루어져왔기 때문에 상대적으로

협력사업의 빠른 결정과 실천이 가능했음. 그 결과 지역협력에 관련된 업무를 맡고 있는 개별 국가의 엘리트 수준에서는 이미 동아시아라는 정체성이 어느 정도 형성되었다고 볼 수 있고, 이런 정부 간 협력 또는 정부 차원에 국한된 협력은 보다 긴 타협과 설득, 홍보를 필요로 하는 시민사회를 우회해갈 수 있는 장점이 있음.

- 그러나 관주도의 지역협력은 지역협력의 장래를 위해 반드시 바람직한 것이라고 보기 어려움. 지역협력의 심화에 의해 직접적으로 영향을 받는 시민사회의 배제는 이후 보다 심화되고 제도화된 지역협력이 등장할 때 보다 큰 비용을 치를 수 있으며 이는 다음 단계로 도약하는 지역협력에 큰 장애물이 될 위험이 있음.

○ 동아시아 지역협력이 본격적으로 시작된 지 10년이 넘어가는 지금, 역내협력이 다소 침체되고 추진력이 약화된 것으로 보임. 이런 증상들은 몇 가지 측면에서 관측됨.

- 우선 개별 국가나 정상들의 동아시아 지역협력에 관한 관심과 의지가 과거에 비해 감소하였음. 경제위기를 경험한 국가지도자들이 지난 10여 년간 대부분 교체되었고, 97년 당시 국가지도자들 사이에 공유되었던 것과 같은 위기감 역시 약화되었음.

- 또 지금까지 동아시아 지역협력 사업의 근간이었던 26개 협력 사업에서도 몇 가지 사업(NEAT, Network of East Asian Think-tanks 등)을 제외하고 상당수 사업들이 지지부진한 상황임. 주도세력의 의지부족, 재원부족 등의 복합적 문제가 겹쳐 이런 상황을 초래하였음. 지역협력의 심화와 새로운 도약을 위해 이 26개 사업을 재조정하는 문제가 몇 년간 논의가 되었지만, 뚜렷한 결론을 맺지 못하고 있는 실정임.

- 2008년 세계를 강타한 경제위기 역시 지역협력에 부정적 영향을 미치는 것으로 보임. 1997년 경제위기처럼 이번 경제위기가 동아시아 지역협력의 새로운 단계를 개척하는 데 긍정적으로 작용할 가능성을 배제할 수 없으나, 개별 국가들이 경제위기 극복을 위해 국내 경제문제에 매몰되면서 상대적으로 지역협력은 소홀히 될 가능성도 있음. 지난 1997년 경제위기의 경우 동아시아 지역에 국한되어 경제위기를 겪었다는 공통분모, 그리고 위기를 극복해야 한다는 공통의 목표가 있어 국가들의 결집을 이루어 냈지만, 이번 경제위기의 경우 전 세계적 경제위기이고 따라서 지역협력 보다는 개별국가 각자 생존 노력으로 귀결될 가능성이 커 보임.

⠿ 3. 지역협력심화의 저해요인

○ 앞에서 언급한 상황적인 요인보다 더 근본적인 지역협력의 저해요인은 (1)리더십을 갖춘 역내 국가의 부재와 (2)ASEAN Way라고 하는 역내협력 기본원칙의 한계를 들 수 있음. 이 두 문제가 해결되지 않고서는 동아시아 지역협력이 심화되고 제도화되는 데 구조적 제약이 있음.

가. 역내 리더십 결여

○ 동아시아에서 역내 리더십을 성공적으로 행사할 수 있는 국가는 많지 않음. 역내 약소국은 리더십 행사를 위한 자원이 없고, 역내 강대국의 경우 자원은 있지만 이런 리더십 역할에 대한 주변의 의심이라는 제약이 뒤따름. 따라서 역내 리더로 적합한 조건을 갖춘 국가는 제한됨.

- 동아시아 지역협력이라는 것은 역사적으로 매우 새로운 현상이며 따라서 참가 국가들은 앞에 놓인 아직 가보지 않은 불확실한 경로에 대해서 필연적으로 불안감을 가질 수밖에 없음. 이런 미답의 길에 대한 지도를 보여주는 것, 다시 말하면 지역협력이 나가고자 하는 명확한 비전 내지는 방향성과 그 비전을 달성하기 위한 구체적인 프로그램을 제시하는 것이 바로 역내 리더십의 역할임.

- 또한 필연적으로 국내 문제에 매몰되고, 국가이익에 보다 큰 무게를 두며, 좁은 시각을 가지기 마련인 개별 국가의 지도자들을 지역협력의 장으로 이끌어내고 서로 협력할 수 있게 하는 것도 바로 역내 리더십의 역할임. 따라서 역내 리더십은 자신의 국내적 문제뿐만 아니라 지역 전체를 조망하고 개별 국가이익이 지역 전체의 이익과 조화가 될 수 있는 방향성과 프로그램을 제시할 수 있어야 함.

○ 중국의 경우 지역 리더십을 행사할 만한 자원과 의지를 가지고 있음에도 불구하고 중국의 적극적 리더십 행사는 역내 국가뿐만 아니라 역외 강대국들의 의심을 살 수 있는 상황임. 특히 동남아 몇몇 국가들은 과거 동남아 공산주의 확산에서 중국이 했던 역할에 대해서 아직도 의심을 가지고 있는 실정임. 이런 의심이 이전에 비해 약화되었지만 여전히 중국의 역내 리더십에 대한 경계심이 존재함.

○ 일본 역시 역내 강대국으로서 가지는 리더십의 한계가 있음. 태평양전쟁과 식민지배에 따른 역사적 짐을 완전히 털어버리지 못한 상태에서 역내 리더십을 행사하려 할 때 도덕적이고 윤리적인 문제에 봉착할 수 있으며 역내 국가들로부터 신뢰를 얻는데 문제가 있음.

○ 아세안 내의 주요 국가들 역시 국내문제에 매몰되어 있어 단기적으로 역내 리더십을 행사하기 어려움.

– 전통적으로 아세안의 리더십을 행사하던 인도네시아는 1997년 경제위기와 민주화 이행 이후 이제 겨우 정치적 안정을 찾아가고 있는 상황임. 1997년 경제위기 이후 잇따라 등장했던 국가 지도자들은 국내문제를 넘어선 지역문제에 눈을 돌릴 여유가 없었음.

– 말레이시아 역시 마하티르가 남긴 큰 유산을 후계자인 압둘라 바다위가 채우기에는 한계가 있어 보이고, 더욱이 2008년 선거에서 집권 국민전선(National Front)의 고전은 집권 엘리트로 하여금 국내문제에 완전히 침잠하게 만듦.

– 탁신의 주도 아래 한때 역내 리더십을 행사하려 했던 태국 역시 반 탁신 쿠데타 이후 계속 이어지는 정정불안이 언제 해소될지 모르는 상황이며 이 불안이 해소된다고 하더라도 당분간 역내 리더십을 행사할 만한 내적 역량을 다시 끌어올리기에는 시간이 많이 걸릴 것으로 보임.

– 베트남은 인도차이나 지역에서는 맹주의 역할을 하고 있지만, 국제사회에 완전히 편입된 지 얼마 되지 않으며 경제 규모 역시 리더십을 행사하기에는 역부족임.

– 아세안 또한 아세안이라는 기구가 가지는 제도적 한계 때문에 역내협력의 제도화나 합의를 이끌어내는 지도력을 충분히 발휘하지 못하고 있는 상황임.

나. ASEAN Way의 한계

○ 동아시아협력의 심화를 저해하는 다른 요인은 아세안 방식(ASEAN Way)이라는 역내협력 기본원칙에 있음. 원래 아세안 내의 협력을 규율하던 이 원칙은 동아시아협력에 있어서도 중요한 위치를 차지함. 아세안 방식은 서로 연관되

어 있는 두 가지 요소로 구성되어 있는데 첫 번째는 주권존중–내정불간섭이고 다른 하나는 협의와 합의임.

- 개별 국가들이 독립국가로서 그 주권을 존중받아야 한다는 데 대해서는 의문의 여지가 없고, 원칙으로서 개별 국가의 내정불간섭은 큰 문제가 없어 보일 수도 있음. 하지만 지역협력이라는 것은, 더 나아가 공동체 건설이라는 과제는 일정한 주권의 양도라는 것을 필요로 함. 전체의 장기적인 이익을 위해서 개별 국가의 주권이 일정 정도 제한되는 것이 필수적임에도 불구하고 아세안의 주권존중–내정불간섭 원칙은 이런 일부 주권의 양도를 불가능하게 만들고, 개별 국가들이 자신들의 단기적 국가 이익을 위해서 공동의 노력으로부터 이탈하게 하고 혹은 무임승차자로 행동하게 만드는 합리화의 수단으로 작용함.

- 합의와 협의 역시 표면적으로는 큰 문제가 없어 보일 수도 있음. 그렇지만 지역협력은 장기적으로 지역 국가들 모두에게 이익이 된다고 해도 단기적으로 반드시 그런 결과를 가져올 수 있는 것이 아니며 따라서 국가들 사이에 완전한 합의는 거의 불가능할 수도 있음. 물론 아세안에서도 합의라는 문제가 회원국 전체의 명시적 만장일치를 의미하는 것은 아님. 실제로 아세안에서는 어떤 사안에 대해 회원국이 강력한 반대의 의사를 표명하지 않으면 동의된 것으로 간주함. 그럼에도 불구하고 특정한 사안에 있어서 일부 국가는 자신들의 이익에 위배된다고 생각하고 강력한 반대의사를 보이는 일이 있고 이런 경우 아세안 전체의 정책이나 공동의 입장이라는 것은 불가능함.

○ 이런 아세안의 방식이 가지는 장점도 물론 있음. 아세안 국가들은 지금까지 아세안의 방식이 자신들에게 필요한 자원은 제공하고 원하지 않는 제약은 부과하지 않는 역할을 해왔다고 생각하고, 바로 이런 이유로 해서 아세안이라는 약소국들의 지역협력이 지금까지 40년 넘게 지속되어 왔음. 그리고 국가 간의

신뢰관계가 크게 존재하지 않을 수도 있는 지역협력의 초기 단계에서 개별 국가들을 처음부터 강력한 제도 속에 옭아매지 않는 아세안의 방식은 개별 국가들에게 크게 부담을 주지 않으면서 지역협력의 장에 참여할 수 있게 하는, 다시 말하면 지역협력이 일단 시작될 수 있고 초기에 진전될 수 있게 하는 장점을 가지고 있음.

○ 장기적으로 지역협력을 심화하고 종국에 공동체를 건설하려는 것이 목적이라면 아세안의 방식은 점차 변화되어야 할 것임.

- 지금까지 동남아의 경우 개별 국가의 정책결정이나 외교정책은 장기 집권하는 최고 지도자 몇 명의 개인적 의지에 따라 좌우되는 경우가 많았음. 이렇게 개별 국가가 지도자 개인의 의지에 의해서 움직이는 경우 명시적인 제도화 없이도 지도자들 간의 개인적 친분으로 국가 간 신뢰 관계를 만들어 내는 것이 가능했을지 모름. 그러나 이런 지도자들 간의 개인적 친분에 의한 신뢰관계는 장기적 기반을 만들어 내기 어려움. 특히 동아시아의 민주주의가 진전되면서 점점 이전과 같은 장기집권 지도자가 나오기 어려운 시점에서 개인적 친분에 의한 신뢰관계는 지도자의 교체 때마다 새로 건설되어야 하며 최악의 경우에는 지도자의 교체에 따라서 매번 지도자 간 신뢰 형성의 노력만 하다가 지도자가 바뀌는 상황을 생각해 볼 수 있음.

- 지금과 같은 아세안의 연성적 제도라는 것이 동아시아 지역협력에서도 변하지 않고 그대로 적용된다면 아세안은 지금처럼 동아시아 지역협력의 장에서 약자의 외교를 통한 이익 확보에만 골몰할 것임. 제도화 되어 있지 않은 동아시아 지역협력의 장에서 아세안은 자신들에게 구애하는 동북아 국가들을 경쟁시켜 그들이 필요로 하는 이익을 취할 뿐 자신들이 해야 하는 의무를 다하지 않는 행태를 앞으로도 계속 견지할 수 있음. 따라서 동아시아 지역협력의 제도화는 이

런 동남아 국가들의 약자의 외교를 제어할 수 있는 방법이 되고, 동남아 국가들이 자신들의 의무를 성실히 이행하여 상호 이익이 되는 방향으로 행동하게 만드는 기반이 될 것임.

4. 한아세안 전략적 협력의 중요성

가. 역내 리더십 제공

○ 한국은 2009년 동아시아 지역협력에 있어 매우 중요한 두 가지 상황을 직면하고 있음. 첫 번째는 정부가 바뀐 후 처음으로 있는 ASEAN+3 정상회의와 EAS이고, 두 번째는 6월에 개최된 한-아세안 특별 정상회의임. 이 자리를 통해 추진력의 약화와 경제위기로 위협받고 있는 지역협력을 재활성화, 심화하고 한-아세안 관계를 발전적으로 정립하려는 비전을 명확하게 제시할 필요가 있음. 한국의 성공적인 비전과 방향성의 제시, 여기에 대한 동남아 국가들의 적극적 반응은 이후 동아시아 지역협력에서 한국이 역내 리더 국가로 부상하는 데 중요한 열쇠가 될 것임.

○ 한국만 따로 떼어 놓고 본다면 한국은 동북아의 한, 중, 일 3국과 아세안 10개국이 모인 동아시아 지역협력의 구도에서 애매한 위치, 혹은 취약한 위치를 차지하고 있음.

- 중국과 일본은 그 자체로 객관적으로 정치, 경제, 군사적 대국인 것을 부인할 수 없음. 또 아세안 10개국의 경우 10개 국가가 하나의 아세안이라는 단위로 지역협력에 참여하고 있고 나라 수가 가지는 이점을 충분히 누리고 있음. 이 10개

국의 지지를 확보하기 위해서 중국과 일본이 아세안에 다양한 이익과 양보를 제공하고 있고, 아세안은 이를 이용한 약자의 외교를 통해 자신의 이익을 확보하고 있음.

- 한국은 아세안과 같은 수적 우위를 누릴 수도 없고, 중국, 일본과 같이 그 자체로 대국으로서 지역협력에서 상당한 무게를 차지하기도 힘든 상황임.

○ 이런 상황은 한국에게 위협적인 동시에 기회로 작용할 수 있음. 한국이 이런 상황 속에서 역설적으로 가질 수 있는 기회는 한 가지 조건을 필요로 하는데, 그 조건은 한국과 아세안 간의 효과적인 연대임. 한국과 아세안은 서로를 필요로 할 만한 상황에 놓여 있음.

- 우선 아세안의 경우 개별 국가 차원이나, 아세안 10개국 차원에서 동아시아 지역협력의 장에 들어와 한, 중, 일이라는 큰 국가를 상대하기에 역부족인 위치에 있음. 이런 이유로 끊임없이 지역협력의 장에서 아세안이 동아시아 지역협력의 추동자라든가 아세안이 운전석에 앉아 있다는 것을 강조하고 있으며, 아세안의 방식인 building bloc process, comfort level과 같은 명제들을 고집하며 제도화 대신 신뢰 형성에 보다 강조점을 두고 있음. 이런 아세안의 입장에서 자신들의 위치를 공고화 시키고 발언권을 높이기 위해서는 중국이나 일본과 제휴하는 것 보다 한국이 보다 나은 선택임. 중국이나 일본과 아세안의 제휴는 중국과 일본의 크기로 인해 큰 의미가 없음. 대안으로 한국과의 제휴는 중국, 일본처럼 위협적이지 않으면서 또 다른 한편으로 경제규모나 지역에서의 국가의 존재감이 자신들처럼 작지도 않은 이상적인 제휴상대라고 할 수 있음.

- 한국의 입장에서도 아세안은 바람직한 제휴상대임. 동북아 지역에서 일본과 중국이라는 큰 국가 사이에서 한국이 중재자나 조정자의 역할을 하지 못할 때 한국은 동아시아에서 자신의 위치를 정립하는 데 문제를 가질 수 있음. 그런데 일

본이나 중국 어느 한쪽과 연대를 통해서는 한국 스스로의 존재감이나 무게를 동아시아 지역에서 찾을 수 없음. 중국과 일본이 경쟁적으로 아세안의 지지를 구하는 상황에서 중국, 일본, 아세안의 삼각 구도를 그대로 방치할 경우 한국의 위치는 어디에서도 찾아 볼 수 없는 애매한 상황이 됨. 따라서 한국은 보다 덜 위협적이고 한국과의 연대를 원하는 아세안과 제휴를 통해서 아세안의 10개국이라는 숫자가 주는 힘과 한국의 중견국가로서의 힘을 더해 중국, 일본과 대등하게 설 수 있는 하나의 세력으로 자리매김하는 것이 바람직함.

- 일본과 중국 역시 중국, 일본 중 어느 한 국가가 동아시아 지역협력의 주도권을 쥐는 것 보다는 아세안이나 한국이 지역협력을 이끌고 갈 때 큰 반발을 하지 않을 것으로 보임. 중국이나 일본은 자체로 강대국인 관계로 서로를 견제하는 위치에 있고 따라서 어느 한 국가가 지역협력을 주도하지 못하게 막는 태생적 한계를 가짐. 중국과 일본 중 누군가 지역협력을 이끌어 가는 주도권을 갖는다면 이는 모두로부터 반발을 살 것임. 여기서 아주 강대국도 아니고 아세안 개별 국가처럼 소국도 아닌 한국이 가진 이런 위치는 한국에게 강점으로 작용할 수 있음. 따라서 한국으로서는 아세안 국가와의 전략적 연대를 통해 누구에게도 위협적이지 않은, 누구의 반대에도 직면하지 않는 중립적 지역협력의 리더십을 발휘할 수 있는 위치에 있음.

나. ASEAN Way의 한계극복

○ 동아시아 지역협력에서 제도화는 필수적임. 아세안 역시 동아시아 지역협력의 제도화를 계속 외면할 수만은 없음. 그러나 지금 당장 빠른 제도화를 추진하기에는 동아시아의 상황이 여의치 않은 것이 사실임. 성급한 제도화의 추진과 제도와 규율을 통해서 회원 국가들을 통제하고 몰아가는 것은 현재의 지역협력

의 분위기를 저해하고 자칫하면 그나마 만들어졌던 협력의 분위기와 협상의 테이블마저 망치는 결과를 가져올 것은 자명함. 다만, 천천히 가더라도 지난 40년간 거의 제도화를 하지 못한 아세안의 실패를 거울삼아 착실하게 꾸준히 제도화를 이루어가는 방향으로 움직여야 함.

○ 이와 관련하여 한국과 아세안이 전략적 연대를 통해 중국, 일본을 중재하며, 동아시아 지역협력을 선도하는 역할을 한다고 가정할 때 한국의 입장에서 아세안의 변화를 추진할 만한 충분한 이유가 있으며, 중국, 일본 등 다른 국가에 비해서 보다 아세안의 변화를 이끌어 내기에 유리한 입장에 서 있음.

− 앞서 한국과 아세안이 동아시아 지역협력을 반패권주의적이고 상호호혜적인 방향으로 이끄는데 이상적인 파트너라는 주장을 언급한 데서 밝힌 바 있듯이 아세안에게 한국은 중국이나 일본보다는 덜 위협적인 상대임. 뿐만 아니라 아세안이 늘 안팎의 안보 문제로 주권에 관한 이슈나 외부의 간섭문제에 민감한 것처럼 한국도 한반도 문제를 가지고 있고, 강대국에 둘러 싸여 있는 만큼 아세안과 유사한 처지라고 볼 수 있음. 결국 아세안은 한국에게 중국이나 일본에서 느낄 수 없는 유대감을 가질 만한 충분한 이유가 있음.

− 중국이나 일본처럼 아세안을 압도할 수 있는 강대국에 의한 제도화 압력은 아세안 국가들에게 지나친 간섭으로 인식될 수 있으며, 이에 대해서 동남아 국가들은 강력하게 반발할 가능성이 큼. 중국, 일본에 의한 제도화 압력 내지는 제안은 아세안 국가들에게 자존심을 상하게 하는 일일 수 있고, 대외적으로는 강대국의 압력에 굴복하여 제도화를 추진한다는 인상을 줄 수 있음. 이런 부분들은 아세안이 가장 경계하는 것임.

○ 중국이나 일본에 비해서 한국에 의한 제도화 압력 혹은 제안은 아세안 국가들

에게 보다 덜 거부감을 가지고 받아들여질 수 있음. 제도화의 미비로 인해 오랫동안 비판받은 아세안으로서는 제도화의 필요성을 느끼고 있고, 어떤 부분에서는 이미 자체적으로 변화를 시작한 만큼 한국의 적극적인 제안은 오히려 이들에게는 제도화 방향으로 가속할 수 있는 명분으로 작용할 수도 있음.

- 더 나아가 많은 동남아 국가들이 경제발전의 모델을 한국에서 찾고 있음. 일찍이 말레이시아가 Look East Policy를 천명하면서 한국의 발전 경험에서 경제성장의 답안을 찾았고, 최근에는 주로 CLMV(Cambodia, Laos, Myanmar, Vietnam) 국가들을 중심으로 한국의 발전경험에서 자신들의 미래를 찾으려는 노력이 활발함. 특히 아세안 국가들이 동아시아의 다른 국가나 서구의 경험이 아닌 한국의 경험에서 자신들의 미래를 찾으려는 이유는 다른 발전의 경험들과 자신의 상황이 너무 동떨어져 있기 때문임. 엄청난 국토와 자원, 인구를 가진 중국의 성장경험이나 일찍 경제성장을 해서 이미 세계 1~2위권의 경제력을 가진 일본의 경험은 자신들에게 직접적으로 암시하는 바가 별로 없음. 또 서구의 경험 역시 시간적으로 거리가 멀며, 문화적 차이로 인해 동남아 국가들에게 큰 도움을 주지 못함.

- 한국의 경험은 그리 시간적으로 멀지 않은 것이고, 또 현재 한국의 경제가 서 있는 위치 역시 최상이라기 보다는 자신들이 목표로 세우고 따라 하기 알맞은 정도이기 때문임. 이렇게 한국이 그들의 모델이 되는 것 또한 다른 국가가 아닌 한국의 조언과 제안이 보다 아세안에게 효과적으로 작용할 수 있는 한 가지 이유가 될 수 있음. 한국은 이런 유리한 위치를 이용하여 아세안의 변화를 적극적으로 이끌어 내고 동아시아 지역협력을 선도할 수 있는 전략적인 위치에 놓여 있음.

⠿ 5. 대아세안 외교 발상전환의 필요성

○ 한국은 아세안과 협력하여 동아시아 지역협력에서 강대국 간의 조정자, 중재자의 역할을 할 수 있고, 또 지역협력에 리더십을 공급할 잠재력이 있음. 또 한국은 동아시아 지역협력의 장애물이 되는 아세안의 방식을 바꾸고 이들이 보다 적극적으로 동아시아 지역협력의 공고화, 동아시아 공동체 형성에 나설 수 있게 만드는 유리한 위치에 있음. 그러나 한국의 그러한 객관적 위치가 자동적으로 한-아세안 간의 전략적 파트너십을 만들고 긴밀한 협력을 가져오는 것은 아님. 그러기 위해서는 한국은 아세안에 대하여 전향적인 발상전환이 필요함.

○ 한국과 아세안의 관계 심화를 주장할 때 등장하는 의문 중 중요한 것들은 (1)아세안의 약자외교 행태에 대한 우려와 (2)우리가 아세안을 중시하여 적극적으로 나설 때 한국의 국가이익은 무엇인가, 다시 말하면 우리가 아세안을 지원할 때 얻을 수 있는 직접적인 실익은 무엇인가에 대한 의문임. 이런 의문의 근본적인 오류에 대해서 지적하는 것이 한국의 아세안에 대한 관계 심화의 첫 시작이라 할 수 있음.

- 아세안에 대해서 한국이 직접적으로 얻을 수 있는 이익이나 약자외교에 대한 우려를 지금으로서는 좀 접어놓을 필요가 있음. 경제적으로, 정치적으로, 군사적으로 약소국인 아세안의 입장에서 자신들 보다 강한 국가를 상대로 한 약자외교는 어떻게 보면 당연한 생존전략이라 할 수 있음. 한국의 경우에도 지금도 그렇고 과거에도 강대국을 상대로 한 약자외교를 추구했었음. 아세안 역시 자신들의 위치에서 최대한의 성과를 내고 이익을 얻어내기 위한 약자의 외교는 당연한 생존전략임. 이들에게 자신들의 생존전략을 포기하거나 수정하라고 이야기하는 것은 아세안과의 관계를 악화시키는 지름길임.

− 한국이 아세안에 대한 지원을 강화하여 얻을 수 있는 직접적이고 단기적인 이익에 대한 고려 역시 지금 당장은 그리 적절한 질문이 아님. 한국이 아세안으로부터 얻을 수 있는 직접적인 이익은 아세안이 우리의 입장을 지지하는 무형적이고 추상적인 이익 외에는 그리 많지 않아 보임. 그럼에도 불구하고 한국은 이제 다른 국가들에게 먼저 일방적으로 베풀 수 있는 위치에 있음. 한국의 급속한 경제성장 속에서 우리는 여전히 과거의 정치, 경제적 약소국이라는 스스로에 대한 이미지를 버리지 못하고 있고, 따라서 단기적인 이익, 1:1의 이익 교환이라는 프레임을 아직 벗어 버리지 못한 듯 보임.

○ 한국을 바라보는 아세안의 시각은 우리가 스스로에 대해서 평가하는 것 보다 한국의 위치와 위상을 더욱 크게 보고 있음. 한−아세안 관계의 발전은 아세안의 이러한 시각을 깨닫는 것으로부터 시작된다고 할 수 있음.

우크라이나 비핵화:
한반도 비핵화에 주는 교훈

Volodymyr Belashov(주한 우크라이나 대사)

탈냉전과 함께 소련의 해체로 우크라이나는 세계에서 세 번째로 큰 핵보유국가가 되었으나 우크라이나는 1991년 8월 독립선언과 더불어 핵무기 보유여부에 대한 논의를 거쳐 비핵화과정을 거치게 되었고 이 과정에서 우크라이나가 경험한 국내외적 상황의 전개는 그 자체로서 시사하는 바가 크고 특히 북한의 핵무기개발을 해소하는 과정에 우크라이나 경험에서 배울 수 있는 부분이 크다고 평가된다.

우크라이나의 비핵화는 초기단계부터 우크라이나의 안전보장을 국제적으로 공인받고, 우크라이나의 평화적 핵 이용에 대한 기술적 보장을 확인받고 이에 대한 기술적 및 경제적 지원을 받아 비핵국가가 되기 위한 목적을 선언하여 국제사회의 환영을 받은 자발적인 비핵화 과정이었다.

우크라이나 비핵화 과정이 던져주는 시사점은 국가차원에서 궁극적으로 핵무기를 보유할 때 가지게 되는 이익보다 폐기할 때 더 많은 이익이 보장된다는 신념을 가지고 비핵화 과정을 추진하는 당사자의 의지가 가장 중요한 요인이다.

이와 더불어 비핵화를 추진하는 당사자였던 우크라이나의 추진의지에 대해 안전보장의 제공과 시의 적절한 보상의 제공을 주요 국가인 미국과 러시아가 적절하게 부응하여 비핵화과정을 성사시킨 것도 중요한 요인의 하나라고 할 수 있다.

이와 동시에 비핵화를 바라는 우크라이나의 국내 언론, 정치지도자, 그리고 일반 여론의 적극적인 의견개진과 합의를 도출하고자 하는 정책의지도 중요한 역할을 수행하였다고 할 수 있다.

핵문제의 해결과정에 있어서 일반적이고 공통적으로 적용 가능한 해법은 존재하지 않는다. 다양한 상황과, 지역, 대상국가에 따라 해법을 달리해야 하지만 비핵화 당사자의 의지와 국제사회의 공조는 선결되어야할 조건임이 분명하다.

*핵무기의 사용 및 확산은 가장 치열한 세계적 논쟁이 벌어지는 주제 중의 하나이고, 이 문제는 모든 국가 및 국제 사회에 관련된 일임. 이와 관련하여 우크라이나의 경험은 지역 및 세계적 수준에서 학자, 전문가 및 정치인들의 관심사임.

1. 들어가는 말: 우크라이나 영토 내의 핵무기

○ 1991년 후반기 소련의 해체 이후에 우크라이나가 세계에서 세 번째로 큰 핵 보유국가가 되었음.

- 우크라이나에는 나토가 SS-19로 명명한 130기의 대륙간탄도미사일, 우크라이나에서 설계 및 생산된 최신예 SS-24 대륙간탄도미사일을 포함한 다른 미사일 46기 및 46대의 전략폭격기 등 총 222기의 전략 핵무기 운송수단이 존재했음.

- 우크라이나에는 176곳의 전략미사일 저장고가 존재했음. 아울러 수천 기의 전략 및 전술 핵탄두, 전술핵탄두 운송수단 및 관련 지휘 본부, 저장고, 지원 및 정비 시설들이 우크라이나에 산재해 있었음.

2. 해법

가. 1단계

○ 1991년 8월에 우크라이나 의회 베르크호프나 라다(Verkhovna Rada)가 우크라이나의 독립을 선언한 직후, 우크라이나 사회의 모든 계층에서 우크라이나의 핵무기 계속 보유 여부에 대한 심각한 토론이 시작되었음.

- 상충되는 입장들이 지역 신문, TV 방송, 의회, 내각 및 대통령실 등에서 거론되었고, 우크라이나의 저명한 학자와 분석가들이 관여하여 하나의 해법을 찾고자 노력하였음.

○ 세계에서 세 번째로 많은 핵무기의 전체 또는 일부를 계속 보유하고자 하는 유혹도 매우 강했지만, 전략적인 분석은 우크라이나 영토에서 모든 핵무기를 제거함으로써 얻는 이점이 매우 크다는 점을 분명히 보여주었음. 이러한 단일한 결론을 내릴 수 있었던 주요 원인은 다음과 같음.

- 특정 종류의 대륙간탄도미사일은 우크라이나에서 설계되고 생산되었음. 하지만, 거기에 탑재될 핵탄두는 러시아에서 설계되고 조립되었음. 따라서 우크라이나에 존재하는 핵무기를 최신의 운용 상태로 유지하기 위해서는 우크라이나에서 이들 핵탄두를 설계하고 조립할 필요가 있었는데, 이 과정에서의 비용이 과중하였음. 당시 독립 첫 해에 어려움을 겪고 있던 우크라이나의 경제적 상황을 고려할 때, 우크라이나의 한정된 자원을 우크라이나 국민들을 위해 보다 효율적이고 현명하게 활용할 필요가 있었음.

- 우크라이나의 핵무기는 모두 러시아에서 실험되어왔음. 따라서 핵무기를 유지하기 위해서는 우크라이나 영토 내에 핵무기 실험 장소를 확보해야만 했는데, 이는 우크라이나의 높은 인구 밀도 상 매우 힘든 일이었음.

- 핵무기를 보유한다는 것은 우크라이나를 문제국가(rogue country)로 인식시킬 가능성이 있었음. 상당수의 국가들이 우크라이나의 핵보유가 초래할 부정적 결과에 대해 경고하였음. 신생 독립국가로서 우크라이나는 향후에 지속되어야 할 국제사회로부터의 강한 지지, 지원 및 협조가 필요했음.

○ 1991년 10월 24일, 우크라이나 의회는 우크라이나 비핵화 선언(Statement on Non-Nuclear Status of Ukraine)을 채택했음.

- 이 비핵화 선언은 1990년 7월 16일의 독립선언에서 명시했던 우크라이나의 비핵화 3대원칙을 재확인했음. 3대원칙은 핵무기를 획득, 생산, 용인하지 않는 것임. 이를 위해 우크라이나는 영토 내의 모든 핵무기와 그 부속물의 완전한 폐

기를 정책으로 추진함.

– 우크라이나는 구소련의 계승국으로서 자국 내에 배치된 핵무기와 관련하여 미국과 소련 간에 체결되었던 전략무기감축협정(START)의 조치들을 준수할 것임을 천명함. 우크라이나는 아울러 자국 내의 핵무기와 관련하여 모든 이해 당사자들과 논의할 준비가 되어있음을 밝힘. 우크라이나는 독립 당시부터 핵비확산조약(NPT)에 가입하고 국제원자력기구(IAEA)의 안전조치협정(Safeguards Agreement)을 준수할 것임을 밝힘.

○ 1992년 5월 23일, 리스본에서 미국과 소련 간에 1991년에 합의되었던 START의 부속의정서가 체결됨.

– 리스본 의정서로 불리는 이 합의를 통해, 우크라이나, 벨라루스, 카자흐스탄 등 구소련의 계승국 세 나라는 START 협정의 의무를 준수하고 러시아 및 미국과 함께 협정의 당사자가 되었고, 의정서 5조에 따르면 이들 세 나라는 최대한 빨리 NPT에 비핵국가로 참여하기로 하였음.

– START는 애초의 목표였던 전략무기 분야에서의 무기의 축적에 제한을 가했을 뿐만 아니라 두 핵 국가의 핵능력의 실질적 감축을 요구하였음. 이러한 조항들은 비핵국가가 되고자 했던 우크라이나의 국가 이익과 일치하였음. 리스본의정서를 체결할 때, 우크라이나는 START와 관련하여 다음과 같은 점들을 전제로 하고 있음을 선언하였음.

– 조약에 명시된 모든 감축과 제한은 협정 당사국 영토 내에 있는 핵탄두와 그 운반수단의 비례적이고 동등한 감축을 통해 이뤄질 것임.

– 자국 영토 내의 모든 핵무기를 자발적으로 폐기하는 데에 동의한 우크라이나는 다른 핵국가들에게 우크라이나 영토의 일체성과 정치적 독립을 저해하는 핵무기의 사용 또는 사용 위협을 하지 않을 것을 보장하도록 요구할 것임.

- 우크라이나는 러시아가 우크라이나 영토 내 핵무기가 사용되지 않도록 하는 기술적 통제 시스템을 우크라이나와 공동으로 조속히 구축할 것을 요구할 것임.

○ 1992년 10월 1일에는 미국 상원이 같은 해 11월 4일에는 러시아 의회가 START를 비준했음. 러시아 의회는 비준서의 교환은 우크라이나가 NPT에 가입한 이후에 이뤄져야 한다는 유보조항을 삽입하였음.

○ 1992년 말부터 1993년 초까지 우크라이나의 비핵화 경로에 다음과 같은 네 가지 주요 이슈가 노정되었음.
- 첫째, 우크라이나에 대한 핵 비사용을 조약으로 제공할 필요
- 둘째, 우크라이나가 NPT에 가입하는 조건을 결정할 필요
- 셋째, 우크라이나 영토 내 핵무기의 안전을 보장할 필요
- 넷째, 우크라이나의 핵발전소에서 사용할 핵연료를 지속적으로 공급할 필요

나. 우크라이나의 안전보장과 NPT 가입

○ 우크라이나의 비핵화 초기 단계에서부터 우크라이나의 안전보장은 우크라이나 대통령, 정부 및 의회가 가장 중요하게 추구하던 목표 중의 하나였음.
- 당시에 몇 인접국들은 우크라이나 영토의 일체성과 국경의 불가침성에 대해 공식적인 의문을 제기하고 있었음. 그들 국가는 자국의 정치적 목적을 달성하기 위해 우크라이나에 지속적이고 공개적인 압력을 가하고 있었음. 이러한 상황 하에서 우크라이나가 START를 비준하고, NPT에 가입하고, 결과적으로 영토 내 핵무기를 폐기하기 위해서 다음과 같은 두 가지 필요조건이 제기되었음.
- 우크라이나가 모든 핵국가들로부터 우크라이나의 안보에 대해 강하고 신뢰할

수 있는 보장을 받을 것

- 우크라이나가 핵무기의 폐기와 각급 핵무기에 장착되어 있는 핵물질을 포기하는 대가로 적절한 재정적 기술적 지원을 받을 것

○ 핵무기 포기의 보상으로 안전보장의 확약을 받아야 할 필요성은 "우크라이나 의회의 결의안"과 "외교정책 기본방향(Main Directions for Foreign Policy)"에 명문화되었음.

- 이 두 문서에 의하면, 우크라이나 핵무기의 폐기는 우크라이나가 모든 핵국가와 국제사회로부터 안전보장에 대한 확약을 받은 후에만 가능함. 안전보장 이슈는 1992년 4월 이후에 미국을 위시로 영국, 러시아, 프랑스, 중국 등 핵국가와의 집중적인 논의의 주제가 됨.

- 핵국가들이 우크라이나의 정당한 이익을 고려하기를 거부했기 때문에 논의의 시작단계는 성공적이지 못했음.

- 1992년 10월에 이들 국가의 태도에 변화가 생기면서 마침내 우크라이나는 미국과 영국부터 시작하여 후에 러시아 및 프랑스와 안전보장에 대한 논의를 시작할 것임을 합의함.

○ 해당 국가 각급 대표들 간의 치열한 공식적 협상과 비공식적 협의를 통해서 향후에 논의될 조항의 형태가 토론되었고, 우크라이나의 입장에서는 이 문서는 다음과 같은 핵심 사항을 포함해야만 했음.

- 우크라이나의 안전보장은 모든 핵국가와 우크라이나가 합의하는 양자 혹은 다자 간 강제적인 합의에 의해 선언되어야 함.

- 이 합의는 우크라이나의 안전보장을 구체적이고 직접적인 목표로 이뤄져야 함.

- 이 합의의 내용에 있어서, 핵국가는 우크라이나의 영토적 일체성과 주권을 존

중해야만 하며 우크라이나 국경의 불가침성이라는 원칙을 따라야만 함.

- 관련국들은 자국의 정치적 목적을 위해서 특히 핵무기의 사용이나 사용 위협 또는 경제적 압박을 이용하지 않아야 함.

- 우크라이나의 안보가 위협받는 상황에서 합의 당사자들 간에 신속한 협의가 이뤄져야 함.

○ 1993년 6월 초까지, 우크라이나는 관련 5개국 모두로부터 안보확약의 내용을 담은 문서 초안을 받았으며, 이들 초안들은 모두 1968년에 유엔 안보리 결의안 255에 규정된 핵국가가 비핵국가에 제공하기로 한 "긍정적인" 안전보장을 재확인하였음. 또한 이들 초안은 유엔안보리 결의안의 내용 외에도 보다 일반적인 규범과 유엔 헌장 및 CSCE 최종의정서(Final Act)에 정의된 국제법의 원칙, 즉 독립, 주권, 영토적 일체성, 국경의 불가침성의 존중, 그리고 핵무기를 포함한 군사력의 적대적 사용이나 사용 위협 또는 경제적 압박의 금지 등의 요소를 고려하였음.

○ 이들 초안은 긍정적인 요소를 포함하고 있는 것이 사실이었지만, 우크라이나의 안보를 보장하기에는 불충분했음. 우크라이나는 START와 NPT에 공식적으로 참여하기 이전에 안보가 확약되는 것을 원했음. 우크라이나의 관점에서는 우크라이나의 안전보장이 두 조약에 가입하기위한 선결조건이었음. 하지만, 핵국가들은 우크라이나의 입장에 반발하였고 우크라이나가 START를 비준하고 NPT에 비핵국가의 자격으로 참여한 이후에 우크라이나의 안전보장을 확약할 수 있다고 주장하였음.

○ 이러한 사정과 몇 가지 다른 이유 때문에, 우크라이나 의회는 1993년 11월 18

일에 START와 리스본 의정서를 비준함에 있어서 유보조항을 삽입하였음. 그 중 가장 중요한 내용은 우크라이나가 리스본 의정서 5조의 이행과 관련한 법적인 의무에서 면제된다는 것이었음. 이것은 우크라이나가 가능한 빨리 NPT에 비핵국가로서 가입하는 것을 의무로 생각하지 않는다는 의미였음. 다른 유보조항들은 안전보장의 확약 및 핵무기 및 핵물질을 포기하는 대신 제공될 적절한 규모의 재정 및 기술적 지원과 관련된 내용들이었음.

다. 우크라이나 핵발전소의 핵연료 안전문제

○ 위에서 언급한 문제 외에도 우크라이나는 또 다른 심각한 문제들에 직면해 있었음. 예를 들어 핵탄두의 안전한 저장, 우크라이나 핵발전소의 안전한 운용 등이 우크라이나의 비핵화와 관련되어 중요한 이슈로 대두되었음.

- 핵탄두의 작전수명은 제한되어 있어서 정해진 시점이 초과되면, 핵탄두는 방사능 폐기물로 변함.

- 폐기물을 처리하기 위한 재처리 시설을 갖추기 위해 우크라이나는 재정 자원 외에도 상당한 과학적, 기술적 자원을 필요로 했음. 우크라이나는 핵탄두의 활용을 위한 기술은 물론 핵탄두로부터 나오는 고농축 우라늄을 저농축 핵연료봉으로 처리하는 평화적 핵재처리 시설도 보유하지 못했음.

○ 우크라이나 지도부는 핵물리학 및 핵무기와 핵 기술과 관련된 우크라이나의 저명한 과학자와 전문가들로부터 자문을 구했고, 그 해법을 찾기 위해 많은 연구가 진행되었음.

- 이를 토대로 여러 가지 대안들이 우크라이나에 초래할 정치적, 경제적, 환경적, 사회적 함의 및 결과를 중심으로 평가되었고, 우크라이나는 자국의 모든 핵무

기가 러시아에서 폐기되어야 한다고 결론을 내렸음.

- 아울러 우크라이나는 이 과정에서 고농축 우라늄이 새로운 핵무기에 사용되는 것을 방지하기 위해 폐기과정에 대한 국제적 통제가 필요하다고 주장하였음.

○ 1993년 9월 3일에 크리미아의 마산드라에서 우크라이나 외무장관인 레오니드 쿠츠마와 러시아 총리 빅토르 체르노미르딘이 우크라이나 영토 내의 모든 핵탄두를 러시아로 이전하는 데에 합의했음. 러시아가 책임을 지고 핵탄두의 고농축 우라늄을 우크라이나의 핵발전소에서 사용할 수 있는 저농축 핵연료로 변환시키기로 한 것임.

- 양국은 우크라이나의 모든 핵관련 활동은 NPT 2조 3항에 의거 IAEA의 검증을 받는다는 데에 합의했음.

- NPT 3조 2항은 "본 조약 당사국은, 특수 핵분열 물질이나 그 원료가 본조에 의하여 요구하고 있는 안전조치에 따르지 아니하는 한, (가)특수 핵분열 물질이나 그 원료 (나)그 처리, 사용, 또는 생산을 위하여 특별히 설계되거나 준비되는 장비 또는 물질을 평화적 목적을 위해서 여하한 비핵국가에 제공하지 않기로 약속한다"라고 규정하고 있음.

○ NPT 3조의 규정에 따라 러시아 대통령은 핵물질 수입국가의 핵 활동이 IAEA의 포괄적 사찰 하에 있지 않은 경우에는 핵물질을 수출할 수 없도록 금지하는 대통령령을 발동하였음.

- 관련 국제법과 러시아 국내법에 따라, 러시아는 우크라이나의 핵발전소에 핵연료를 공급하는 것이 비확산 레짐을 침해하는 것이라고 선언하였음.

- 이것은 우크라이나의 국제적 협력 노력에 찬물을 끼얹는 것이었음. 우크라이나가 독자적인 핵연료 생산시설을 보유하지 않았기 때문에 평화적 핵에너지 사용

과 관련된 국제 협력의 단절은 우크라이나 핵발전소의 완전한 가동중단으로 이어질 수 있었으며, 이는 계절에 따라 우크라이나 전력 생산량의 40-60%의 손실을 의미하는 것이었음.

- 이러한 상황을 고려하여, 1994년 9월 28일에 우크라이나는 NPT에 가입하기에 앞서 IAEA와 "우크라이나의 모든 평화적 핵활동과 관련된 핵물질 보장을 위한 합의"를 체결하였음. 이 합의는 1995년 1월에 발효되었고, 1995년 9월 21일에 그 합의는 NPT 틀 속으로 병합되었음.

3. 우크라이나 핵무기 문제에 대한 해법

○ 이미 언급했듯이, START의 비준 기간 동안인 1992년 11월 4일, 러시아 연방 의회는 우크라이나가 NPT에 가입한 후에 조약의 비준서가 교환되는 것으로 유보했고 다른 핵보유 국가들은 이미 언급된 보장을 승인하는 선제조건으로서 우크라이나가 이 조약에 가입할 것을 촉구함.

- 협력 상대국가의 입장과 아울러 우크라이나는 국익을 고려하면서도 일련의 문제에 대해 상호 이해될 수 있는 해결책을 얻는 것을 목표로 양자 및 다자 협상을 지속함.

- 키에프, 워싱턴, 모스크바에서의 삼자협상 기간 동안 우크라이나의 상황에 대한 강력한 주장과 우크라이나 외교관들의 지속적인 노력의 결과로 1994년 1월 14일 모스크바에서 우크라이나, 미국, 러시아의 대통령이 서명한 삼자 선언에서 포괄적인 형태로 위에 언급된 문제에 관하여 상호 수용할 수 있는 해결책에 타협점을 찾음.

○ 이 합의서는 실제로 우크라이나 핵문제를 해결하는데 있어서 최종 해결책을 마련하는 계기가 되었으며 아래의 사항들을 명시하고 있음.

- CSCE 회원국의 기존의 국경선과 독립성과 주권을 존중한다는 우크라이나에 대한 약속의 재확인.

- 우크라이나의 경우, 핵국가와의 연합 혹은 동맹에 의해서 자국 영토 혹은 부속 영토, 군대, 혹은 동맹국에 대한 공격이 있는 경우를 제외하고는 NPT 비핵국가에 대해서 핵무기를 사용하지 않는다는 약속의 재확인.

- 우크라이나가 핵공격을 받거나 그 위협을 받는 경우에, NPT 비핵국가로서의 우크라이나에 지원을 제공하기 위해 즉각적으로 UN 안보리 결의를 취할 것에 대한 약속 재확인.

- 타 국가의 영토 일체성 혹은 정치적 독립성에 대하여 무력의 사용이나 위협을 금지하는 책임의 재확인.

- CSCE 최종의정서의 원칙에 따라, 타국이 자신의 이익을 위해 우크라이나가 CSCE 참여국으로서 주권에 보장된 권리를 행사하는 것을 막는 경제적 압박을 가함으로써 이득을 취하려는 행위를 제한함.

- START가 발효되고 우크라이나가 NPT 비핵국가가 되면 미국, 러시아, 영국이 우크라이나 안보 확약 조치, 특히 우크라이나에 핵국가로서 핵무기를 사용하지 않는다는 보장(부정적 보장), 그리고 우크라이나가 핵공격이나 그 위협을 받을 경우 지원한다는 보장(긍정적 보장)을 즉시 제공할 것임을 명시.

- 미국이 핵무기와 핵분열물질 저장고의 안전한 해체를 위해 기술적 재정적 지원을 제공함.

- 우크라이나, 카자흐스탄 및 벨라루스의 영토에 있는 핵탄두가 해체를 위해서 러시아로 이전된다면, 우크라이나, 카자흐스탄 및 벨라루스에 공정하고 시의적절한 보상을 제공할 준비뿐만 아니라 그들의 영토에 있던 핵탄두의 고농축 우

라늄의 가치만큼 우크라이나, 카자흐스탄, 벨라루스에 대한 보상을 제공하는 중요성의 인식.

○ 미국 및 러시아 연방 대통령은 우크라이나 대통령에게 영국과 협의가 진행되어 왔고, 영국도 우크라이나에 같은 안전보장을 제공할 준비가 되어 있음을 알림.
- 1994년 2월 3일, 우크라이나의 의회는 1993년 11월 18일의 결의와 상응하는 맥락에서 러시아, 미국, 우크라이나 대통령 간의 삼자 성명을 논의함.
- 그 결과 우크라이나 의회는 가능한 가장 빠른 시간 내에 비핵국가로 NPT에 가입한다는 내용을 담은 리스본 의정서 5조에 관하여 이전의 보류를 철회한다는 새로운 결의안을 통과시킴.
- 우크라이나 의회는 우크라이나 정부가 START 비준서를 교환하고, 의회의 다른 보류사안들과 관련하여 각각의 동의안에 대한 협상을 강화할 것을 인가했음.
- 1994년 5월 10일, 이미 언급된 러시아, 미국, 우크라이나의 대통령의 3자 성명 그리고 좀 더 진전된 형태의 마산드라 협정에서 얻어진 합의들을 실행하기 위하여 우크라이나 정부와 러시아 연방정부는 1994년 1월 14일자 러시아, 미국, 우크라이나의 대통령 간 삼자 협약의 실행에 대해 합의하였음.

○ 이 문서는 아래의 사항을 명시했음.
- 우크라이나 영토 내의 모든 핵무기의 완전한 철수.
- 핵 및 생태학적 안전을 보장하기 위하여 우크라이나 영토로부터 마지막 핵탄두가 철수될 때까지 우크라이나의 영토 내의 핵 위험성을 제거하는 임무에 각 측이 협력할 준비.
- 핵탄두의 보상책으로 우크라이나 핵발전소 연료를 제공할 러시아 연방의 임무.

- 1992년 5월 22일 전에 우크라이나 영토로부터 이미 철수된 전술 핵무기의 비용을 보상할 것에 대한 러시아의 동의.

○ 1994년 11월 16일, 우크라이나 의회는 다수결로(찬성 301, 반대 8, 기권 13) NPT 조약에 대한 우크라이나의 동의를 법으로 통과시킴.
- 이 문서의 6조는 관련 국제법적 문서에 서명함으로써 핵국가들이 우크라이나에 안전보장을 제공한 후에 법이 발효된다고 명시함.
- NPT의 비준 기간 동안 우크라이나 의회는 우크라이나가 자국 영토 내에 있는 모든 핵탄두들을 보유하며, 국제적 안전보장이 문서의 형태로 제공될 때까지 NPT에 가입하지 않을 것을 결정함. 1994년 12월 5일 OSCE의 부다페스트 세션에서 보장 장치들이 우크라이나에 제공됨.
- 우크라이나 지도자들은 NPT조약에 가입하고 핵무장을 철회함으로써 핵무기가 국가안보를 보장하는데 필요하지 않음을 전 세계에 입증함.

○ 1994년 12월 5일, OSCE 참여국들의 부다페스트 정상회의 기간 동안 START 비준서의 교환이 이루어짐.
- 이후 조약이 발효되고 체결 국가들이 조약의 실행을 시작했으며 같은 날, 우크라이나의 NPT 가입문서가 우크라이나 쿠치마 대통령에 의해 NPT 핵보유국들에 전달되었음.
- 동시에, 부다페스트 정상회의의 틀 안에서 4개국 정상들(우크라이나, 미국, 영국, 러시아)은 "우크라이나의 NPT 가입과 관련한 안전보장 조치에 관한 양해각서"를 체결함. 이 문서는 국제법의 원칙에 따라서 우크라이나의 안보에 대한 핵국가들의 의무를 정함.
- 부다페스트 각서에 프랑스와 중국은 서명하지 않고 유엔헌장과 CSCE 최종 의

정서를 참조하여 별도의 성명서를 채택하였음. 하지만, 이 성명서는 프랑스와 중국은 부다페스트 각서에 제시된 조항의 약속 이행에 의문이 제기될 경우에 관련 논의를 할 의무를 받아들이지 않음.

○ 1995년 3월 1일부터 미국은 START에 명시되어 있는 대상에 대해 조사를 시작함.

○ 1992년 4월 11일에 체결된, 핵탄두를 해체와 제거의 목적으로 우크라이나에서 러시아연방의 중앙기지로 이전하기 위한 명령에 대한 우크라이나와 러시아 양자 협정에 따라, 모든 전술 핵탄두들이 1992년 5월 우크라이나 영토에서 러시아로 이전되었음.

- 우크라이나 참관단의 감독아래 후속조치로서 핵무기 제거의 목적으로 우크라이나의 영토로부터 러시아로 전략 핵탄두들을 이송하는 작업이 1996년 6월 1일에 종료됨.

- 이 과정은 1994년 1월 14일의 러시아, 미국, 우크라이나 대통령 간 3자성명과 다른 관련 문서에 명시되어 있는 우크라이나 측 의무의 시의적절하고 완벽한 임무수행으로 평가됨.

⁞⁞⁞ 4. 우크라이나의 교훈

○ 비핵국가가 되기 위한 의지를 선언하고 비핵국가 지위를 위한 토대를 갖추면서 우크라이나는 국제사회로부터 많은 환영을 받았음. 이 사실은 키에프가 기존의 국제협정 틀 안에서 비핵화와 관련된 문제를 포함하여 현안이슈를 해결

해나가는 전망에 대해 긍정적으로 바라볼 수 있도록 고취함.

○ 비핵화를 위한 우크라이나 대중의 인식을 고취시키고자 노력했던 1991년 말부터 1994년 초까지 3년의 기간은 환상을 깨트리고 비핵화 문제의 복잡다기한 성격을 재확인시켜줌.

○ 소련의 해체 이후, 러시아, 우크라이나, 벨라루스는 단일 지취체계 하에 기존의 핵무기를 보호할 필요성을 인정했음.

- 1991년 12월 7-8일의 민스크, 그리고 알마타에서의 1991년 12월 21일 회의 기간 동안에 3개국 지도자들은 "개화된 분리"와 관련된 첨예한 정치적, 경제적, 재정적, 사회적, 문화적인 문제점뿐만 아니라 구소련의 전략무기의 운명에 대해서도 논의함.

- 독립국가연합의 수립에 대한 협정을 비준하면서 우크라이나 의회는 13개의 유보조항을 포함시켰음. 그 중 두 조항이 핵무기와 관련되었음. 이 문서의 8항에서 "우크라이나는 국제적 통제아래 모든 핵무기를 제거하는 것에 의해 비핵 지위를 얻고자 한다."고 언급함.

- 9항에서 "우크라이나 영토 내 전략 무기의 존재는 일시적이고 법적 지위와 존속 기간은 우크라이나 법과 그리고 구소련의 무기가 잔존하고 있는 국가 간에 체결된 특별 국제 협정에 따라 결정될 것임"을 주장함.

○ 이미 언급했듯이, 우크라이나의 전술 무기는 1992년 5월에 우크라이나 영토 밖으로 이전됨. 이것은 러시아 연방정부와 미리 조율된 것이었지만, 사실은 우크라이나의 근본적인 국가이익(안보, 정치적, 재정적, 경제적, 사회적)을 고려한 신속한 국제합의를 이루지 못한 채, 우크라이나에 의해 실행된 일방적이고

자발적인 행위였음.

○ 우크라이나는 1994년 말까지 핵무기를 완전히 제거시킬 것을 기대했지만 다음의 상황들이 우크라이나 의회의 이전 결정과 대중여론에 상당한 영향을 줌.

- 첫째, 국제사회는 향후에 비핵국가의 지위를 획득하려는 우크라이나의 의도를 우크라이나의 일방적인 과제로 간주하였음. 이런 맥락에서, 초기 단계에서의 모든 결정이 실제로 단지 우크라이나에 의해서 이루어졌지만, 국제사회와 모든 관련된 문제를 논의하려는 키에프의 다양한 시도는 약속의 이행을 거부하는 것으로 해석되었음.

- 둘째, 우크라이나는 벨라루스의 핵무기 해체 과정에 대한 핵국가들의 반응을 목격했음. 핵무기가 벨라루스로부터 이전되기 전에 주어진 모든 약속들과 보장은 잊혀졌고, 미국과 러시아의 모든 지원 약속은 공허한 성명이 되었음.

- 셋째, 핵국가들은 우월한 지위에 기초하여 우크라이나와의 관계에 있어서 초강대국 정책을 지속적으로 추구했음. 그런 태도는 확실히 양극대립 및 압제와 협박이 아니라, 핵무기 없이 안보를 보장받으려는 국가의 이익도 고려한 핵군축의 새로운 질서를 수립하려는 국제사회의 노력에 반하는 것이었음.

- 넷째, 국제사회는 우크라이나가 이렇게 실제로 의도된 핵무기 해체과정에 의해 야기된 실제적이고 매우 어려운 문제에 직면했다는 사실을 인지하지 못한 척하며 이 문제를 논의하기를 원하지 않았음.

○ 그러한 문제는 실재했으며, 우크라이나가 특혜를 얻기 위해 과장하거나 인위적으로 만들어낸 것이 아니었음.

- 첫째, 그것은 우크라이나 영토에 있는 전략 핵무기의 위상과 관련된 정치군사적 문제였음. 우크라이나 영토 내에 있는 핵무기는 파괴력을 기준으로 프랑스

혹은 영국을 초과했음. 이 기준에 따르면 우크라이나는 전 세계 핵보유 국가 중 3위였음.

- 사전에 적절한 양자 협의 없이 우크라이나에게 비핵국가로서 NPT에 참여할 것을 촉구한 미국과 러시아의 시도는 전적으로 수용할 수 없는 것이었고 그런 행위는 핵무기 초강대국 구소련의 붕괴 후에 등장한 핵무기와 관련된 실제 상황을 완전히 무시하는 것이었음.

- NPT는 핵무기 초강대국의 해체 가능성을 예견하지 못했고, 그런 문제를 해결할 만한 어떤 제도적 장치도 갖고 있지 않았음. 따라서 핵 안전과 안보라는 전혀 새로운 문제를 해결하기 위하여 오래된 메커니즘을 시행하려는 모든 시도는 바람직한 결과를 가져오지도 않았고 가져올 수도 없었음.

- 둘째, 우크라이나 핵무기 해체과정과 관련된 다른 문제는 우크라이나의 경제적 어려움에 관한 것이었고 핵무기의 제거와 NPT와 START의 모든 조건의 이행은 그 당시에 우크라이나가 감당하기 힘든 상당한 재정적 자원을 요구했음.

- 셋째, 우크라이나의 안보를 확보하는 것도 중요한 문제였음. 오랜 기간 동안 러시아와 미국은 NPT에 의해 이미 명시된 보장들만을 이행하려 했지만, 대부분의 비핵국가들이 이 보장들에 대해 만족하지 못했음.

- 네 번째 문제는 우크라이나 영토 내에 있는 핵탄두의 안전을 보장하는 것과 관련이 있었음. 러시아의 정치 군사 지도자들은 우크라이나에 존재하는 핵탄두의 안전에 대해 우려를 표명했음. 일부 핵탄두의 안전한 저장 기간이 1992년에 이미 만료됐고, 러시아 설계자와 제작자에 의해서만 가능했던 필수적 보수 및 연장조치 없이는 단 하나의 미사일과 핵탄두도 오래 생존할 수 없었음.

- 우크라이나는 그런 러시아의 지원에 의존할 수 없었으며 특히 몇 고위 군당국자가 처음에 그러한 제안을 했지만, 그런 비현실적인 전략을 고려하는 것 자체가 무책임할 수도 있었음.

○ 우크라이나 비핵화에 대한 러시아의 접근은 상당히 혼란스러움 점이 있었음.

- 우크라이나는 결코 전략 무기를 독자적으로 유지한 적이 없음. 모든 필요한 작업은 러시아 공장에서 생산된 부품을 사용하여 러시아 기술자들에 의해 수행되었음.

- 우크라이나 독립 후 러시아는 처음에는 예정된 통상적인 핵탄두의 유지보수를 중단했고, 그 다음 공포를 조장하는 안전 문제에 관한 얘기를 하기 시작함.

- 당시에 그런 공포는 직접적 근거가 없었지만 러시아의 그러한 협박 전략의 목적은 분명했음. 첫째, 서방세계의 대중과 정치인들이 우크라이나 핵무기에 대해 공포심을 갖게 만들고, 둘째, 우크라이나가 수용하기 힘든 조건으로 NPT와 START에 가입할 것을 강요하기 위해서였음.

- 1993년 11월, 위와 같은 상황에서 이미 언급된 모든 조건들을 고려하여 우크라이나 의회는 국가이익을 근거로 NPT 가입을 거부하였음. START는 군사적, 정치적, 경제적 그리고 생태학적 이유에 근거한 유보조항을 덧붙여 비준함.

○ 이런 상황에서도 우크라이나는 상호 수용할 수 있는 대안의 모색을 중단하지 않았음.

- 우크라이나 정치인, 외교관, 군부의 적극적이고 창의적인 노력으로, 협상 대상국들을 우크라이나 핵무기 문제를 해결하기 위한 공동의 노력에 참여하도록 설득할 수 있었음. 1994년과 1995년 사이에 집중된 노력의 결과로 해결책을 모색할 수 있었음.

- 결과적으로 우크라이나 의회도 핵무기를 유지하는 데에서 파생되는 위험보다 그것을 폐기하는 이점이 더 크다는 점을 확신하게 되었고, 미국과 러시아 의회도 우크라이나의 정당하고 실질적인 이해를 고려해야 할 필요를 이해하게 되었음.

○ 1994년 1월 14일에 이미 언급한 "삼자성명"에 서명하게 되었음.

- 우크라이나의 NPT 가입은 핵군축과 관련된 일련의 국제법적 합의와 연계되어 있었음. 여기에는 NPT 자체, START, 리스본 의정서, 부다페스트 각서 및 다른 많은 관련 문서들이 포함됨.

○ 일부 정치가들은 우크라이나에 의해 이루어진 그런 조치들의 중요성을 의도적으로 과소평가하고 그것을 핵무기를 포기한 남아프리카공화국과 비교하기도 했다는 것을 주목해야 함.

- 1979년에 남아프리카 공화국이 TNT 3킬로톤에 상당하는 초기 포신형(gun type) 핵탄두를 만들었음. 1989년에 핵폐기를 결정했을 때, 남아프리카공화국은 총 10-18 킬로톤의 핵탄두 다섯 개를 보유하고 있었음.

- 남아프리카공화국 지도자의 결정의 중요성을 폄하할 의도는 없지만, 남아프리카공화국의 잠재성을 우크라이나에 존재했던 세계 3위의 핵무기 및 그 운송수단 개발과 제작에 사용되었던 구소련의 핵무기 기반시설 등 우크라이나의 핵능력의 특징과 비교하는 것은 불가능함.

○ 시간이 경과하면서 우크라이나 영내의 마지막 핵탄두 제거가 우크라이나 핵무기 문제의 종지부가 될 것이라는 희망은 불행하게도 틀렸음을 알 수 있음.

- 여러 종류의 핵문제들이 우크라이나 의회의 다양한 분파의 관심 대상이 되었고, 이들 문제들은 특정 지지자들로부터 지원을 얻기 위해 정당 및 개별 정치인들에 의해 활용됨. 물론 핵 이슈가 재활성화되는 데에는 이유가 있음.

- 현재도 핵확산에 대한 투쟁은 세계의 다른 지역에서도 가장 심각한 문제 중의 하나로 남아 있음.

⦙⦙⦙► 5. 북한 핵 문제

○ 우크라이나의 비핵화 경험을 가장 어려운 북핵 문제의 해법을 모색하는 데에
   활용하는 것은 중요한 일임.

- 2009년 5월 25일에 행해진 2차 핵실험, 여러 차례에 걸친 미사일 발사시험, 6
  자회담에서 철수, 정전협정의 무효화선언, 공개적 적대행위, 그리고 플루토늄
  의 무기화 선언 등 북한의 행보는 한국은 물론 우크라이나를 포함한 국제사회
  의 관심임.

- 국제사회의 공동대응은 현존하는 핵무기의 감축방안을 모색하는 데에 중점을
  두고 있지만 북한의 대응은 무책임하고 위험한 경향을 보이고 있음. 북한의 행
  위는 동북아의 안전을 위협하는 긴장의 확대로 이어질 수 있으며 국제 안보에
  도 부정적 영향을 미칠 수 있음.

- 자발적으로 핵무기를 포기하고 비확산의 원칙을 엄수한 우크라이나는 북한이
  시도하는 일련의 행위를 받아들일 수 없고 비난 받아 마땅한 행위로 간주함.

- 관련 당사국들은 6자회담을 개시하기 위해서 최선을 다해야 하며, 동시에 동북
  아의 안정과 한반도의 상황을 정상화하는데 필요한 가능한 모든 노력을 경주해
  야 함.

○ 우크라이나 정부는 공식적으로 북한의 지도자들에게 핵무기 개발프로그램을
   중단하고, 핵실험은 물론 어떤 종류의 핵폭발도 중단하고, 즉시 IAEA와의 대
   화에 복귀할 것을 호소하여 왔음.

- 우크라이나 정부는 또한 북한이 NPT 규정과 MTCR의 원칙을 조건 없이 수용
  해야하며 현재 핵문제를 협상을 통해서 해결할 필요성을 강조하여 왔음. 북한
  이 그러한 접근법을 수용할 것을 희망함.

- 하지만 현실적 관점에서 본다면 이는 희망사항에 불과하며 현재 북한의 핵위기로 촉발된 긴장상황을 정상화시키기 위해서는 핵무기의 획득과 배치를 중단하고 되돌리는 북한의 정치적 결단이 강하게 요구됨. 북한지도부의 예측불가능성을 고려할 때 북한을 비핵화하기 위해 군사력을 사용하는 시도는 예측하지 못한 결과를 초래할 만큼 위험함.
- 따라서 오로지 설득과 정치 경제적 압력에 의해서만, 그리고 타협과 국제사회의 일관적인 공동 노력에 의해서만 원하는 결과를 달성할 수 있을 것임.
- 만약 평양이 비핵화를 위한 결정을 내린다면 우크라이나와 다른 핵국가들의 기술적, 경제적, 재정적 경험과 해결책이 북한에도 용이하게 접목될 수 있을 것임.

6. 결론

○ 소련 붕괴이후 전개된 상황을 철저하게 분석한 우크라이나는 국익을 고려하는 기초위에 자국영토 내에 배치되어있던 모든 핵무기를 제거하는 건설적이며 합리적인 정책결정을 내린 반면, 평양은 핵무기 획득이라는 결정을 내리고 이를 위한 조치를 집요하게 추진하고 있다는 증거가 있음.

○ 궁극적으로 현실화됨으로써 입증된 우크라이나의 비핵화 결정은 시작단계부터 신중과 정직을 염두에 둔 정책적 선택이었음. 우크라이나와 대부분의 경우 협상 당사자들의 정책, 입장, 그리고 행동은 명백하고, 일관적이고 예측 가능하였음에 반해 북한 지도부의 정책과 입장은 신중성과 예측가능성에 있어 많은 의혹을 불러일으킴.

○ 결정된 정책을 집행하는 과정에서 우크라이나의 지도부는 국내의 저항을 극복해야 했으며 우크라이나의 국익을 보장받기 위해 다수의 국가들에 대해 우크라이나의 비핵화에 공동의 노력을 기울일 필요성을 설득해야만 했음. 우크라이나는 핵군축을 위해 선택된 과정을 일관되게 추진함으로써 이를 달성할 수 있었음.

○ 우크라이나의 경우에 핵국가들을 상대로 상호 수용할 수 있는 해결책을 모색하고 협상을 주도한 것은 우크라이나였음에 반해 6자회담의 경우는 이와 반대라고 할 수 있음.

○ 협상의 초기 단계에서는 당사자들 간에 신뢰의 결여와 의심이 존재했음. 하지만, 점차 상호 신뢰와 확신이 조성되었고, 이는 협상 당사자들의 공동 노력이 신뢰할 수 있는 결과로 이어졌다는 사실에서 기인했음. 반면에 북한의 핵무기 프로그램과 관련해서는 불신이 증가하고 있음.

○ 위에서 언급한 요소들은 우크라이나 비핵화 과정과 북한의 핵야심 사이에 중요한 차이점이 존재하고 있음을 보여줌.

– 핵무기 개발 프로그램을 추진하는 것보다 이를 폐기할 때 더 많은 이익을 얻게 될 것이며 핵 폐기를 위해 북한 지도부가 정직하게 관련된 결정을 선택할 때에만 북한 핵문제의 해결의 전망이 생길 것임.

– 한반도의 비핵화문제를 해결하는데 도움이 될 수 있는 다자 및 양자 협정 사례를 면밀히 검토할 필요성 있음.

– 핵무기를 폐기한 모든 국가들, 즉 우크라이나, 벨라루스, 카자흐스탄, 남아프리카공화국 및 이들과 비핵화 프로그램의 협상과 이행과정에 참여한 국가들, 즉

미국, 러시아, 그리고 핵무기 획득 계획을 철회한 국가인 스웨덴, 일본, 한국 등의 경험과 정책결정과정, 실제 이행과정을 면밀히 검토할 필요성 있음.
- 이행과정에서 긍정적인 제재의 사례였던 로데지아, 남아프리카공화국, 리비아의 경우와 부정적 제재의 사례였던 이라크, 이란, 쿠바 및 북한의 경우 등 서로 다른 과정의 경험에 대해 면밀히 검토하여 원하는 결과를 달성하기 위해 적적한 제재와 유인책의 결합을 이해할 필요성 있음.

○ 핵문제의 해결 과정에서 일반적이고 공통적으로 적용가능한 해법이 존재하지 않는다는 점을 이해해야 함. 각각의 상황, 지역, 국가가 다르기 때문에 이에 대한 접근법과 해법도 그에 맞게 달라져야 함. 하지만 국제사회가 공동으로 단일 보조를 취해야 바람직한 결과를 얻을 수 있다는 점이 무엇보다 중요한 교훈임.

한·중·일 3국 협력의 현황 및 전망

조양현(외교안보연구원 교수)

동북아 3국의 총 경제규모는 NAFTA와 EU에 이어 현재 세계 3위이고, 수년 내 EU를 추월할 전망이다. 3국의 경제규모에 상응하여 한·중·일 3국의 역할과 비중이 글로벌 경제위기의 극복이나 지구온난화문제의 해결 등에 있어서 중요해지고 있다.

국제경제적 비중, 지리적 인접성, 경제적 상호의존 등에도 불구하고 동북아 3국 간 협력은 이제 겨우 제도화 초기 단계에 진입했다고 볼 수 있다. 3국 협력의 장애요인으로 무엇보다도 지역 내 강한 민족주의 성향을 지적할 수 있다. 뿐만 아니라 양안 문제나 북핵 문제의 존재 그리고 민주주의와 시장경제에 대한 각국의 가치와 인식의 차이 등이 협력의 장애요인으로 작용하고 있다.

한·중·일 3국 정상회의는 현재 낮은 수준에 머물고 있는 3국 협력을 촉진하는데 중요한 역할을 수행할 것으로 기대된다. 하지만 3국 정상회의를 통하여 동북아 협력이 성공적으로 정착되기 위해서는 정상회의가 3국 간 역사와 영토 문제, 그리고 이념 대결과 주도권 경쟁으로부터 자유로워질 필요가 있으며, 신규 협력사업의 개발 못지않게 기존 협력사업의 내실을 기할 필요가 있다.

⁜ 1. 한·중·일 3국 협력의 의의

○ 동북아는 '지역주의의 불모지'로 불릴 만큼, 정치·안보 현안에 대한 실효적인 다자간 관리체제는 물론, 역내국 간의 무역규모의 비중 및 민간 차원의 교류 확대 등 실질적인 경제통합(지역화)에 상응하는 경제 협력의 규범화(제도화)도 부족한 바, 한·중·일 3국 협력 확대를 위한 노력이 절실함.

– 동북아 3국은 2008년 현재 전 세계 인구의 약 22%, GDP의 17%, 교역량의 16%를 차지하고, 총 경제규모는 NAFTA와 EU에 이어 세계 3위로서 수년 내에 EU를 추월할 전망임(표 1 및 표 2 참조). 교역이나 인적 교류 면에서 이들 3국 간의 상호의존관계는 심화되고 있는 반면, 정치·안보 분야에서는 여전히 많은 갈등요인이 상존함.

가. 정치·안보 요인

○ 탈냉전기 동북아에서는 전통적·비전통적인 안보이슈에 대한 지역적·다자간 협력의 필요성이 커짐.

– 냉전의 해체라는 세계적인 추세에도 불구하고 동북아에는 여전히 중국·대만 문제, 북한문제, 과거사 및 영토 분쟁 등과 같은 냉전적·전통적 위협이 존재하며, 테러, 마약밀매, 대량파괴무기의 확산, 환경·기후변화, 질병(SARS, 조류독감), 자연재해·재난, 불법이주 등과 같은 초국가적·비전통적 위협이 새롭게 등장함.

– 이들 문제에 효과적으로 대처하기 위해서는 역내 국가들의 공동 대응이 요구되나, 현재로서는 실효성 있는 다자간 관리체제는 확립되어 있지 않음.

나. 경제 요인

○ 전 세계적인 시장경제체제의 확산을 배경으로 한 동북아 역내 경제적 상호의
  존의 심화, 최근의 글로벌 금융·경제 위기 발생은 한·중·일 3국 협력의 제
  도화를 요구하고 있음.

- 중국의 경제발전, 러시아의 경제력 회복과 아울러 향후 북한의 경제 변화를 계
  기로 동북아에서 시장경제체제가 확산되고, 에너지·자원, 신흥시장 확보를 위
  한 경제외교의 비중 증가, FTA 체결 등을 통한 역내 국가 혹은 역외 지역·국
  가와의 시장 통합의 가속화가 예상되는 상황에서 역내의 이해관계 충돌 완화
  및 상생 관계의 모색을 위한 지역협력이 중요함.

- 최근 글로벌 금융·경제 위기 이후 한·중·일의 과감한 경기부양, 금융시장
  안정을 위한 3국 간 통화스와프 체결 등 일련의 선제적 조치가 금융·경제위기
  의 극복 및 국제 금융·경제 질서의 재편 노력에 기여한 바, 향후 한·중·일 3
  국 협력을 확대해 나갈 필요가 있음.

다. 지역 정체성

○ 탈냉전 이후 한·중·일 3국 간의 양자 및 다자 차원의 민간교류 급증에 따라
  이들 3국 간의 지역 정체성 문제가 새롭게 주목받음.

- 최근 급증 추세인 3국 간의 지방자치단체, 시민사회, 기업, 학자 간의 다층적
  인적·문화 교류는 동북아 3국 간의 정치·외교 마찰을 완화하는 중요한 자산
  이자 동북아 경제통합과 시민공동체 형성의 토대임.

- 아시아태평양경제협력회의(APEC), ASEAN+3, 아시아유럽정상회의(ASEM),
  동아시아정상회의(EAS) 등 동북아를 포함하는 지역개념이 병존하는 가운데,

동북아 지역 단위의 공동체 모색은 그 대립 · 보완 개념으로서 의의가 있음.

⠿ 2. 역사 및 현황

가. 동남아를 매개로 시작된 동북아 협력

○ 1990년대 후반에 구체화된 동북아 지역협력은 원래 동남아를 매개로 촉발된 것으로, ASEAN+3의 틀과 연계되어 발전되어 왔음.

- 1960년대 출범한 동남아시아국가연합(ASEAN)은 1990년대 들어 동남아시아 전역 즉, 10개국으로 그 가맹국을 확대하였는데, 이 과정에서 ASEAN 측은 한 · 중 · 일 3국 정상을 초청하여 ASEAN+3라는 대화채널을 개설함.

- 1999년 11월 마닐라에서 개최된 ASEAN+3 정상회의를 계기로 한 · 중 · 일 3국 간에 '조찬모임'이 개최되는데, 이것이 한 · 중 · 일 3국 협력의 직접적인 계기가 됨.

○ 2008년 12월, ASEAN 지역이 아닌 일본 후쿠오카에서 한 · 중 · 일 정상회의가 개최됨으로써, ASEAN+3의 형식을 빌지 않은 독자적인 3국 정상회의가 시작됨.

- 2003년 한 · 중 · 일 정상회의에서 3국 협력에 관한 최초의 공동성명 채택과 그 후속조치를 위한 '3자 위원회' 설치 등 제도화가 모색된 반면, 2005년에는 한 · 일, 중 · 일 간 역사 · 영토 갈등으로 3국 정상회의가 중단되는 우여곡절을 겪음.

- 한 · 중 · 일 협력의 시발점이자 최고위급 협력체로서 3국 정상회의는 각별

한 의미를 가지는 바, 후쿠오카 3국 정상회의를 계기로 동북아 협력에 대한 3국 국민들의 인식이 제고되고 한·중·일 협력이 한 단계 발전하는 전기가 마련됨.

나. 3국 협력의 현황

○ 1999년 11월의 마닐라 회의 이후 한·중·일 3국은 정상회의 외에 외교장관회의와 여타 고위급 협의체 등을 통해 경제·통상, 에너지·환경·항공, 문화·인적교류 등 다양한 분야에서의 협력을 확대해 옴(표 3 참조).

– 현재 한·중·일 3국 내에서 개최되는 협의체와 ASEAN+3을 계기로 한 3국 간 협의체가 병존 중임.

(1) 3국 내 개최 주요 협의체

(a) 정상회의

○ 2004년 한국 정부가 한·중·일 정상회의의 별도 개최를 제의한 것이 계기가 되어, 2008년 12월 제1차 회의가 일본 후쿠오카에서 열림.

– 제1차 회의에서는 한·중·일 3국 동반자관계를 위한 공동선언, 국제 금융 및 경제에 관한 공동성명, 재난관리 협력에 관한 한·중·일 3국 공동발표문 및 한·중·일 3국 협력 증진을 위한 행동계획 등 4개 문서가 채택됨.

– 제2차 회의는 금년 10월 베이징 개최, 제3차 회의는 2010년 한국 개최 예정.

(b) 외교장관회의

○ 2007년 1월 세부에서 한·중·일 3자 위원회에서 한국 측이 외교장관회의의

3국 내 개최를 제안하여 성사된 것으로, 제1차 회의가 그해 6월 제주도, 제2차 회의가 2008년 6월 동경에서 개최됨.

– 제3차 회의는 2009년 9월 상하이에서 열려 "전략적 상호신뢰 구축, 협력수준 심화 및 제고, 사회, 문화, 인적 교류 지속, 동아시아 협력 및 지역의 평화와 번영"을 위한 협력에 합의함.

(c) 기타 3국 정부 간 협의체

○ 1999년 최초의 한 · 중 · 일 정상회의 개최 이래, 다양한 분야의 3국 정부 간 협력이 확대된 결과, 2009년 5월 현재, 외교, 재무, 경제 · 통상, 물류, 환경, 관광, 과학기술 등 15개 장관급 협의체 포함하여 50여 개 정부 간 협의체가 운영 중임.

– 2009년 개최 혹은 개최 예정인 주요 장관급 협의체로는 재무장관회의(09.5, ASEAN+3), 환경장관회의(09.6, 중국), 중앙은행총재회의(09.7, 중국), 재난관리기관장회의(09.7, 일본), 과학기술장관회의(09.9), 보건장관회의(09.11, 중국), 물류장관회의(09.12, 중국) 등이 있음.

(2) ASEAN+3 계기 주요 협의체

(a) 정상회의

○ ASEAN+3와 연계된 한 · 중 · 일 3국 정상회의는 1999년 마닐라 개최 이래 2009년 4월 태국 회의까지 총 9회 개최됨.

(b) 3자위원회

○ 정상회의 합의사항 이행현황 점검 및 실적 보고서 채택 등 정상회의 준비를 위

해 외교장관을 수석대표로 하여 통상 ASEAN+3 계기 한·중·일 정상회의 직전에 개최되며, 2009년 5월 현재 총 5차례 개최됨.

⁙ 3. 3국 협력의 평가

가. 장애 요인

○ 1999년의 한·중·일 정상회의 이래 10년간의 상호협력과 신뢰 증진을 위한 노력의 결과, 3국 협력은 제도화의 초기 단계에 진입했다고 평가할 수 있음.

– 정치·외교 분야의 협력은 물론 경제 등 기타 분야의 기능적 협력이 증가하고 그 제도화의 움직임이 가속화함. 3국 간 지리적 인접성, 경제적 상호의존의 심화, 에너지, 환경 문제 등 지역적 공동 대응 요구 증대 등을 고려한다면, 3국 협력의 발전 가능성은 매우 큼.

– 그럼에도 불구하고 EU나 ASEAN과 같은 지역공동체와 비교하면, 동북아 지역통합의 정도는 낮은 수준에 있고, 3국 협력의 구체적인 지향점에 대한 의견교환은 부족한 상황임.

○ 3국 협력의 장애 요인으로는 무엇보다도 지역 내의 강한 민족주의 성향을 지적할 수 있음.

– 탈냉전기의 동북아는 국익, 세력균형, 패권 등 현실주의 국제관계관과 근대국가적 가치체계가 우선하는 지역으로, 중국의 부상과 일본의 보통국가화는 근대적 주권국가로의 이행과정으로 볼 수 있음.

– 과거사, 영토 문제를 둘러싼 갈등, 애국주의 교육이라는 강한 민족주의 정서가

지배하는 상황에서 지역 안보를 자유주의적 평화, 다자안보공동체 등 논의에 의존하기에는 한계가 있음.

○ 다음으로, 정치·안보 현안, 정치·경제 체제 및 인권·사회체제·문화적 다양성에 관한 3국 간 인식 차이임.

– 중국, 대만, 남북한이라는 분단국가의 존재는 양안 문제 및 북핵 문제, 미국과의 관계설정 등에 있어서 한·중·일 3국 간 정책 공조를 어렵게 하고, 민주주의와 시장경제라는 가치체계의 차이 역시 지역협력의 장애요인임.

○ 마지막으로, 지역협력의 방향성 그 자체에 대한 3국 간 입장 차이인 바, 지역협력의 장래상이 불확실한 상황에서 본격적인 협력에는 한계가 있음.

– 한·중·일 3국 협력의 목표는 이들 국가 간의 협력 증대를 의미하는가, 아니면 궁극적으로 '동북아 단위의 협력체' 구축을 의도하는가? 그 범위에는 러시아, 북한, 몽고 및 미국이 포함되는가? 한·중·일 3국 협력은 동아시아 지역협력과 어떠한 관계에 있으며, 후자의 범위는 어떻게 정의되는가? 등의 문제에 대한 합의가 없음.

나. 발전 방향

○ 이상과 같이 근대적 가치체계가 중시되는 동북아에서는 지역 협력의 우선적 목표를 지역적 다자협력 즉, 국가 주권의 이양을 전제로 하는 초국가적 공동체(지역통합, 지역공동체)보다는 지역 공동의 문제에 대한 국가간 협력에 두는 것이 현실적임.

○ 구체적인 협력분야로서는 경제·통상, 과학기술, 문화 등 기능 분야의 협력 및 교류 확대를 시작으로 정치·안보 분야의 협력 및 공동체 의식의 심화로 확대하는 것이 바람직함.

- 동북아 안보환경 및 지역협력의 현실을 고려한다면, 우선 기능적 공동 관심사를 중심으로 협력을 추진하고, 이러한 협력이 본격적인 궤도에 접어든 후에 유럽과 같은 안보공동체를 향한 협력을 논의하는 것이 현실적임.

- 실제로 지난 10년간의 3국 협력은 경제, 문화·인적교류, ASEAN 관련 협의에서 시작하여, 해양구난 등 비전통안보, 북핵문제, 환경·기후변화 등 지역 및 글로벌 이슈로 논의 범위가 확대되어 왔음.

○ 2008년 한·중·일 정상회의 공동성명에서 제시된 포괄성, 포용성, 상호 보완성이라는 3국 협력의 원칙은 중요한 시사를 제공함.

- 포괄성이란 분야 및 주체에 있어서 "미래지향적인 자세로 정치, 경제, 사회 및 문화 분야에서 정부 및 민간을 막론한 포괄적인 협력"을 의미함.

- 포용성이란 운영방법, 이념·가치와 관련하여 "3국 간 협력이 개방성, 투명성, 상호신뢰, 공동이익 및 문화적 다양성에 대한 존중 등의 원칙에 근거"함을 뜻함.

- 상호 보완성이란, 타 기구와의 관계 설정에 관한 것으로 3국 협력이 "ASEAN +3, 동아시아정상회의(EAS), 아세안지역안보포럼(ARF), 아시아태평양경제협력체(APEC) 등 보다 광범위한 지역협력체제의 발전에도 상호 보완적인 방식으로 기여"함을 의미함.

⁘ 4. 과제

가. 3국 협력 모멘텀 유지에 대한 정치적 의지

○ 동북아 협력의 정착을 위해서는 3국 정상회의의 역내 순환 개최 원칙이 지켜져야 하는 바, 이를 위해서는 무엇보다도 양자 현안을 둘러싼 첨예한 대립이 3국 협력에 미치는 부정적 영향을 최소화하려는 정치적 의지가 중요함.

- 전술한 대로, 한 · 중 · 일 3국 간에는 역사, 영토, 이념대결, 민족주의, 지역패권경쟁, 정치체제의 차이 등 수많은 대립 · 갈등 요인이 존재하며, 이는 언제든지 3국 협력을 와해시킬 수 있는 폭발력이 있음. 최근까지도 3국 정상회의의 개최 여부는 영토, 역사 문제로부터 자유롭지 못했음.

- 동아시아의 공동 번영을 위해서는 3국 협력이 불가결하다는 인식과 함께, 3국 협력의 최상위 협의체인 3국 정상회의를 역사, 영토문제와 분리하여 추진해 나가려는 3국 지도자들의 강한 의지와 신뢰관계가 중요함.

나. 협력 방안의 실효성 확보

○ 다양한 신규 사업을 지속적으로 발굴하는 동시에 기존 사업을 실효성 있게 운영해 나가는 노력이 중요함.

- 작년 12월의 3국 정상회의에서 채택된 행동계획에 포함된 세부협력 사업이 실효성을 갖기 위해서는, 이를 한층 구체화하고 구속력 있는 제도적 장치를 마련하는 등의 후속 조치가 요구됨.

- 특히 양자 및 다자 간 자유무역협정(FTA), 투자협정 문제 등 중요한 경제현안에 대해서는 3국 간의 구체적인 합의가 결여됨.

다. 여타 협력체와의 관계설정

○ 작년 3국 정상회의에서 동북아 지역협력과 타 지역기구와의 관계에 대해 상호 보완성이란 원칙이 제시되었지만, 동아시아 지역협력을 둘러싸고 일·중 간의 주도권 경쟁이 치열한 상황에서 3국 협력과 여타 지역기구와의 관계설정은 난해한 문제임.

− 일·중 양국은 동북아 지역협력의 필요성에는 공감하면서도 동아시아 단위의 지역협력에 있어서도 각각 동아시아정상회의(EAS)와 ASEAN+3에 적극적임. 동북아 협력과 이들 지역기구와의 관계 설정에 따라 3국 협력의 추진력은 영향을 받을 수 있음.

− 동남아, 동아시아, 아시아·태평양, 기타 역외 협력체와의 중층적 협력관계 구축에 중심적 역할을 수행해 온 ASEAN과의 상생적인 관계설정이 중요함.

[표 1] 한 · 중 · 일 합산 통계

구 분		한 · 중 · 일 합산	세계 전체	비중 (세계 대비)
GDP	'07	8조 5,596억불	54조 5,838억불	15.7%
	'08	10조 2,724억불	60조 6,898억불	16.9%
외환보유액	'08	3조 1,778억불	6조 7,129억불	47.3%
교역량	'07	4조 4,090억불	28조 1,868억불	15.6%
	'08	5조 2,212억불	32조 7,136억불	16.0%
인 구	'08	15억 0,107만명	67억 0,699만명	22.4%
국방비	'08	1,554억불	1조 4,640억불	10.6%

[표 2] 한 · 중 · 일 주요 통계

구분		한국	중국	일본
면 적		22.2만㎢(남한:9.9㎢)	960만㎢(남한의 97배)	38만㎢(남한의 3.8배)
인 구		4,860만명(세계 25위)	3억 2,470만명(세계 1위)	1억 2,777만명(세계 10위)
GDP	'07	9,698억불(14위)	3조 2,055억불(4위)	4조 3,843억불(2위)
	'08	9,287억불(명목, 잠정)	4조 4,022억불	5조 3,393억불(잠정)
1인당 GDP	'07	2만 1,655불	2,560불	3만 4,318불
	'08	2만 15불	3,315불	3만 8,559불
경제성장률		2.2%	9.0%	△0.7%
외환보유액		2,012억불(6위)	1조 9,460억불(1위)	1조 306억불(2위)
총교역액		8,573억불	2조 5,603억불	1조 5,320억불
		수출 4,220억불	수출 1조4,289억불	수출 7,759억불
		수입 4,353억불	수입 1조1,315억불	수입 7,561억불
3국 간 교역 (교역액)		한국에 있어 일본은, · 수입 2위국(610억불) · 수출 3위국(283억불) · 교역 2위국(893억불) · 적자 1위국(327억불) 한국에 있어 중국은, · 수입 1위국(769억불) · 수출 1위국(914억불) · 교역 1위국(1,683억불) · 흑자 1위국(145억불)	중국에 있어 한국은, · 수입 2위국(1,122억불) · 수출 4위국(739억불) · 교역 4위국(1,861억불) · 적자 2위국(382억불) 중국에 있어 일본은, · 수입 1위국(1,506억불) · 수출 3위국(1,162억불) · 교역 2위국(2,668억불) · 적자 3위국(345억불)	일본에 있어 한국은, · 수입 7위국(292억불) · 수출 3위국(590억불) · 교역 3위국(882억불) · 흑자 3위국(297억불) 일본에 있어 중국은, · 수입 1위국(1,423억불) · 수출 2위국(1,240억불) · 교역 1위국(2,663억불) · 적자 6위국(183억불)
3국 간 투자 (투자액)		對日투자 14위국(6.09억불) 對中투자 2위국(48.5억불)	對韓투자 9위국(3.36억불) 對日투자 14위국(0.37억불)	對韓투자 2위국(14.2억불) 對中투자 5위국(65.0억불)

[표 3] 한·중·일 협의체 일람표

	전반/ 외교·정치	무역/투자	금융/ 거시경제	농업/어업 임업	에너지	환경	관광	문화	
정상	한·중·일 정상회의, ASEAN+3 계기								
장관급	외교장관 회의 3자위원회	경제통상 장관회의 관세청장 회의 특허청장 회의	재무장관 회의		에너지 장관 회의	환경장관 회의	관광장관 회의	문화장관 회의	
고위급 실무자	외교부간 고위급 (차관보) 회의								
국장	중남미 정채국장급 회의	다자통상 국장회의 한·중·일 투자협정 협상 비지니스 환경재선 협의체 회의	한·중·일 국제국장 회의	수산당국간 고위급회의		기후변화 국장급 정책협의 한·중·일 3개국 황사대응 국장급회의			국 장 회 의
실무자	부국장급 (과장급) 회의	동부아시아 표준협력 회의 한·중·일 지적 재산 워킹 그룹 FTA 민간 공동연구				대기오염 물질 장거리 이동 연구 프로젝트 한·중·일 지적 재산 워킹 그룹 FTA 민간 공동연구	과장급 회의*		
분야별 협력체수	7	9	3	1	1	6	1(*1)	1	

과학기술	ICT	운송	방재	인사 행정	소비자	보건	법무/ 치안	수준별 협력체수
								2
과학기술 장관회의	정보통신 장관회의	물류장관 회의	지진협력 청장회의	인사장관 회의			보건장관 회의	17(*1)
			재난관리 기장관 회의8					
								1
과학기술 협력국장급 회의	정보통신 국장급회의		재난관리 국장급 회의	인사 국장 회의			치안관계 고위급 회의*	17(*2)
	ICT OSS회의							
	ICT 전문가회의							
	ICT 전문가회의	물류 국장급 회의						
과학기술 정책세미나		물류 과장급 회의		인사 행정 심포 지움	소비자 정책 협의회	과장급 회의	인터플 3자 회의*	13(*2)
		동북아 항만 과장급 회의						
3	5	5	2(*1)	3	1	2	0(*2)	51(*4)

동북아의 '조용한' 군비경쟁과 북핵(미사일) 실험

고봉준(제주평화연구원 연구위원)

북한의 핵·미사일 실험은 동북아의 안보상황에 여러 가지 부정적인 영향을 미치고 있음. 특히 동북아에는 한반도를 중심으로 한 냉전적 대립구도가 잔존하고 있어서 한 나라의 일방적 조치가 다른 나라의 부정적 대응을 초래하는 안보딜레마가 작동할 위험성이 아주 큰 지역임. 따라서 북한의 도발적 행위는 심각한 문제임.

그러나 북한의 도발적 움직임 외에도 동북아에서는 '조용한' 군비 경쟁이 이미 진행되고 있음. 이러한 움직임 역시 북한의 도발적 행위 때문에 그 중요성이 과소평가 되지 않아야 함.

이 글은 동북아의 최근 국방비 규모와 군사력 증강 현황을 간략히 검토하고, 그러한 군사력 증강과 북한의 핵실험과 장거리 미사일 개발 움직임과의 상관관계를 논의하고, 가능한 부정적 영향을 최소화할 수 있는 공동의 노력에 대해 토론함.

동북아에서 안보딜레마의 악순환을 회피하기 위해서는 미국과 중국 사이에 전략적 투명성이 보장되어야 하고, 동시에 일본과 한국이 미국과 긴밀히 협의하여 북한에 대한 적절한 대응의 수준을 넘어서는 군사력의 강화를 도모하지 않아야 함.

이를 위해서는 타 지역의 사례를 참고하고 실질적으로 기능할 수 있는 군사력 평가 협의체를 만들고, 동북아 각국이 참여하여 가능한 정보를 교환함으로써 합리적인 정치적 판단을 할 수 있는 기반을 조성해야 할 것임.

⁙ 1. 들어가는 말

○ 북한이 지난 5월 25일에 실시한 제2차 핵실험은 4월 5일에 실시한 장거리 로켓추진체 발사실험과 아울러 동북아의 안보상황에 여러 가지 부정적인 영향을 미치는 것으로 이해되고 있어서 동북아의 안보와 안정과 관련한 핵심 현안임.

○ 주지하다시피, 동북아에는 한반도를 중심으로 한 냉전적 대립구도가 잔존하고 있어서 한 나라의 일방적 조치가 다른 나라의 부정적 대응을 초래하는 안보딜레마가 작동할 위험성이 아주 큰 지역임. 따라서 북한의 도발적 행위는 심각한 문제를 야기하고 있음.

○ 그러나 북한의 도발적 움직임 외에도 동북아에서는 '조용한' 군비 경쟁이 이미 진행되고 있음. 이러한 움직임 역시 북한의 도발적 행위 때문에 그 중요성이 과소평가 되지 않아야 함.

○ 이 글에서는 동북아의 기존 국방비 규모와 군사력 증강 현황을 간략히 살펴본 후, 그러한 군사력 증강과 북한의 핵실험과 장거리 미사일 개발 움직임과의 상관관계를 논의하고, 가능한 부정적 영향을 최소화할 수 있는 공동의 노력에 대해 논의하고자 함.

⠿ 2. 동북아의 군비 현황

○ 군사력 경쟁의 흐름을 파악하는데 가장 기초적인 자료는 군사비 지출임. 물론 투여되는 군사비 자체를 군사력과 동일시하는 것은 무리가 있다는 주장도 가능하나, 한 국가의 군사비 규모는 최소한 그 국가가 자국의 군사력에 어떠한 중요도를 부여하고 있는지를 나타내어주는 중요한 지표임. 특히 군사비의 지출은 외부의 요인에 대한 대응이라는 점을 고려할 때, 관련 국가들의 군사비 지출에 대한 전체적 조망은 필수적임.

○ SIPRI 2009 연보에 의하면 동아시아 지역의 국방비는 1999-2008년 10년간 56%가 증가했음.

- 이는 냉전 직후의 탈군사화 추세에서 2000년대 들어 다시 군비의 증가로 변화한 국제적 추이와 무관한 것은 아님.

- 하지만, 동 기간 세계의 평균 군비 증가는 45%에 머물렀고, 유럽 지역의 국방비는 14% 증가하고, 아프리카의 경우도 40% 증가에 그쳤다는 점에서 동아시아지역의 군비 증강은 유념할 필요가 있음.

○ 이러한 흐름 외에 지역적 범위를 동북아로 국한시켜 본다면, 동북아 지역의 군사비 지출은 막대하다고 평가할 수 있음.

- 지정학적 동북아 국가인 미국과 러시아를 포함시켜 북한을 제외한 기존 6자회담 참가국의 군사비 지출을 고려하면, 2008년에 이들 국가는 전 세계 군사비의 58.5%를 지출한 셈임.

- 2008년 전 세계 군사비 총 지출액은 2005년 불변가격 기준으로 1조 2천억$임.

- 아래의 표에서처럼 이러한 군사비 규모가 동북아에서 계속 증가 일로에 있다는

점이 잠재적 안보불안 요인으로 작용하고 있음.

[표 1] 2000년대 동북아시아 국가 국방비 현황

	2000	2001	2002	2003	2004	2005	2006	2007	2008
US	3,421.7	3,449.3	3,873	4,408.1	4,804.5	5,033.5	5,111.9	5,476.9	5485.3
China	237.8	280.1	330.6	365.5	402.8	443.2	518.6	582.7	636.4
Japan	438	442.8	447.3	448.1	444.7	441.7	436.7	435.6	427.5
Russia	191.4	212.5	236	251.1	261.2	284.9	311.8	353.7	382.4
ROK	166.5	171.3	176.1	182	190	206	205.3	226.2	237.7

단위: US$10억 (2005년 불변가치)
출처: SIPRI Yearbook 2009

○ 〈표1〉을 기준으로 본다면, 2000-2008년 기간에 미국 국방비는 60%, 중국 국방비는 168%, 러시아는 100%, 한국은 43% 증가했음.

- 일본의 국방비는 동 기간에 거의 변동하지 않았는데, 이는 GDP의 1% 규모로 국방비를 제한해온 일본의 관행을 고려할 때 2000년대의 저성장에서 기인한 것으로 파악할 수 있음.

- 미국이 군사비 증가를 주도하고 있고, 그 규모도 압도적임을 파악할 수 있음.

- 한국의 경우 동북아 국가 중 국방비 증가율이 상대적으로 낮음.

- 러시아의 경우, 비록 2000년대 초반보다 배 이상 국방비를 증가시켰지만, 이는 냉전 종식 당시(90년 약 3천 5백억$, 1999년 불변가치 기준)의 10% 규모에 불과하여 이를 실질적인 군사력의 증강으로 이해하기는 힘든 측면이 존재함.

- 결론적으로 미국의 주도 하에 동북아에는 점진적 군비증강 추세가 존재함. 또한 위의 다섯 나라가 모두 세계 국방비 상위 15개국에 포함됨.

- 이러한 움직임은 〈표1〉을 그림으로 바꾸어 보면 보다 분명히 드러남.

[그림 1] 2000년대 동북아시아 국가 군비 현황: 중국, 일본, 러시아, 한국

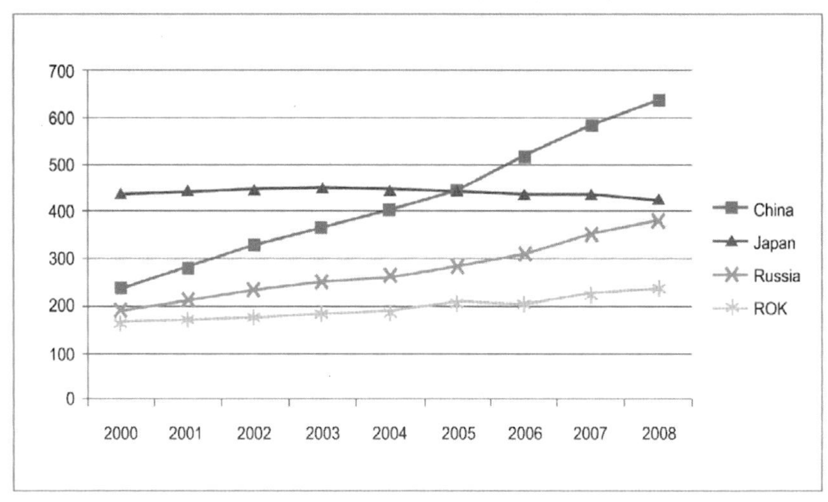

단위: US$10

○ 이러한 추세에도 불구하고 과연 동북아에서 새롭게 주목해야 할 군비경쟁이
  있는가라고 의문을 제기할 수 있음.

– 즉 동북아의 군비가 2000년대에 들어서 대폭 증가된 것은 사실이지만, 이는
  각 국의 GDP 규모가 확대된 것에서 주로 기인하는 것이지 그간의 흐름을 뒤
  바꿀 정도로 각국이 새롭게 경쟁적으로 군비를 확충하는 것이 아니라는 주장
  이 가능함.

– 실제로 2000년대 들어 위 각국의 GDP 대비 국방비의 비중은 크게 변화하지
  않는 양상을 보여줌.

– 1999년부터 2007년까지 매년 각국의 GDP 대비 국방비 비중은 미국은 3-4%,
  중국은 1.8-2.1%, 일본은 1% 정도, 한국은 2.4-2.6%, 러시아는 3.4-4.3% 정
  도 수준에서 변화하였음.

– 하지만, 위의 그림처럼 2000년대 들어서서 동북아의 국방비 규모의 증가는 분명

히 관찰되고 있고, 이는 결과적으로 냉전 말기 미국과 소련의 국방비 합산 규모를 넘어서는 국방비가 현재 동북아 지역 국가에 의해서 지출되는 결과로 이어짐.

○ 국방비 규모의 증가는 단순한 수치의 증가가 아니라, 군사력의 전반적 현대화와 전략·전술적 공격 능력의 개선을 의주로 진행되고 있다는 점에서 지속적으로 관찰해야 할 필요성을 제기하고 있음.

::: 3. 동북아 주요 국가의 군사력 강화 움직임

○ 현재 전 세계의 군비 증강은 미국에 의해 주도.

– 2000년대 부시행정부 하에서 미국의 군비는 제2차 세계대전 이래 실질 가치 기준으로 최고의 수준에 이름.

– 이는 미국이 아프가니스탄과 이라크에서 동시에 전쟁을 수행하고 있다는 점에서 기인하는 바가 큼.

– 2008년 기준으로 미국은 전 세계 군비 지출의 41.5%를 차지.

– 새로 출범한 미국의 오바마 행정부는 이라크에서의 철군계획을 공고히 하고, 아프가니스탄 상황을 안정시키며 러시아와도 새로운 전략무기감축 협상을 진전시키기로 약속함.

– 그럼에도 불구하고 미국은 근본적으로 세계 유일의 초강대국의 지위에 걸맞은 다양한 안보확보 수단을 추구하고 있음. 따라서 향후에도 미국의 군사비 지출 추세와 전 방위적 안보의 강화 모색이라는 정책 기조가 바뀔 가능성은 희박하며, 이런 가정을 전제로 하여 주변국들의 정책 기조를 고려해야 할 필요가 있음.

가. 미국의 세계 전략, 정책 기조, 군사전략

○ 세계 유일 초강대국 미국이 자국의 지위를 고수하려는 전략적 고려에는 큰 변함이 없음.

– 이를 실현하기 위한 구체적인 방안은 오바마 행정부 출범 이후에 미세 조정을 거치고 있음.

– 오바마–바이든 플랜은 미래의 안보위협을 패퇴시킬 수 있는 능력을 배양하는 동시에 기존의 재래식 군사력의 우위를 유지하는 21세기형 군사력을 확보하기 위해 투자할 것임을 밝히고 있음.

○ 플랜은 이를 위해 인적 자원과 물적 자원 부문에서 다음과 같이 노력을 경주할 것임을 강조함.

– 첫째, 인적 자원과 관련해서 최근의 수요에 부응하는 특수전 병력, 민사작전 병력, 정보전 병력 등을 확대하고 타국과의 공동 작전 수행을 위한 병력의 확보와 훈련에 집중하는 동시에, 전체적으로 육군 6만 5천 명, 해병대 2만 7천 명을 증원할 계획을 천명.

– 둘째, 물적 자원 부문에서는 무기 체제의 개선을 추진하고, 해상과 공중에서 압도적인 군사력의 격차를 유지하고, 미사일방어체제를 실용적으로 개발하며, 우주 및 가상공간에서 미국의 이익을 보호할 수 있는 능력을 배양하는 데에 중점을 둠.

– 이와 관련하여 주목할 점은 현재 전 세계적인 경제 위기가 미국에게 주는 부담에도 불구하고(금년 한 해 미국의 재정적자 규모는 1조 8천억 달러, 내년에도 적자 규모가 1조 달러 이상으로 예상되고 있음), 오바마 행정부가 의회에 제출한 내년 국방예산안 규모는 실질 가치 기준으로 금년보다 2% 증가한 것이라는

점. 이는 미국이 군사 부문에서 전 세계적인 주도권을 놓치지 않으려는 의도를 드러내는 것임.

○ 최근 미국이 준비하고 있는 2010 QDR은 향후 미국 군사전략의 대략적인 방향을 제시하고 있음.
- 우선 국방예산 감축의 압박 속에서 이라크 전쟁의 비용은 감소할 것으로 보이나, 비전통적 위협에 대한 대처의 필요성 강조 때문에 국방예산이 전폭적으로 축소될 가능성은 희박함.
- 현재 상륙 및 지상 작전 지원용 구축함(Zumwalt), 육군의 FCS, 대형 위성 등의 프로그램은 취소되고 있으나, 향후의 전략적 초점이 두 개의 준 전쟁(quasi-war)의 성공적 수행에서 '가능한 모든 전쟁(every possible war)'에서의 승리로 옮겨가고 있음을 보여줌.
- 이러한 하이브리드 전쟁(hybrid warfare) 개념의 도입을 통해 구체적인 시나리오를 검토 중인 것으로 알려짐.
  • 이라크, 아프가니스탄, 북한, 파키스탄에서의 비정규전 역량 검토
  • 중국, 대만, 러시아, 발트 해 국가, 이란 등 타 국가와의 주요 갈등
  • 민군협력 및 해외작전 검토
  • 미군의 해외주둔 재검토 등
- 결론적으로 미국에 포괄적 스펙트럼에서 요구되는 광범위한 능력을 창조적으로 결합할 것을 요구하고 있음.

○ 미국은 이미 자국의 GPR(Global Posture Review) 즉 "해외 방위력 배치 재검토"를 통해 해외 군사력의 중점을 "위협기반"의 지역 동맹으로부터 "능력기반"의 지구 동맹의 유지로 정리한 바 있음.

- 동아시아 지역에서 미국의 동맹국인 일본과 한국은 미국이 군사력을 신속히 배치 전개할 수 있는 합동 작전을 수행할 수 있도록 능력을 구비하는 방향으로 변화할 것을 요구 받고 있음.

- 예를 들어, 비록 미국이 자국의 미사일방어체제(MD) 개발과 배치 계획을 재검토할 수 있음을 시사하고 있지만, 일본과 한국은 미국의 MD와 연계할 수 있는 자산과 능력을 확보하고 있는 중임.

- 미국이 확보하는 전략적 유용성은 결과적으로 일본과 한국 등 동맹국의 군사력 강화 및 현대화로 이어질 것임.

○ 다른 한편으로 미국은 러시아와 새로운 전략무기 감축협상을 도모하고 있음.

- 역설적으로 이러한 움직임은 동북아에서 새로운 흐름을 형성할 가능성이 있음.

- 미국과 러시아가 양국 간에 최소의 실질적 억지력만을 확보하는 수준으로 전략무기를 감축시킨다면 이는 일본과 한국에게 미국 핵우산의 신뢰성에 대한 의문을 제기하게 할 수 있음.

- 실제로 미국이 새롭게 준비하는 핵태세보고서(NPR: Nuclear Posture Review)에서는 미국의 전략핵무기를 1,000개 이하로 줄이는 대안을 구체적으로 반영할 가능성도 있음. 이 경우 일본과 한국의 안보 불안 심리가 다시 확대될 수 있음.

- 따라서 북한의 핵무장 그리고 중국의 핵전력 강화 움직임에 대응하는 일본과 한국에 군사력 증강의 새로운 압력으로 작용할 수도 있음.

나. 일본의 군사력 강화

○ 일본은 예산상 제약에도 불구하고 지속적으로 군사력 현대화 계획을 추진하

여 왔음.

- 특히 2004년 방위계획대강(National Defense Progra Guide-lines) 이래 일본은 방위력 증강은 물론 잠재적인 공격능력의 강화에 주안점을 두고 있음.

- 최근 일본은 육상자위대를 기동성의 제고에 초점을 두고 재편성하고 있음.

- 항공자위대는 지역적, 지구적 작전 범위를 신장시키고 있음.

- 해상자위대는 수륙양용 기술과 항공모함 기술의 신장에 중점을 두고 있음. 이는 잠재적으로 중국을 상정한 준비라고 볼 수 있는 여지가 큼.

○ 이러한 계획에 따라 일본은 자위대의 전력을 강화할 수 있는 무기체계를 계속 도입하고 있음.

- 육상자위대는 국제임무 투입용 수송용 헬기인 CH-47JA를 도입 운용하고 있음.

- 항공자위대에 2007년부터 배치되기 시작한 KC-767 공중급유기는 일본 본토 방어 이외의 다양한 작전을 지원할 수 있음. 이미 70대 이상이 배치된 F-2 지원전투기는 공중전을 주로 하는 한국군의 주력기인 F-15와는 달리 지상목표물과 함대를 공격하는 것이 주요 임무로 분석되고 있음.

- 특히 F-2 지원전투기에, 이라크 전에서 명성을 떨쳤던, 재래식 폭탄에 정밀유도장치를 부착한 JDAM(Joint Direct Attack Munitions 합동직격탄)을 탑재하면 북한의 미사일기지에 대한 정밀한 타격이 가능하다는 분석이 있음.

- 이외에도 일본은 현재 미국만 보유하고 있는 최신예 스텔스전투기 F-22 구입을 추진하고 있음.

- 아울러 해상 자위대는 2015년까지 4척의 항공모함을 건조하여 다양한 공격능력을 배양하는 것을 목표로 하고 있으며, 현재에도 헬리콥터를 탑재할 수 있어 실질적인 항공모함으로 여겨지는 수송선을 보유하고 있음.

○ 또한 일본은 북한의 탄도미사일 위협에 대처한다는 명분으로 이지스 미사일방어체제와 PAC-3를 결합한 다층 미사일방어체계를 이미 실전 배치하였음.

- 이 중에서도 일본의 이지스 미사일방어체제는 장거리 탄도미사일까지 추적하여 격추할 수 있는 SM-3 미사일을 요격무기로 포함하고 있음.

- 이 SM-3 미사일은 탄도미사일이 대기권 밖에서 비행 중일 때 지상 200km 이상에서 요격할 수 있는 능력을 보유하고 있음. 일본은 이러한 SM-3 미사일을 2011년까지 총 4척의 공고급 이지스 구축함에 배치할 계획임.

○ 이러한 일본의 군사력 강화는 미일 동맹의 강화로 동북아지역에 자국에 대한 포위망이 건설될 것을 우려하는 중국의 불안 심리를 자극할 가능성이 큼.

다. 중국의 군사력 현대화

○ 중국의 군사력 현대화는 크게 두 가지에 주안점을 두고 있음.

- 중국은 우선 2010년까지는 기존 장비를 업그레이드하는 동시에 선택적으로 재래식 무기의 차세대 전력을 도입함으로써 인민해방군(PLA)의 전투력을 개선시키는 것을 목표로 하고 있음.

- 다른 한편, 향후 15년 내에 정보화에 기반을 둔 군사혁신(RMA)을 통해 인민해방군을 세계 최고수준의 군사력으로 도약시킬 계획을 추진하고 있음.

- 이러한 두 가지 경로의 접점에서 중국은 자국의 미사일 능력을 개선하는 데에 주안점을 두고 있음. 이는 기본적으로 자국 미사일의 생존가능성과 공격능력의 향상을 위한 것임.

○ 중국의 최근 미사일 능력 강화는 주목이 필요한 부분임.

- 중국은 기존의 DF-5 대륙간탄도미사일 외에 그 개량형인 DF-5A, 이동식인 DF-31, DF-31A를 조만간 실전 배치하게 될 것임.
- 중국은 아울러 DF-5에 탑재될 각개유도 다탄두(MIRV)를 개발했음을 밝힌 바 있음. 중국은 여기에 이동식 DF-21 중거리 탄도미사일 전력을 구축하여 지역 수준에서의 핵 억지력을 증강시킬 계획임.
- 다른 한편 중국은 최근에 사정거리 2,000km의 잠수함 발사 순항미사일을 배치했고, Su-27 및 Su-30MK 등의 전폭기, 자체 개발한 J-10, FB-7A 전투기, 신형 J-X 스텔스 전투기, KJ-2000 공중조기경보기 등을 통해 대공 방어력과 공격력을 강화했음.
- 아울러 2007년 1월의 ASAT 테스트를 통해 중국은 미국과 일본의 군사용 위성을 공격할 수 있음을 입증한 바 있음.

○ 이 외에도 중국은 미국과 일본의 전력 증강에 대응하는 다양한 무기 체계의 구축을 시도하고 있음.
- 중국은 최근 052C Luyang II 및 051C Luzhou 유도미사일 구축함과 054A Jiangkai 소형구축함을 배치하여 미국과 일본이 배치한 이지스방어망과 유사한 능력을 보유한 것으로 알려져 있음.
- 중국은 항공모함의 건조를 계속하여 추진하고 있으며, 이미 운용 중인 핵잠수함에 조만간 사정거리 8,000km의 장거리 탄도미사일(SLBM) JL-2를 실전 배치할 예정임.

○ 종합하자면, 육상에서의 이동식 미사일의 확충, 해상배치 억지력과 각개유도 다탄두의 개발 등은 중국의 미사일 능력을 강화하는 중요한 요소들이라고 평가됨.

- 이는 중국이 장기적으로는 지역을 넘어서는 군사력을 사용할 수 있는 능력을 부여하게 될 것임.
- 현재 중국의 군사적 목표는 미국의 동아시아 지역에의 군사력 투사를 제한하는 것으로 볼 수 있음(A2/AD, anti-access/ area-denial).
- 이런 능력의 확충은 미국의 군사통신 네트워크 파괴 또는 교란 능력, 미국의 해외기지에 대한 공격력 구축 등으로 강화될 것임.
- 또한 중국은 초수평선 레이더, 무인비행기, 정찰위성의 강화를 통해 미국 해군력의 효율적 작전을 저해할 수 있는 능력을 구축하고 있음.
- 중국은 최소한 동아시아에서의 강제력(coercion) 보유를 원함.

라. 한국의 군사력 강화

○ 한국의 경우는 대북한 대응 등을 위해 군사력을 계속 강화하는 추세임.
- 현안으로 대두된 북한의 탄도미사일 구축 노력은 최근의 일이 아님. 과거에는 이에 대한 군사력 강화라는 맞대응이 구조적으로 제한된 속에서 한국은 주로 군사적 조치 이외의 해결책을 모색한 바 있음. 하지만, 최근 한국은 군사력의 증강을 포함한 보다 다양한 대안을 가지고 이에 대응하고 있음.
- 한국은 기존에 확보하고 있는 재래식 군사력에 기반을 둔 최소한의 억지력 외에, 최근에는 북한의 탄도미사일이 표적에 도착하기 전에 그것을 무력화하는 활동을 의미하는 적극적 방어(active defense)를 고려하기 시작하였음.
- 정책적으로 이미 노무현정부 말기에 이르러서는 "한국형 방공 및 미사일 방어 체계"를 구축한다는 계획을 수립한 바 있고, 이명박정부에 들어서서는 북한의 미사일 개발에 대응하기 위한 정책적 기조에 보다 적극적인 변화의 모습이 나타나고 있음.

- 최근 한국은 적극적 방어의 측면에서 한국형 미사일방어체제의 구축과 함께 미국의 미사일방어체제에의 본격 편입을 적극적으로 검토하고 있으며, 더 나아가 북한의 미사일 시설을 예방차원에서 정밀타격(surgical strike)하기 위한 공격작전도 수립했다고 밝히고 있음.

○ 한국은 이러한 목표를 수행하기 위해 다음과 같은 무기 체계의 구축을 추진해 오고 있음.

- 2007년 5월에 1,000km 밖의 비행물체를 동시에 900개까지 탐지 및 추적하고 SM-2로 동시에 17개의 목표를 공격할 수 있는 능력을 지닌 이지스급 한국형 구축함인 세종대왕함(KDX-III)을 진수시켰고, 동급 구축함을 2012년까지 2척을 더 배치할 계획임.

- 아울러 미니 이지스함인 KDX-IIA를 도입하여 미래 해군 기동부대 주전력으로 활용할 계획을 가지고 있음

- 한국은 이미 국산 스텔스전투기의 개발 및 스텔스 공대지미사일 확보계획을 수립한 바 있고, 최근에 유사시 북한 핵 기지를 정밀 타격할 수 있는 최첨단 원거리 공대지 미사일을 도입하기로 결정하였음.

- 최대사거리가 400km인 재즘(JASSM: 합동 원거리 공대지미사일)급 미사일은 한국의 최신예 전투기인 F-15K에 장착되어 북한 영공으로 깊이 진입하지 않고도 북한 내의 지상 또는 지하 표적을 타격하는 것으로 목표로 하고 있음. 이 미사일은 2011년까지 순차적으로 수백 기가 도입될 예정인데, 이를 통해 2020년까지는 북한 전 지역에 대한 정밀타격능력을 한국군이 보유하게 됨.

- 한국군은 또한 사거리 500km 이상인 지대지 순항미사일 현무-3과 함대지 순항미사일 천룡을 개발하는 데에 성공하여 이 중 현무-3은 올해 초부터 실전배치된 것으로 알려지고 있음.

- 아울러 한국은 현재 사거리 300km로 제한되어 있는 지대지 미사일의 사정거리를 증가시키는 것에 대해 미국과 협의를 추진하고 있음.
○ 결론적으로, 한국의 군사력 증강의 요인을 정리해보면 이지스급 구축함의 도입을 통한 해군력의 증강, 대북한 대응의 다각화, 미국과의 동맹에 기반을 둔 작전 구사능력의 강화라고 요약할 수 있음.

4. 북한 핵/미사일 실험의 영향

○ 이상에서 살펴 본 러시아를 제외한 동북아 각국의 군사력 강화 움직임은 구체적으로는 금년에 있었던 북한의 핵 및 미사일 실험 이전에 결정되어 추진되어 온 것들임. 이를 통해 현재 동북아 군비 경쟁과 관련하여 크게 두 가지 역동성이 존재한다고 볼 수 있음.
- 첫째, 동북아에는 일종의 군비경쟁이 이미 진행되고 있음. 과거 냉전 시대의 미국과 소련 간에 있었던 것처럼 폭발적인 모습은 아니지만, 동북아 각국은 조용한 군비경쟁(silent arms race)에 이미 들어가 있다고 평가해야 함.
- 이 글에서 살펴본 미국, 중국, 일본, 한국은 각자의 전략적 환경 속에서 제기되는 필요에 의해 군사력의 현대화와 무기의 선택적 도입을 추진하여 왔음. 그러한 필요성은 독립적으로 존재하는 것이 아니라, 각각 미국, 중국, 북한 등 가상 적국의 전력 현황에 대한 고려를 바탕으로 대두되고 있음.
- 둘째, 세계 유일의 초강대국 지위를 유지하고 전략적 라이벌의 등장을 배제하려는 미국의 세계 전략의 틀에 변화가 없는 상황에서 동북아의 군비경쟁의 핵심에는 중국이 자리 잡고 있음.
- 지역적 차원에서는 중국이 군사력의 우위를 점하는 것이 분명하지만, 지역 내

의 일본과 한국이 미국이라는 초강대국과 동맹관계로 연결되어 있는 상황을 고려한다면 중국은 피동적인 입장에서라도 억지력을 강화할 필요성을 느낄 가능성이 있으며, 이는 현재 진행되는 군비경쟁이 완화될 전망을 흐리게 함.

○ 북한의 핵/미사일 실험은 이러한 조용한 군비경쟁에 어떠한 영향을 미칠 것인가?

– 미국의 세계 전략에 미치는 영향은 미미함. 미국은 최근 들어 북한의 핵실험과 미사일 실험에 큰 의미를 두지 않는 것 같은 발언을 계속 하고 있음. 사실상 북한의 실험이 미국의 안보에 직접적으로 주는 위협은 없다고 봐야 할 것임.

– 다만 미국의 오바마 행정부가 지속적으로 강조하는 군축·비확산이라는 큰 틀의 추진에 북핵 문제가 크지는 않지만 실질적인 장애물로 작용할 가능성이 있어서 미국이 이에 대처하기 위한 구체적인 군사적 프로그램을 가동할 가능성도 있음.

– 북한의 형제국인 중국에 주는 직접적인 영향도 없을 것임. 다만 북한의 실험에 대해 일본과 한국이 공격적인 대응을 실질적으로 하기 시작한다면, 이는 동북아의 지역 안보에 새로운 불안 요인을 가져온다는 점에서 중국의 셈법을 복잡하게 만드는 부정적인 결과를 야기할 것임.

– 북한의 핵/미사일 실험은 일본과 한국에는 실질적인 영향을 미치게 될 것임. 북한이 기존에 보유하고 있는 중단거리 미사일은 이미 일본과 한국을 사정거리 안에 두고 있음.

– 이들은 비록 액체연료를 사용하지만, 지하에 저장되었다가 이동식 발사대를 이용하여 발사되기 때문에 재래식 무기로는 선제공격을 하더라도 제거하기가 거의 불가능한 상황임. 더구나 이들은 각각 10여 곳 이상의 기지에 분산 배치되어 일본과 한국 내의 다양한 타격 목표를 겨냥하고 있음.

- 이러한 상황에서 북한의 거듭되는 핵·미사일 실험은 일본과 한국의 안보불안 심리를 크게 자극할 우려가 있음.

- 더구나 미국이 보복의 "위협"에 기반을 둔 군사력보다는 신속대응군 위주로 해외 전력을 재편하는 추세여서 과거보다 미국이 제공할 억지력에 대한 신뢰도가 약화되는 상황에서 북한의 이러한 행동은 일본과 한국의 군비 증강 움직임을 가속화시킬 수밖에 없을 것으로 판단됨.

⁙ 5. 어떻게 군비경쟁을 회피할 것인가?

○ 안보를 위한 국방력의 강화는 현대 국가의 존립을 위한 절대적 명제 중의 하나임. 하지만 Jervis가 얘기한 안보딜레마는 안보를 증진시키기 위한 군사력의 증강이 오히려 안보를 저해할 수 있는 상황으로 귀결될 수 있음을 지적하고 있음.

- 지역 내에서는 북한에 대한 일본과 한국의 대응이 다시 중국의 맞대응을 초래할 가능성이 높고, 이는 다시 중국의 군사력 강화에 실질적 위협을 느낄 일본의 군사력 강화로 이어질 가능성이 농후함.

- 이러한 악순환을 차단하기 위해서는 북한의 추가적인 도발 행위를 방지하는 노력을 기울이는 한편, 동북아에서 중국의 군사력 증강이 어느 수준까지 안정성을 해치지 않을 수 있는지에 대한 검토가 필요함.

○ 이는 사실상 미국과 소련 간에 보장되었던 투명성(transparency)과 비슷한 수준의 투명성을 기반으로 미국과 중국이 전략적 대화를 진행해야 한다는 점을 의미함.

- 이러한 투명성이 보장이 되지 않는다면 중국의 예정된 군사력 현대화 계획은 북한의 돌출적 행위에 의해서 결과를 예측할 수 없는 군비 경쟁으로 귀결될 가능성이 크다고 할 수 있음.

○ 미국과 중국의 전략적 대화와 병행되어야 할 점은, 일본과 한국이 미국과 긴밀히 협의하여 북한에 대한 적절한 대응의 수준을 넘어서는 군사력의 강화를 도모하지 않아야 한다는 점임.
- 미국으로부터의 방위비 또는 역할 분담의 요구는 향후에도 지속될 것이지만, 합리적인 의견 조율을 통해서 북한으로부터의 위협에 대응하기 위한 불요불급한 군사력의 수준에 대한 평가 작업을 진행하여 지역 내의 안보딜레마의 작동을 방지하려는 노력이 필요함.

○ 이를 위해서는 타 지역의 사례를 참고하고 실질적으로 기능할 수 있는 군사력 평가 협의체를 만들고, 동북아 각국이 참여하여 가능한 정보를 교환함으로써 합리적인 정치적 판단을 할 수 있는 기반을 조성해야 할 것임.

2장

인간안보

G20와 글로벌 거버넌스의 재편:
한국에의 함의

최 원 기 (외교안보연구원 교수)

글로벌 경제위기를 계기로 기존 세계경제질서의 재편에 대한 논의가 활발해지고 있다. 9월 24-25일 미국 피츠버그에서 열리는 3차 회의에서도 성공적인 결과가 도출된다면 G20 정상회의는 향후 글로벌 거버넌스 개편의 중심체로서 자리매김할 가능성이 더 커질 것으로 전망된다.

우리나라는 지금까지 국제사회에서 주어진 규칙을 준수하는 역할만 수행하여 왔다. 2011년까지 G20 정상회의의 공동의장국으로 G20 정상회의의 운영에 참가하게 되면 우리나라도 마침내 국제경제질서의 재편과정에서 적극적인 규칙제정자로 우리의 입장을 반영할 수 있는 귀중한 기회를 갖게 된다.

이러한 기회를 낭비하지 않게 경제외교의 지평확대와 국제적 위상강화를 위한 새로운 외교정책을 적극적으로 모색할 필요가 있다. 그동안 국제경제적 지위에 상응하는 의무와 역할에 소극적이었던 과거의 자세에서 벗어나 선진국과 개도국 간의 입장조율을 위한 외교적 노력 및 역량을 강화하고, 특히 개도국의 관심사항인 IMF, World Bank 등의 국제금융기구 개편문제에 있어 이들 기구의 정당성을 확보(개도국의 실질적 참여 확대)하는 방안을 집중적으로 연구, 정책적 대응방안을 제시할 필요가 있다. 아울러 글로벌 차원의 국제금융질서 개편논의와 지역적 차원의 경제협력 강화를 연계시킬 수 있는 방안도 모색하여야 할 것이다.

2009-05-22

1. 서론

○ 1930년대 대공황 이후 최대의 위기인 현재의 경제위기로 인해 기존의 세계경제 질서는 급격한 변동을 겪고 있으며, 위기극복 이후에는 새로운 형태의 질서가 형성될 것으로 전망됨.

○ 2008년 11월 15일 처음 개최된 "금융시장 및 세계경제에 관한 정상회의"(이하에서는 'G20 정상회의')가 1-2차 회의를 성공적으로 마침으로써 글로벌 경제 위기 극복 및 국제금융체제의 재편을 둘러싼 국제협력의 중심체로 등장하였음.

- G20 정상회의는 "G20 재무장관회의"를 정상급 회의로 격상하여 개최한 것으로, 제1차 워싱턴 정상회의 결과 참가국들은 금융시장 개혁을 위한 5개의 공동원칙 및 47개의 중·단기 실천과제(Action Plan)를 도출한바 있음.

- 2009년 4월 2일 개최된 제2차 런던 G20 정상회의는 29개항의 정상선언문 및 3개 부속서를 채택하고, 재정확대를 통한 거시경제정책 공조, 보호주의 저지, 신흥개도국 자금지원, 금융규제 및 감독강화, IMF의 재원확충을 통한 국제금융기구 개혁 등에 합의한 바 있음.

- 오는 9월 24-25일 미국 피츠버그에서 예정된 3차 회의에서도 1-2차 회의와 같은 성공적인 결과가 도출된다면 G20 정상회의는 명실상부한 세계경제 위기 이후 글로벌 거버넌스 개편의 중심체로서 자리매김할 가능성이 더욱 커질 것으로 전망됨.

○ 우리나라는 브라질, 영국과 함께 향후 글로벌 거버넌스 개편 논의의 중심 협의체로서 역할을 하고 있는 G20 정상회의의 공동의장국(Management Troika)의 역할을 통해, 2011년까지 G20 정상회의의 운영에 주도적으로 참가할 예정임.

- 이를 통해 우리나라는 그동안의 한반도와 동북아 중심의 지리적 범위에 국한된 외교를 넘어서 글로벌 경제위기라는 국제사회의 현안해결에 적극 기여함으로써 우리 외교의 지평 확대 및 국제적 위상 제고를 도모할 수 있는 매우 중요한 외교적 자원과 기회를 확보하게 되었음.

2. 글로벌 경제위기 이후 새로운 국제경제 질서의 변화

가. 세계경제 세력구도의 다극화

○ 세계경제의 세력구도가 기존의 미국 중심 단극체제에서 유럽 및 중국, 인도, 브라질 등의 개도국의 영향력이 확대되는 다극구도로 급속히 변화되고 있음.

- 현 글로벌 경제위기의 진원지인 미국은 더 이상 유럽과 개도국에 대해서 일방적으로 자신의 입장을 관철시키기 어려운 상황에 직면하였음. 이러한 변화는 2009년 4월 2일 개최된 제2차 G20 런던 정상회의에서 명확히 드러났음.

- 재정확대를 중시하는 미국의 입장은 유럽과 중국, 브라질 등의 신흥국가들의 입장과 대립, 회의결과에 제대로 반영되지 못한데 반해, 중국의 영향력이 런던 회의를 계기로 확대되어 중국이 미국과 양대 축을 이루는 미·중 양강구도(G2)를 형성하였고, 브라질과 인도 등의 개도국 발언권이 강화되었음.

나. 경제패러다임의 변화: 신자유주의의 퇴조

○ 글로벌 경제위기가 신자유주의 경제정책의 주도국인 미국의 금융시스템의 붕괴에서 시작됨에 따라 규제완화(de-regulation)를 강조했던 신자유주의 기조

가 퇴조하고 금융시장의 규제와 감독을 강화(re-regulation)하는 추세로 경제 정책의 패러다임이 변화하고 있음.

- 지난번 2차 런던 정상회의 공동선언문은 금융시장에 대한 규제 및 감시의 실패가 금번위기의 근본적 원인이라는 점을 명확히 함으로써 규제완화와 시장개방을 중시하는 미국식 신자유주의 세계적 확산은 제한될 것으로 전망됨.

- 특히, 런던 정상회의에서 금융규제 강화를 목적으로 금융안정화포럼(FSF: Financial Stability Forum)을 금융안정이사회(FSB: Financial Stability Board)로 확대·개편하기로 합의함으로써 향후, 금융규제강화가 진행되어 국제금융시장의 운영 및 금융시장 감독 행태가 크게 변화할 것으로 전망됨.

〈새로운 글로벌 거버넌스〉

다. G20 중심의 세계금융 경제질서의 재편

○ 런던 정상회의를 계기로 글로벌 경제 거버넌스는 기존의 선진국 중심의 G7에서 주요 신흥개도국이 참여하는 G20으로 무게중심이 이동하고, G20체제가 새로운 국제경제 질서 구축의 중심체로서의 역할을 할 것으로 전망됨.

- 이와 아울러 G20 참가국들이 IMF의 기능강화 및 지배구조 개선에 합의함으로써 IMF에서의 개도국의 발언권이 강화될 것으로 전망되는 바, 이러한 과정을

거치면서 개도국의 글로벌 거버넌스에서의 영향력이 확대될 것으로 전망됨.

▒▶ 3. 새로운 국제협력의 틀로서 G20의 부상

가. G20체제의 제도화 가능성

○ G20 런던 정상회의는 금융시장에 대한 규제와 개도국에 대한 지원 합의 등 예상 이상의 성공을 거두면서 G20체제가 새로운 국제적 의사결정체로 대두됨으로써, 향후 세계경제질서 재편의 새로운 중심체로 자리매김하게 됨.

- 1차 워싱턴 회의에서는 금융위기 극복 및 금융체제 개편방안에 대한 원칙적이고 선언적 합의만을 도출한데 반해, 2차 런던 정상회의는 구체적인 실행방안에 대한 합의를 이끌어 냄으로써, G20체제가 국제사회의 새로운 규칙제정자(rule-setter)로서의 역할을 하기 시작했으며, G20체제는 글로벌 거버넌스 체제로서 제도화되는 기틀을 다지는데 성공하고 향후 다극화되고 있는 세계경제 질서의 핵심적 기구로써 부상할 가능성이 높아짐.

나. G20체제의 전신

○ G20 회의는 1997년도 아시아 외환위기 이후, 국제금융시장의 안정을 위한 협의체 필요성 대두에 따라 1999년 9월 IMF 연차총회 당시 개최된 G-7재무장관회의에서 장관급 회의체로 출범하였으나, 2008년 9월 리먼 브라더스의 파산과 금융위기의 전 세계적 확산 이후 미국 부시 대통령의 발의로 G20 회의를 정상급으로 격상하여 제1차 회의가 워싱턴에서 개최되었음.

〈G20 그룹별 의장국 수임 현황 및 Management Troika〉

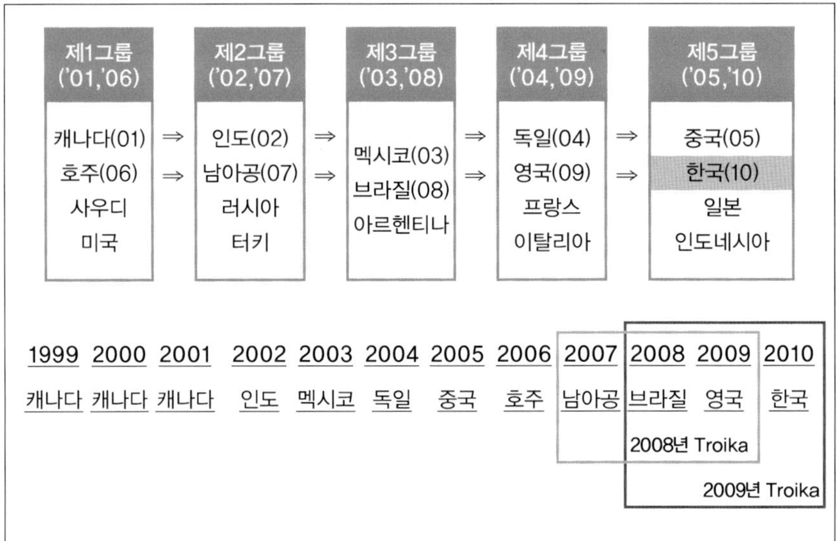

○ G20회의는 별도 사무국 없이 의장국이 임기(1년)동안 사무국 역할을 하고, 의장국 수임은 그룹별 순환방식에 따라 이루어지고 있음. G20 의장국은 의장국 수임년도 前·後 1년씩 G20 Management Troika의 일원으로 회의 의제 및 운영, 선언문 작성, Study 그룹 활동 등과 관련하여 의장국과 협의체제를 형성하고, 전/후임 의장국은 각종 회의시 의장국과 Co-Chair 역할 수행함.

다. G8의 약화와 글로벌 거버넌스에 개도국 참여 확대

○ 글로벌 거버넌스의 중심체로서 G20의 역할이 확대 강화될 경우 기존의 G8은 G20내에서의 하나의 선진국 모임체(caucus)에 불과하게 될 가능성이 높아지게 되었고, 현재와 같이 G20이 선진국과 개도국 간 협의를 통한 경제위기 타개 모델로서 제도화 될 경우, G20체제는 향후 경제이슈 뿐만 아니라 안보이슈

까지 다루는 다자협력체제로 발전할 가능성이 높아짐.

- G20 런던 정상회의에서 차기 정상회담을 올해 말에 개최하기로 합의하고 9월 24-25일 미국 피츠버그에서 3차 회담이 개최되어 G20체제의 지속성이 강화됨으로써, 향후 G20체제가 국제경제 거버넌스의 중심체로서 지속적으로 역할을 할 가능성이 높아짐.

4. G20 대응 한국의 새로운 외교 전략 구축 필요성

가. 세계경제 질서의 재편 대응 새로운 외교전략 마련 긴요

○ G20체제가 새로운 세계경제질서 재편의 중심체로 부각함에 따라 한국은 금융위기 극복이후 새롭게 형성될 세계경제질서에 대한 적극적인 대응전략의 구축 필요성이 시급해졌음.

- 한국은 그동안 국제사회에서 수동적으로 주어진 규칙을 준수하는 역할만을 담당해왔으며, 그동안 한국의 소득이 급속히 늘어나고 경제규모가 증가해도 국제사회에 대한 영향력은 제한적인 수준에 머물러왔음. 그러나 이제는 국제경제질서의 재편과정에서 적극적인 규칙제정자로 국제적 경제협력 조건 조성에도 우리의 입장을 반영할 수 있는 기회를 확보해야 함.

나. G20 의장국으로서 글로벌 리더십 발휘의 토대 마련

○ 한국은 G20 정상회의 공동의장국으로서 국제적 위상을 제고하고 글로벌 리더십을 발휘할 수 있는 기초 토대를 마련해야 함.

- 지난 2008년 11월 개최된 G20 정상회의에서 한국은 영국, 브라질 등과 G20 의
장국으로 선임되어 국제 금융·경제질서 재편과정에서의 주도적 역할 및 실질
적으로 기여를 통해서 국제적 위상 제고의 기회를 확보하게 되었음. G20 그룹
의 공동의장국으로서 국제금융·경제질서의 개혁에 대한 agenda-setting 및
이행방안에 대한 대안을 제시할 막중한 책임을 수임했으며, 이에 따라 국제금
융 질서의 재편에 대한 분석 및 이에 대한 대응방안을 적극적으로 모색해야 할
필요가 커짐.

다. G20 대응 외교(G20 Diplomacy)전략의 개발 및 추진 필요

○ 우리나라는 선진국과 개도국 간의 입장조율을 위한 외교적 노력 및 역량을 강
화하고, 보다 전향적이고 적극적인 관점에서 G20 대응 외교를 활성화하고,
G20 의장국의 지위를 활용할 수 있는 새로운 외교적 과제를 적극적으로 개
발·추진할 필요가 있음.
- 특히, G20 공동의장국 역할의 수임을 통해 우리나라의 경제외교 지평확대 및
국제적 위상강화를 위한 새로운 외교정책을 적극적으로 연구할 필요가 있음.

○ G20체제의 부상이라는 새로운 외교적 기회 활용의 극대화를 위해서 보다 전
향적이고 적극적인 외교적 대응 논리의 개발 및 새로운 외교적 과제를 발굴·
제시해야 할 것임.
- 특히, 글로벌 차원의 국제금융질서의 개편논의와 지역적 차원의 경제협력 강화
를 연계시킬 수 있는 방안을 모색하여 "신아시아 외교구상"의 추진전략을 구체
화해야 할 것임.

라.개도국의 리더로서 선진국과 개도국의 가교 역할 강화 방안 모색

○ 한국은 국제경제적 지위에 상응하는 의무와 역할에 소극적이었던 과거의 자세에서 벗어나 G20체제를 활용하여 G20체제 내에서 선진국과 개도국의 입장조율 및 중재자의 역할을 통해서 '개도국 리더'로서의 국제적 위상/이미지를 확보할 필요가 있음.

– 이를 위해 주요 개도국의 동향을 모니터링하고, 이들과의 협의 채널을 강화하는 방안을 적극 모색하고, 특히 개도국의 관심사항인 IMF, World Bank 등의 국제금융기구 개편 문제에 있어 이들 기구의 정당성을 확보(개도국의 실질적 참여 확대)하는 방안을 연구, 정책적 대응 방안을 제시할 필요가 있음.

○ 특히, G20 체제의 성격상 모든 참가국들이 동의하기 어려운 근본적이고, 혁신적인 방안 보다는 점진적이고, 가시적이며, 단기적으로 실현가능한 협력 방안을 강구, 제시해야 함.

– 예를 들어 G20 참가 개도국 및 비참가 중진 개도국을 포괄하는 가칭 "개도국 정책대화포럼(Policy Dialogue Forum for Emerging Market Economies)"의 창설 방안을 검토하고 개도국 간 정책대화 및 정보교류를 활성화, G20 정상회의에서의 개도국 대표성 강화에 기여하는 방안을 적극 검토해야 할 것임.

동북아 에너지 협력의 현황과 전망

조 현(외교통상부 에너지자원 대사)

오늘날 국가경제 발전의 주요 원동력인 에너지 문제를 '제로섬 게임'으로 인식하는 경향이 있어서 국가 간의 상호협력 보다 치열한 경쟁으로 치닫기 쉬운 게 일견 본질적인 현상인 것처럼 보인다. 그렇지만 에너지 거대 소비국과 공급국이 인접해 있는 동북아 지역, 특히 한ㆍ중ㆍ일 3국간에는 에너지를 둘러싼 윈-윈(win-win) 협력의 잠재력이 크다고 볼 수 있다. 2008년 12월 한ㆍ중ㆍ일 정상회담 공동선언문도 에너지 협력을 강조하고 있다.

물론 동북아 지역은 낮은 에너지 자급율과 수요 증가로 인해 수급 불균형이 심화되는 추세에 있고, 높은 대중동 석유의존도, 자원 경쟁의 고착화와 위기관리 시스템 부재 등의 문제점을 안고 있다. 그러나 지속적인 성장 동력의 창출을 통한 동북아 평화와 공동번영의 기반을 조성하고 취약한 에너지 안보환경 개선을 위해서도 동북아 에너지 협력의 필요성은 절실하다. 역사ㆍ영유권 문제를 포함한 갈등요인의 상존과 다자간 협력을 주도할 leading player 부재 등의 장애요인을 딛고「동북아 에너지 공동체」를 지향하는 발걸음을 결코 멈춰서는 안 될 것이다.

현재 '한ㆍ중ㆍ일 3자 에너지 대화'를 비롯, '동북아 5자 에너지 대화', '동북아 에너지 고위급 위원회' 등 다자간 에너지 협의체가 추진되고 있지만 아직은 초보적인 논의 수준을 크게 벗어나지는 못하고 있다. 따라서 ASEAN+3, APEC 등 다자간 협력 framework을 활용하고, 더 나아가 각국 전문가들을 주축으로 한 민간 협력으로부터 정부차원의 협력으로 확대시키거나, 전문가들과 역내 정부가 모두 참여하는 협력 논의를 통한 동력 확보 등 다양한 접근이 더욱 요청되고 있다.

* 이 글은 개인적 견해이며 정부의 공식적인 입장이 아님.

1. 한 · 중 · 일 3국의 에너지 수급 현황 및 특징

가. 거대 소비국과 공급국이 인접, win-win 협력의 잠재력 무한

○ 에너지의 거대 소비국과 공급국이 인접해 있는 셈인 한 · 중 · 일 3국간에는 윈-윈(win-win) 협력의 잠재력이 무한하다고 볼 수 있음. 한 · 중 · 일 3국은 세계인구의 25%, 세계 총 GDP의 18%를 차지하며, 거대한 에너지 소비국이지만 에너지의 수급구조는 취약한 상태임.

– 한국: 세계 10위의 에너지 소비국으로, 수요 에너지의 97%를 수입에 의존하고 있음.

– 중국: 석탄 매장량이 1,345억 톤(세계 매장량의 13%, 3위), 석유 매장량이 27.6억 톤(세계 매장량의 1.7%)임. 세계 제2위의 석유 소비국이자 제3위의 석유수입국임.

– 일본: 천연가스 100%, 석유 99.7%, 석탄 97.9%를 수입함. 세계 제5위의 에너지 소비국이자 제2위의 에너지 수입국임.

○ 러시아가 석탄 · 석유 · 천연가스 공급의 주요 협력 대상국으로 부상함.

– 천연가스 세계 1위(19.6%), 석유 2위(12.4%), 석탄 5위(4.6%)임.

나. 수급 불균형 심화

○ 동북아 지역은 낮은 에너지 자급율과 수요 증가로 인해 수급 불균형이 심화되는 추세임.

– 2010년까지 중국의 에너지 수요 증가율은 4.7%로, 세계 평균 증가율(2.3%)을

훨씬 상회. (2020년까지 2.7% 증가 전망).

- 중국이 동북아지역 석유소비 증가량의 64%, 전 세계 석유수요 증가분의 31.6% 를 차지하는 등 역내 수급 불균형을 야기하는 주요 요인으로 작용하고 있음.

○ 대중동 석유의존도가 심화되고 1일 석유소비량이 지속적으로 증가하는 추세임.

- 대중동 석유의존도('06년) : 한국 82%, 일본 90%, 중국 21.2%임.

- 1일 석유소비량('05년, b/d) : 한국 230만 배럴, 중국 700만 배럴, 일본 560만 배럴임.

다. 에너지 안보 취약: 자원 경쟁 고착화 및 위기관리 시스템 부재

○ 동북아 지역의 에너지 안보는 취약한 상태라 할 수 있음. 자원 경쟁이 고착화 되고 위기관리 시스템 부재가 문제로 지적될 수 있음.

- 일본과 중국 간에 동지나해와 동시베리아 지역에서의 자원경쟁이 고착화됨으 로써, 이것이 수급불균형 심화와 함께 지역불안 요인으로 작용하고 있음.

- EU · 미주지역과 달리 위기시에는 효과적인 대응을 위한 협력체제의 부재로 인해 에너지 안보의 취약성 극복에 한계가 있음.

▓ 2. 에너지 안보에 대한 중국과 일본의 인식과 전략

가. 중국

○ 중국은 고도 경제성장에 따라, 1990년~2005년간 석유 수요가 약 2배로 증가

하는 등 에너지 수요가 급증하면서 에너지 안보가 핵심과제로 부상함.

- 에너지 안보를 주로 석유가격의 불안정성과 석유 수급 차질로 인식하며 특히 가격 인상이 경제에 미치는 부정적 영향을 우려함.

- 석유 수요와 공급 사이의 격차가 커지고 있어 수입 석유 의존도가 더욱 심화됨.

○ 중국의 에너지 문제로부터 여러가지 우려가 파생됨.

- 에너지의 대외 의존도 증가로 인해 서방국가로부터의 안보 위협 및 해상 수송로 안전 문제가 우려됨.

- 에너지 문제로 인한 중국발 글로벌 경제침체가 우려됨.

- 석탄 에너지 중심의 수급구조로 인한 환경오염이 우려됨.

○ 중국의 에너지 안보정책의 목표는 공급선 다변화를 통해 수입 의존도를 낮추고 공급원을 확대하는 동시에 생산 및 소비 기술수준 향상으로 에너지를 효율적으로 사용하는 것임.

- 여기에는 △전략적 석유 비축기지 건설, △원자력 에너지 비중 확대, △청정 석탄기술 개발 및 보급, △해상 수송로의 안전 강화 및 대안 통로 개척 등을 들 수 있음.

○ 중국의 에너지자원 외교 현황

- 공급원 다변화를 위해 아프리카, 러시아, 중앙아시아 등과의 에너지 외교를 강화하고 있음.

- 2010년까지 수입 원유의 1/3을 해외 자주개발 원유로 충당하는 것을 목표로 함.

- 특히 서방국가의 제재하에 있는 이란과의 협력을 강화함.

- 다자협력 채널을 적극 활용함(5자 에너지 장관회의 주도 등)

나. 일본

○ 일본은 거의 모든 에너지를 외국에서 수입하고 있음. 이런 가운데서도 석유 비중이 점차 줄고 대체 에너지 비율이 증가되고 있음.

○ 일본의 에너지 안보 전략
– 석유 공급의 안정화 및 대체 에너지 공급 확충.
– 에너지 절약을 통한 소비 감소.
– 차세대 에너지 수송 인프라 구축.
– 긴급사태시 대응 방안 강화 등.

○ 일본의 에너지 외교 전략
– 2030년까지 원유 수입의 40%를 해외 자주개발 원유로 충당함.
– 규모의 대형화를 통해 국제적 경쟁력을 갖춘 석유기업을 육성함.
– 핵심 해외진출 기업의 채광권 확보를 지원함.
– 대동남아 투자를 통한 석유 수입의 다원화를 기함.

⋮ 3. 동북아 에너지 협력의 필요성과 장애요인

가. 필요성

○ 지속적인 성장 동력의 창출을 통한 동북아 평화와 공동번영의 기반을 조성.
– 러시아의 아·태 지역 에너지 공급(동시베리아 개발정책) 추진은 동북아 지역

의 에너지안보 공고화에 유리한 기회를 제공.
- 대중동 석유의존도의 완화와 아시안 프리미엄 해결에 결정적인 기여 가능. (※ 동아시아 프리미엄: 동아시아 원유시장에 대한 공급 주도권을 보유하고 있는 중동 산유국들이 동아시아 지역에 대한 원유 공급 가격을 미국이나 유럽에 비해 배럴당 1달러 이상 높게 책정하는 것을 일컬음)

○ 동북아 수급 불균형 심화, 기후변화협약 이행 등 새로운 에너지 환경변화에 효과적으로 대응하면서 취약한 에너지 안보 환경 개선을 위해 필요함.

○ 일본·중국 간 자원경쟁 등 당면한 에너지 경쟁구도를 협조체제로 전환 하는 데에도 기여. 이와 관련해서 갈등을 사전에 예방할 수 있는 '위기관리 시스템' 의 조기 구축에도 긴요함.

○ 대북한 에너지 지원을 통한 북핵문제 해결과 중·장기적으로 동북아 에너지 공동체 구축을 위한 사전 협조 분위기 조성에 필요함.
- 북한이 참여 가능한 에너지 협력 '틀' 을 사전에 모색. (※ 2005년 9월의 북핵 6자회담 공동선언에서 5개국은 대북 에너지 지원을 약속함).

나. 장애요인

○ 지속적인 정치·경제적 불안정성 및 갈등요인 상존 (지정학적 요인)
- 북핵, 체제 차이, 신뢰부족 등은 협력의 성공적 정착에 장애가 됨.
- 역사문제, 영유권 문제 등 외교적 갈등 요인 상존함.

○ 각국이 에너지 문제를 '제로섬 게임'으로 인식하고 있는 상황에서, 다자간 협력을 주도할 leading player가 부재함.

○ 러시아의 잦은 에너지 정책 변화, 투자환경 미흡 등으로 동북아의 주력 에너지 공급국으로서의 기능과 역할에 한계가 있다고 하겠음.

– 수입국인 한 · 중 · 일의 러시아에 대한 의존도가, 수출국인 러시아의 한 · 중 · 일에 대한 의존도 보다 더 큼.

○ 그 외 제도(institution)의 부족, 정치적인 근시안적 견해, 의지의 부족 등도 장애요인이 될 수 있음.

◆ 4. 제도적 협의체 추진 및 협력 현황

가. 다자간 협의체

(1) 한 · 중 · 일 3자 에너지 대화 ('04년 7월, 한국 외교통상부 제의)

○ 소비자 중심의 연대를 통한 국제 에너지시장의 Bargain power와 위상 강화.

○ 한 · 중은 외교 및 에너지 당국이 공동참여(국장급)하는 협의체 구성에 긍정적임. 일본은 유보적 입장임.(※ '04년 12월 이후 한 · 중 · 일 외무성 과장급 간 대화는 계속 진행중임)

○ '08년 12월 한 · 중 · 일 3국은 지역 · 국제적 에너지 안보 강화를 위해 함께 노력하고 에너지 분야에서 상호 호혜적인 협력을 지속하는데 합의함.

(2) 동북아 5자 에너지 대화 ('05년 5월, 미국 제의)

○ 잠재적인 주요 에너지 공급국과 세계 에너지 시장의 영향력을 보유한 소비국 간 연대 구축.
- Spill-Over 효과를 통해 북핵 문제 논의와 동북아 평화와 안정의 효과적인 촉매제로 활용.

○ 현재 한 · 미 공조하에 협의체 구축을 추진중이나, 한 · 미 · 일은 긍정적인 반면 중 · 러는 아직 유보적인 입장임.

(3) 동북아 에너지 고위급 위원회 (한국 지식경제부 주관)

○ 역내 국가간 에너지 협력 공감대 형성 및 네트워크 구축.
- 전력 · 가스망 연계, 원유 공동비축 등 연구, 에너지 · 자원의 공동 개발 추진을 위한 협력기반 구축.
- 장기적으로 「동북아 에너지 협력체」구성을 목표로 함. (2010년 목표).

○ 총 5차례 회의를 개최(제1차 '05년 11월 몽골, 제5차 '09년 9월 몽골)하였으나 일 · 중이 불참하고 있어 제도적 협의체로 진전이 어려운 상황.
- 남 · 북 · 러 · 몽골 4개국만 참여.

(4) 5자(한 · 중 · 일 · 미 · 인도) 에너지각료회의('08년 6월)

○ 에너지 안보를 위한 에너지 효율, 에너지 다변화 등에 관해 논의.

(5) 기타

○ G8+3 에너지장관회의, ASEAN+3 에너지장관회의, EAS 에너지장관회의,
　APEC, ASEM 등 다자 논의에서 협력.

나. 국가간 협력 및 경쟁 동향

(1) 중–러–중앙아시아

○ 중–러 간 "전략적 협력 동반자관계"('97년 11월 중 · 러 정상합의)를 기초로 긴
　밀한 협조체제 유지.
– 유전 공동탐사 등 광범위한 자원협력 합의, 수시 정상회담 개최.

○ 「상해협력기구」를 통한 자원협력 확대 및 중앙아시아 자원 확보를 위한 공동
　노력 강화. (※ 상해협력기구는 '01년 6월 러 · 중 · 중앙아 4개국으로 구성돼
　역내 경제 · 안보 협력을 추진함)

(2) 일본–러시아

○ 북방 4개 도서 현안 불구, 에너지 협력강화 모색.

- 러시아: 시베리아 지역의 원유개발 및 대규모 석유 판매를 위해 일본의 자본·기술 도입을 적극 추진.
- 일 본: 동시베리아 송유관 유치, 사할린 유·가스전 개발 참여.

(3) 일·중 간 동시베리아 자원 경쟁

○ 러시아는 안정적 수급처 확보 및 국토 균형발전 차원에서 동시베리아 송유관·가스관 건설 사업을 추진중.

○ 중·일은 자국에 유리한 파이프라인 노선 유치를 통해 자원확보 등 에너지 안보 공고화 차원에서 외교전 전개.

(4) 동지나해 가스전 분쟁

○ 일·중 간 동지나해 「춘샤오」가스전을 놓고 분쟁 지속.
- 양국은 동지나해 가스전 공동개발을 상호 제의하고 협의.

5. 향후 동북아 에너지협력 추진 방향

가. 역내 정부간 협력 방안 지속적 모색

○ 현재 한·중·일 3국은 초보적 논의 수준으로 협력 필요성에 대해 공감하나, 제도적 협의체 구축은 당분간 어려울 전망.

- 해외자원 개발 분야에서의 경쟁관계.
- 동북아 지역의 특수상황(정치역학관계, 역사문제, 영유권 분쟁 등 외교적 갈등
  요인)

○ 그러나, 한·중·일 정상회담 등 계기에 지속적으로 협력 강화 필요성 재확
  인.(※'08년 12월 한·중·일 3국 정상회담 공동선언문에도 에너지 협력 포함)

○ 상황의 진전 및 여건의 성숙도를 보아가며 중·장기적 관점에서 지속 추진 필요.
- 우선 가능한 한·러·몽골 간 협력으로 시작하여 점차 중·일을 포함 시키거
  나, 전문가간 공동 연구 등 '가벼운' 협력으로 시작하여 정부간 협력으로 발전
  시키는 방안도 검토 가능. (※일례로, 동북아 에너지협력 고위급위원회(UN
  ESCAP 지원하에 한국·러시아·몽골·북한 에너지부 국장급 참여의 경우,
  향후 상황변화 및 외교적 노력 여하에 따라 중·일을 포함한 대화 체제로도 발
  전 가능. 주요 활동 목표는 전력·가스망 연계, 원유 공동비축 등을 연구하고
  에너지·자원의 공동개발을 위한 협력사업 추진. 그간 한국의 에너지경제연구
  원이 협력사업을 주도적으로 이끌어 오다가 최근 러시아 정부가 관심을 보이면
  서 보다 활성화될 조짐임)

나. 다자간 협력 framework 활용

○ 역내 정부간 협력이 단기간에 성사될 가능성이 희박하다는 점을 감안할 때,
  APEC, ASEAN+3, EAS와 같은 다자 협력 framework을 적극적으로 활용하
  는 전략도 검토 가능.
- '동북아 국가+α'가 참여하는 다자간 협력의 경험을 통해 동북아 역내 에너지

협력의 가능성을 넓히고 경험을 축적.
- 러시아에 대한 지나친 의존도를 줄이고, 동남아, 미국, 또는 호주를 포함한 협
  력 등 다양한 전략 모색 가능.

○ 현 다자 협력 틀에서의 에너지 관련 논의 현황.
- APEC의 경우, 현재 2년 주기로 에너지장관회의('07년 호주에서 제8차회의 개
  최), 연 2회 에너지실무그룹 개최중. (※에너지안보, 석유, 가스, 원자력, 신재생
  에너지, 에너지 투자 등에 관한 단기 및 장기 대응방안 논의중)
- ASEAN+3의 경우, 매년 에너지장관회의, 에너지 정책운영그룹, 5개 포럼 회
  의를 개최. (※5개 포럼: 에너지안보, 석유비축, 석유시장, 천연가스, 신재생에
  너지 및 효율)
- EAS의 경우, 매년 에너지장관회의(ASEAN+3 에너지장관회의와 back-to-
  back 개최), 연간 수시로 에너지협력 TF 및 실무그룹(에너지 효율, 에너지시장
  통합, 바이오연료) 회의 개최. (※EAS는 기존 ASEAN+3에 호주, 뉴질랜드, 인
  도 포함)

다. Two-track 또는 1.5 track approach

○ 각국 전문가들을 주축으로 한 민간 협력으로부터 정부 차원의 협력으로 확대
  시키거나, 전문가들과 역내 정부가 모두 참여하는 협력 논의를 통해 민·관간
  상호작용에 의한 협력의 동력 확보.(※ 동북아 에너지 협력 고위급위원회의 경
  우, Government-Business Dialogue 병행개최 – 현재 2회 개최)

○ 금년 초 출범한 국제 재생에너지 기구(IRENA)는 재생에너지와 관련된 기존의

민간단체들의 활동이 확대되면서 총괄적인 국제기구의 필요성이 인식되어 정부간 기구로 발전한 사례임.

○ 민·관 상호작용의 경우, 2000년에 민간기업들이 유엔과 설립한 유엔 글로벌 콤팩트(UN Global Compact) 설립이 한 예.

– '07년 7월 제네바에서 개최된 글로벌 콤팩트 기업 정상회의에서는 기업 CEO, 정부 고위대표 등 2천여 명이 참석.

○ 전문가간 논의가 발전하여 역내 인식공동체를 형성하고 궁극적으로 각국 정부 정책에 영향을 미침으로써 협력 가능성 증대.

– 한·중·일 3국 사회 각층 지도자급 민간인사 30명으로 구성된 한·중·일 30인회의 정책 제안은 정부정책에 직접 반영될 수 있을 만큼 전문성과 권위 인정.(※ 2009년 4월 12~13일 부산에서 네 번째 회합을 갖고 3국간 통화 스와프 확대 등 글로벌 경제위기 극복을 위한 정책을 제안)

우주 개발: 쟁점과 전망

이춘근(과학기술정책연구원 연구위원)

우주개발은 하늘을 향한 고대로부터의 꿈을 실현하는 창의적, 과학적 열망으로부터 시작되어 국가안보와 경제발전 및 국민 삶의 질 향상, 국제적 위상 제고, 전 지구적 문제의 해결 등 다양한 영역으로 확대, 발전해 왔다.

한국의 우주계획은 북한이 대포동 1호(1998년)를 발사하면서 급격히 확대되었고, 이후 "인공위성 자력 발사 세계 10위권 진입"이라는 표면적 목표를 둔 남북체제경쟁으로 비화하였으며, 최근에는 "북핵 대비 태세 강화"라는 측면이 추가되었다.

2009년 8월 25일, 전라남도 고흥 외나로도 우주센터에서 러시아와의 협력으로 개발한 한국형 소형위성 발사체(KSLV-1) "나로호"가 성공적으로 발사되어 우주궤도에 진입했으나, 목표로 하는 인공위성의 궤도 진입에는 실패하였다.

북한 핵실험과 장거리 로켓 개발로 일본의 안보에 대한 위기의식과 대응이 심화되면서 미국과 일본 간의 "미사일방어(MD) 체제" 협력이 더욱 강화되었고, 달나라 탐사와 국제우주정거장 등 평화적 목적의 미일협력도 심화되고 있다.

중국은 미사일방어 체제 강화가 자국의 안보를 위협하고 우주에서의 군비경쟁을 촉발한다고 반발하면서 러시아와의 공동대응을 통해 탄도미사일 성능을 개량하는데 주력하고 있고, 유인우주선 발사와 달나라 탐사 등에서의 중일 경쟁도 심화되고 있다.

우주산업이 국가안보 차원을 넘어서서 다양하고 막대한 부가가치를 창출하게 됨으로써, 우주강국뿐 아니라 수많은 신흥국가들까지 미래 핵심 산업으로 육성하는 경쟁에 들어갈 것이다.

1. 서론: 동북아 지역에서의 우주개발 경쟁 심화

○ 2009년 8월 25일, 전라남도 고흥 외나로도 우주센터에서 러시아와의 협력으로 개발한 한국형 소형위성 발사체(KSLV-1) "나로호"가 성공적으로 발사되어 우주궤도에 진입했으나, 정작 목표로 하는 인공위성의 궤도 진입에는 실패하였음.

- 한국의 우주계획은 북한이 대포동 1호(1998년)를 발사하면서 급격히 확대되었고, 이후 "인공위성 자력발사 세계 10위권 진입"이라는 표면적 목표를 둔 남북 체제경쟁으로 비화하였으며, 최근에는 "북핵 대비태세 강화"라는 측면이 추가되었음.

○ 북한 핵실험과 장거리 로켓 개발로 일본의 안보에 대한 위기의식과 대응이 심화되면서 미국과 일본 간의 "미사일방어(MD) 체제" 협력이 더욱 강화되었고, 달나라 탐사와 국제우주정거장 등 평화적 목적의 미일협력도 심화되고 있음.

- 중국은 미사일방어 체제 강화가 자국의 안보를 위협하고 우주에서의 군비경쟁을 촉발한다고 반발하면서 러시아와의 공동대응을 통해 탄도미사일 성능을 개량하는 데 주력하고 있고, 유인우주선 발사와 달나라 탐사 등에서의 중일 경쟁도 심화되고 있음.

2. 우주개발의 특성과 개발 유형

가. 우주개발의 특성

○ 우주개발은 하늘을 향한 고대로부터의 꿈을 실현하는 창의적, 과학적 열망으로부터 시작되어 국가안보와 경제발전 및 국민 삶의 질 향상, 국제적 위상 제고, 전 지구적 문제의 해결 등 다양한 영역으로 확대, 발전해 왔음.

- 우주산업이 국가안보 차원을 넘어서서 다양하고 막대한 부가가치를 창출하게 됨으로써, 우주강국뿐 아니라 수많은 신흥국가들까지 미래 핵심 산업으로 육성하게 되었음.

○ 나로호가 가시거리에서 성공한 것처럼 보였으나 보이지 않는 우주공간에서 실패한 것처럼, 우주과학은 지상에서 쉽게 접할 수 있는 분야들과 그 연구대상이 극명하게 다름.

- 수백 킬로미터 상공의 우주공간은 공기와 압력이 극히 희박한 초진공 상태이고 태양광을 받는 쪽과 반대쪽의 온도차가 극심하며, 지구 중력과 외계 인력의 균형을 이루면서 우주공간에 머무는 것도 극히 어려움.

○ 따라서 우주공간에 위성을 진입시키고 성공적으로 궤도를 돌게 하려면 거대하고 강력한 초고속 발사체와 정교한 위성체, 극한 상황에 견디는 첨단재료, 장거리 통신과 초정밀 제어 등이 유기적으로 결합된 통합시스템을 정확히 구축해야 함.

- 발사체 시장은 국가주도의 소품종 소량생산으로서, 작은 부품의 결함이 전체 시스템의 실패로 직결될 수 있는 만큼 여기에 들어가는 수천, 수만 개의 부품

모두가 극히 높은 신뢰성을 유지해야 함.

○ 우주발사체는 발사 후 작동 시간이 수 분 정도로 극히 짧으므로, 후발국들이 발사체를 외국에서 도입하면서 사전에 내부를 파악하지 못하면, 역설계를 통해 복제품을 생산할 수도 없게 됨.

– 발사체에 대한 보안이 강화될 경우 후발국이 기술추격 우세를 발휘하기 어려우므로, 신흥 참가국들도 선진국이 겪었던 실패를 수용하고 극복하면서 무에서 유를 창조한다는 자세로 도전할 수밖에 없음.

○ 후발국들이 시스템 통합형인 우주과학을 성공적으로 운용하려면 요소 설비와 기술, 소프트웨어 등에서 확실한 자립 기반을 구축해야 하고, 국내개발이 가능한 분야와 국제협력이 필요한 분야도 잘 구분해야 함.

– 여기에는 개별 부품이나 서브시스템의 개발과 인증, 규격화와 표준 설정, 비용 대비 효과 분석, 시기별 목표 검증, 완성된 서브시스템들을 조합한 발사체 원형 모델 개발과 다양한 실증 실험 등이 모두 포함됨.

○ 실패를 포함한 다양한 실증실험들로부터 얻은 측정 자료들이 많을수록 시스템과 소프트웨어의 통합을 최적화하고 정교하게 운용할 수 있게 됨.

– 단, 우주과학이 냉전시대에 대량파괴무기 확산 수단으로 크게 발전했으므로, 우주강국들은 MTCR과 기술보호협정 등의 비경제적 요소들을 동원해 여타국들의 우주기술 획득을 극력 억제하고 있음.

– 결국 우주개발은 장기간에 걸쳐 막대한 경비와 인력, 첨단기술이 소요되므로 어느 한 나라나 기업이 단독으로 추진하기 어렵고, 다양한 국제규제로 기술이전이나 공개적인 정보를 얻기도 힘들다는 한계를 가지게 됨.

나. 우주발사체 개발 유형

○ 우주선진국인 미국과 소련(러시아)은 2차 대전 승리로 얻은 독일의 V-1, V-2 로켓기술과 제품, 생산 설비 및 고급인력들을 활용, 발전시켜 자력으로 우주발사체를 개발하였음.

– 현재 이들은 기초연구에서 실제 발사까지를 포괄하는 대규모의 강력한 연구개발 및 생산능력을 가지고, 수요에 따라 독자적인 설계와 생산, 발사, 인증을 반복하면서 선형으로 기술을 발전시키고 있음.

〈대형 우주발사체 개발 유형〉

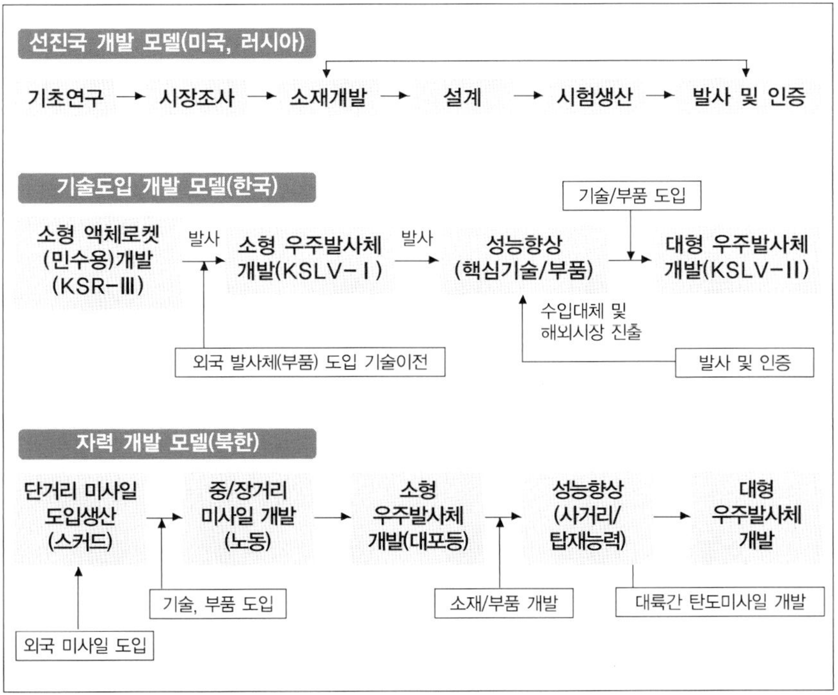

○ 후발선진국인 일본과 중국 등은 초기에 확보한 소형과학로켓 또는 미사일 개발경험과 기술을 토대로, 1987년의 MTCR 설립 이전에 미국과 소련에서 기술을 도입, 개량해 준 자력으로 위성을 발사하였음.

- 후발국인 인도와 이스라엘, 브라질과 최근 개발에 성공한 이란과 북한은 MTCR 등의 다양한 규제 속에서 군용 미사일 개발과 자체계획, 일부 기술도입 및 개량의 지속적인 반복을 통해 발사체를 개발하였음.

○ 후발국들의 경우, 추력이 가장 큰 1단 로켓을 어떻게 확보하는가가 관건 문제가 되고, 국제적 규제도 여기에 집중됨. 우리가 러시아에서 1단 로켓을 도입하면서 기술보호협정으로 상세조사를 하지 못한 것도 이 때문임.

- 일본도 1969년에 체결한 미일우주협력협정을 통해 미국의 델타로켓 1단을 도입하고 여기에 자체 개발한 액체로켓 상단을 얹었으나, 미국이 원래 군사용으로 제작한 자국 엔진의 상세 조사를 허락하지 않아 상당한 어려움을 겪었음.

3. 남북한의 우주발사체 개발과 전망

가. 남한

○ 우리나라는 80년대까지 군용 고체로켓을 개발하다가 90년대에 들어와서야 민수용을 개발하기 시작하였음. 1996년에는 과학기술처 주도로 액체로켓 개발이 포함된 우주개발중장기기본계획이 수립되었음.

- 기본형인 액체연료 과학로켓(KSR-III)을 만들고, 이를 토대로 우주발사체(KSLV-I)를 개발해 2010년까지 100kg급 소형위성(STSAT-2)을 궤도에 올린

다는 것이었음. 이에 따라 KSR-III가 2002년 말에 성공적으로 발사되었음.

○ 단, 이 계획은 1998년의 북한 대포동1호 발사로 크게 변화되었음. 예산을 대폭 확대해 KSLV-I 개발을 2005년으로 앞당기고, 2010년에는 1톤급 상용위성 탑재가 가능한 우주발사체(KSLV-II)를 개발한다는 것이었음.

- 2001년의 MTCR 가입과 2004년의 한러우주기술협력협정 체결을 계기로 개발 방식도 변화되었음. 러시아 흐루니체프사의 대추력 발사체와 기술을 도입해 1단을 만들고, 여기에 국내에서 개발한 2단을 얹게 된 것임.

○ 당시 미국은 기술이전에 소극적이었고 MTCR에서는 액체로켓에 대한 기술이전 제약이 희미했으므로, 경제위기로 어려움을 겪고 있었던 러시아에서 기술을 도입한 것도 시의적절 했음.

- 이로써 2005년 발사계획이 2007년으로 연기되었으나 신뢰성 있는 대추력 발사체와 관련기술을 염가로 확보한다는 점이 돋보였던 것임.

○ 그러나 기술도입을 통한 우주발사체 개발에는 각종 제약과 보이지 않는 규제들이 난무한다.

- 계약에 의해 2004년부터 시스템 공동설계가 시작되었으나, 우리의 발사체 개발을 꺼리는 타국 정부의 개입과 경제형편이 좋아진 러시아의 소극적 태도 한러우주기술보호협정(TSA) 체결이 늦어지면서 상세설계가 지연되었음.

○ 결국 TSA가 2006년에야 체결되면서 발사계획이 2008년으로 연기되었고, 이어서 발생한 중국 사천성의 대규모 지진으로 발사대 부품 수입이 지연되면서, 또 다시 2009년으로 수정되었음.

○ 8월 25일 나로호가 발사되었으나 우리가 제작한 페어링 분리실패로 위성의 궤도진입에 성공하지 못했고, 책임소재 규명도 애매해졌음.

– 나로호의 최종목표 달성 실패로 일부 진영에서 책임론이 제기되고, 1단을 제작한 러시아와는 미묘한 신경전도 벌어지는 형국이 되었으나, 이것으로 나로호 전체를 실패로 단정할 수는 없음.

○ 국내 첫 발사인 만큼, 나로호는 러시아에서 도입한 1단과 자체 제작한 2단과의 시스템 통합과 조정, 단 분리, 발사장 건설과 운영, 위성의 궤도진입, 종합 발사실험과 데이터 획득 등의 많은 목표들을 가지고 있었음.

– 따라서 최종 목표인 위성의 궤도진입에는 실패했지만, 여타 분야에서는 상당한 성과를 올렸다고 볼 수 있음.

[표 1] 인공위성 자력발사

국가	명칭	일시	중량 (Kg)	근지점 (Km)	원지점 (Km)	경사각
소련	스푸트니크 1호	1957.10.4	83.6	226	946	65
미국	익스플로러 1호	1958.1.31	8.2	360	2.531	33.34
프랑스	아스테릭스 1호	1965.11.26	42	536	1.801	34.24
일본	오수미	1970.2.11	9.4	339	5.138	31.07
중국	동방홍 1호	1970.4.24	173	439	2.384	68.44
영국	블랙나이트 1호	1971.10.28	66	537	1.482	82.1
인도	로히니 1호	1980.7.18	40	306	919	44.8
이스라엘	오페크 1호	1988.9.19	155	249	1.149	142.9
이란	오미드	2009.2.2	27	245.5	381.2	55.71
북(발표)	광명성 1호	1998.8.31	?	218.8	6.978	86
북(발표)	광명성2호	2009.4.5	?	490	1.426	40.6
남	과학기술위성 2호	2009.7	100	300		

○ 국내에서 실패한 부분이 크게 부각되는 이유로는 그동안 정치권과 언론에서 인공위성 자력 발사 세계 10위권 진입이나 북한과의 경쟁을 지나치게 의식하여 기대감을 증폭시킨 것과, 실패를 쉽게 용인하지 않는 우리 사회의 평가 문화 등을 들 수 있음.

- 가시적인 목표에만 치중할 경우 도전적이고 창의적인 노력 대신 외국에 의존하게 되거나 눈에 보이지 않는 잠재적 성과들을 쉽게 덮어버리는 우를 범하기 쉬움.

○ 일본측 자료를 보면, 1980년부터 2005년 2월까지 러시아가 1,470회 발사에 61회(4.2%)를 실패하였고, 미국은 506회에 36회(7.1%), 유럽은 164회에 11회(6.7%), 중국은 79회에 8회(10.1%), 일본은 49회에 5회(10.2%), 인도는 18회에 6회(33.3%), 이스라엘은 6회에 2회(33.3%) 실패하였음.

- 미국과 러시아는 80년대 이전의 수많은 실패를 통해 신뢰성이 높은 발사체들을 개발했고, 이들로부터 기술과 설비를 도입한 중국과 일본이 비교적 낮은 실패율을 보인 반면, 자력개발에 치중한 인도와 이스라엘은 상당히 높은 실패율을 보이고 있음.

○ 다행스러운 것은 국내 정보통신기술의 발달로 발사체 개발여건이 과거보다 현저히 좋아졌다는 점임. 나로호에도 곳곳에 정교한 센서와 카메라들을 설치하고 우주공간에서도 대용량 데이터들을 효과적으로 전송하는 텔레메트리를 적극 활용하였음.

- 이를 토대로 2010년 5월의 나로호 두 번째 발사에 성공하고, 체제와 기술자립 기반을 정비해 2020년경의 대용량 상용위성 탑재용 KSLV-II 개발에 매진해야 할 것임.

○ 한국산업연구원의 발표에 의하면 KSLV-I의 발사 성공으로 얻을 수 있는 직, 간접적 경제효과가 약 3조원에 달한다고 함.

- 우리에게 있어서 우주발사체 개발은 경제적 목적을 넘어 미래전장의 승패를 좌우할 국가안보 기반을 자주적으로 구축한다는 의미가 있음. 이는 핵무기를 보유한 북한을 상대하는데 더 없이 긴요하고 소중한 자산이 될 것임.

나. 북한

○ 북한은 극심한 경제난과 국제 고립 속에서도 60-70년대에 소련과 중국에서 도입한 군용 액체로켓을 지속적으로 개량하여 발사체를 개발하였음. 이는 선군정치에 의한 강력한 지도통제가 있었기에 가능한 일임.

- 최근의 북한측 보도에 의하면, 조선우주공간기술위원회 주도로 80년대에 우주발사용 3단 로켓을 개발하고, 90년대에는 발사장 건설을 포함한 위성발사 능력을 자력으로 갖추었다고 함.

○ 2009년 4월 5일 발사된 "은하2호" 2단이 3,200km 이상을 날아갔으나, 의도했던 위성의 궤도 진입과 성능 발휘 여부에는 많은 논란이 있음.

- 탄도미사일로 보았을 경우에는 1998년 대포동1호의 1,620km에 비해 상당한 사거리 증가가 있었으나, 위성체로 보았을 경우에는 실패를 거듭하고 있는 것임.

○ 북한의 은하2호 1단은 중국이 1970년 최초로 인공위성 동방홍1호를 발사할 때 사용했던 장정1호의 액체로켓 1단과 유사함. 여기에 자체 개발한 액체로켓 2단과 KN-O2를 개량한 고체로켓 3단을 얹었다고 함.

- 액체연료는 장정1호가 UDMH와 질산을 사용한 데 비해, 은하2호는 TM-

185(케로신 80% + 휘발유 20%)와 AK-271(질산 73% + N2O4 27%)을 사용하
였음.

○ 은하2호와 장정1호의 1단 로켓은 모두 기본형 엔진(북한은 노동미사일) 4개를
  묶은 형태이고, 직경도 2.2~2.4m로 거의 같음.

– 길이는 은하2호가 장정1호보
  다 2m 정도 긴데, 이는 북한
  이 독자 개발한 2단(스커드 개
  량형)과 3단이 중국 것보다 약
  간 가늘고 길기 때문임. 이란
  의 사피르2호는 길이 22m,
  직경 1.25m에 2단 액체엔진
  을 사용하였음.

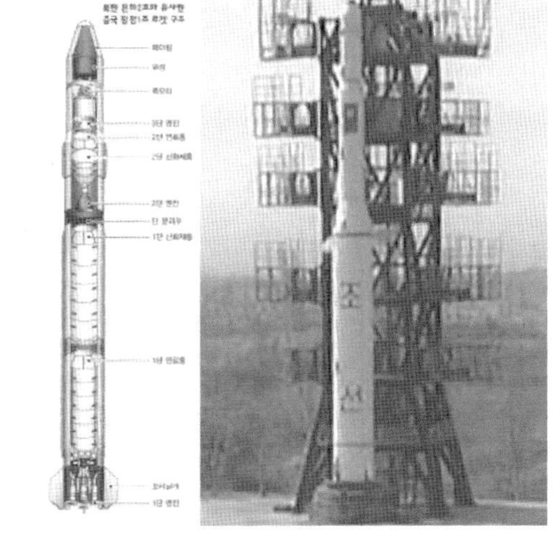

○ 북한이 성공했다고 발표한
  인공위성 광명성2호도 중국
  의 동방홍1호 또는 이란의 오미드와 거의 유사하다고 생각됨.

– 북한이 1998년에 발사했다고 하는 광명성1호는 중국의 동방홍1호와 외관 및 성
  능이 거의 유사함.

○ 결국 북한의 대포동2호는 중국에서 검증된 장정1호 로켓기술의 입수와 가능한
  수준에서의 국내 개조를 통해 목표를 달성한, 후발국 기술추격의 전형적인 사

례라고 할 수 있음. 1998년에 발사된 대포동1호와는 상당히 다른 유형임.

- 중국이 세계적인 과학기술 성과로 양탄일성(원자폭탄, 수소폭탄, 인공위성)을 자랑하면서 인공위성 발사용 장정1호의 기술적 성과와 난제 극복 경험들을 상세히 공개하였고, 북한이 이것을 체계적으로 입수했다고 생각됨.

○ 실패의 원인도 북한의 로켓이 중국과 유사한 1단에서는 성공했으나 독자 개발한 2단, 3단에서 어려움을 겪었다는 것에서 그 이유를 찾을 수 있음.

- 중국도 1960년대 중반에 중거리 탄도미사일 동풍4호를 개발하면서 엔진 4개를 엮는 기술을 개발했으나, 여기에 3단을 얹어 장정1호를 개발할 때는 단 분리와 고공점화기술, 비행 중의 로켓 자세 제어와 유도 등에서 숱한 어려움을 겪었음.

- 이런 기술들은 고가의 지상실험 설비들을 갖추거나 수많은 발사실험을 통해야만 극복할 수 있음.

○ 이로써 북한이 중국의 경험과 자체개발을 통해 대추력의 2단 로켓을 개발하는 데는 성공했으나, 자체적으로 개발한 3단 고체엔진과의 시스템통합과 고공에서의 성능 발휘, 위성제작에서는 아직 어려움을 겪고 있다고 추론할 수 있음.

- 이런 현상은 연관 산업이 발달하지 못한 개발도상국들이 첨단기술 제품을 개발할 때 자주 나타남. 2006년의 핵실험 성공여부가 불투명한 것도 이 때문이라고 볼 수 있음.

○ 단, 이번 실험에서 1단과 2단이 정상적으로 작동하면서 1998년에 비해 사거리를 대폭 연장하는 데 성공했다는 사실에 주목할 필요가 있음. 즉, 중국의 동풍4호와 유사한 2단형 액체연료 중거리 탄도미사일(IRBM) 개발에 근접한 것임.

- 장정1호는 사거리 약 5,000km에 300kt의 열핵탄두를 탑재할 수 있는 2단형

중거리 탄도미사일 동풍4호(CSS-4)에 3단 고체로켓을 얹은 것임. 은하2호도 3단을 제외하면 동풍4호와 거의 유사한 성능의 중거리 탄도미사일로 전환할 수 있음.

○ 향후 이번 실험에서 나타난 문제점들을 해결한 후 은하2호와 동일한 로켓을 재발사하거나, 2단과 3단의 개량을 통해 보다 우수한 성능의 고공 로켓을 만들어 위성의 궤도 진입을 시도할 수 있음.

- 장기간의 노력을 기울여 1톤급 이상의 실용위성을 발사할 수 있는 대형 로켓 개발로 직행할 수도 있음. 현재 북한이 빠른 시일 내에 상업용 위성을 발사할 것이라는 공언을 하고 있으므로 이미 이를 추진하고 있을 수도 있음.

- 3단과 위성이 없는 2단형 중거리 탄도미사일 형태로 발사할 수도 있고, 대형 우주발사체와 연동해 대륙간 탄도미사일을 개발할 수도 있음.

4. 동북아 지역에서의 우주협력 가능성과 제주도의 위상

가. 우주경쟁

○ 냉전 구도 해체와 전 세계적인 화해협력 분위기 속에서 최근 동북아 지역을 중심으로 상당히 복잡한 우주경쟁이 벌어지고 있음.

- 북한 핵문제를 중심에 두고 남북한의 경쟁과 안보문제 대처, 중일 간의 주도권 다툼과 미국, 러시아의 지원 등이 얽혀 있음.

○ 2차례에 걸친 북한의 핵실험과 장거리 로켓 발사로 남한의 위기의식이 크게 고

조되었고, 이를 극복하기 위한 우주개발과 핵 및 미사일 주권론이 대두되었음.

- 1998년의 대포동1호 발사 때와 같이, 최근의 핵실험과 장거리 로켓 발사로 남한의 우주계획이 수정되어 SAR와 IR 위성의 조기 발사가 추진되고 있음.
- 자주적 핵주기완성론이 제기되면서 우라늄 농축과 사용후 핵연료 재처리, 특히 파이로프로세싱에 의한 재처리 시행문제가 한미 원자력협정의 주요과제로 부상하고 있음.
- 남한의 우주계획은 향후 10년간 1조5천억원 정도를 투자하여 상업위성 발사체를 개발하고, 관측, 통신, 기상 등 다목적 위성을 자주적으로 개발하며, 산업기반과 지리정보서비스 등 응용분야에서의 부가가치를 높이는데 주력하고 있음.

○ 핵탄두 탑재 가능성이 있는 노동미사일의 사정거리에 들어가는 일본도 한반도 전역을 감시할 수 있는 고해상도 정찰위성을 발사하고, 미국과의 협력을 통해 북한을 넘어 중국과 러시아를 염두에 둔 미사일방어망을 확충하는데 주력하고 있음.
- 일본의 우주계획은 개발한 대형 우주발사체의 신뢰성 확보와 발사시장 참여, 국제우주정거장 참가를 통한 기술력 제고와 응용범위 확대, 중국과의 경쟁을 염두에 둔 달나라 탐사 등의 목표를 가지고 있음.

○ 중국은 국방과학공업위원회 산하에 방대한 우주개발 기관과 인력, 설비들을 갖추고 지속적으로 우주 발사체와 탄도미사일들을 개발, 배치하고 있음.
- 특히 미국과 일본의 미사일방어 체계가 작구의 안보를 심각하게 위협한다는 판단 하에 러시아와의 공동대응을 통해 탄도미사일 성능을 개량하고 있고, 2007년 1월에는 위성요격 실험을 실시하기도 하였음.
- 중국의 우주계획은 2015년까지 달에 무인우주선을 착륙시키고 2020년경에는

시료를 채취해 귀환하며, 기존의 유인우주선 성과를 확대해 2020년경까지 우주정거장을 건설한다는 목표를 가지고 있음.

나. 지역 내 우주협력과 제주도의 위상

○ 동북아지역, 특히 한중일 3국의 특수한 지정학적 위치와 우주개발 필요성 및 위상, 경제사회적 수요 등을 감안한 지역 내 우주협력 가능성도 상당히 큼.
– 최근 북한이 미국과 남한에 눈에 띄는 유화책을 전개하고 북미대화 재개와 6자 회담 복귀 가능성이 점쳐지면서, 북한 핵문제로 인한 대립을 넘어서는 우주협력 가능성이 점쳐지고 있음.

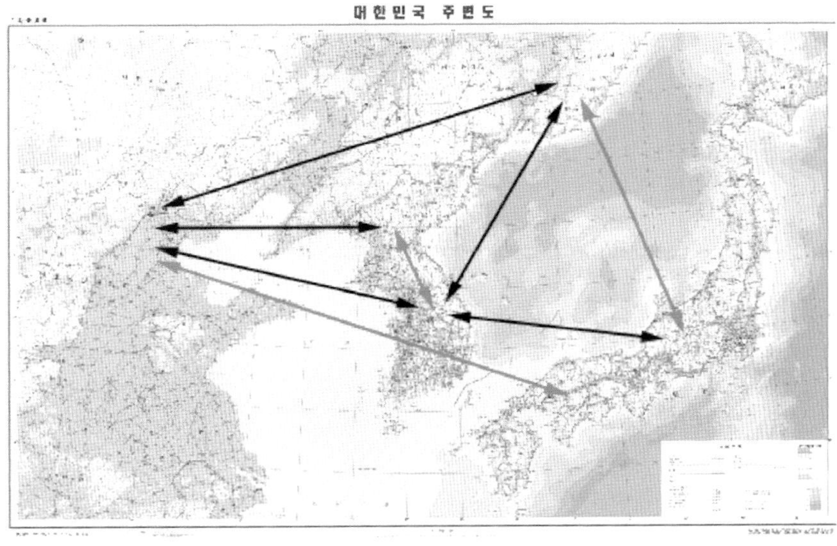

○ 동북아 인접국인 한중일 사이에는 광역통신과 위치정보 시스템, 기상(예보, 태

풍, 폭우, 황사, 기상이변 등), 해양, 자원탐사 등에서 다양한 우주협력 수요가
있음.

– 발사체와 위성, 발사장 건설, 참지와 추적체제, 부품 조달 등 산업 측면에서도
각국의 우세를 활용한 협력을 추진할 수 있음.

○ 우리나라는 동북아에서 러시아와 중국, 미국, 일본 등의 다양한 국가들과 가장
활발한 평화적 목적의 우주협력을 추진하고 있음.

– 북한 변수가 사라지면 지역 내 경쟁 구도를 평화적 협력으로 전환할 수 있는 유
리한 지정학적 위치와 협력 내용, 경험을 가지고 있음.

○ 제주도는 동북아 지역의 중심에 위치해 지역 내 우주협력 인프라(탐지, 추적,
통신 등) 구축과 협상 장소로 활용될 여지가 충분함.

– 외나로도 우주센터가 가지는 한계를 극복하는 차세대 발사장으로서의 입지적
여건도 가지고 있음.

– 우주를 기반으로 하는 테마관광 상품화로 제주도의 위상을 제고하고, 전 국민
적 호응을 얻어낼 수도 있음.

항공 안전: 국제 및 국내법적 대처

박원화(한국항공대학교 교수)

항공 안전 저해 범죄 규율에 관한 5개의 조약 내용을 살펴보고, 이와 관련한 항공 안전 도모를 위한 국제적 동향과 국내에서 항공안전 관련법 조문의 연구를 통해 이 두 가지에는 어떠한 차이가 있으며 앞으로 항공안전과 보안 관련법의 나아갈 방향을 연구하였다. 이를 통하여 얻은 결론은 다음과 같다.

첫째, 항공 보안은 지난 수년간 강화하여왔음에도 불구하고 완전하지 않았다. 이는 100% 완전한 안전조치가 100% 완전하게 행동하는 인간에 의하여 시행될 때만이 가능한데 현재의 기술과 인간능력으로는 감당하기 어려운 과제이다.

둘째, 지난 60년대 이후 증가된 항공 범죄 등에 대처하는 국제사회의 움직임은 항공범죄 관련 조약 채택에 국한되지 않고 유엔과 서방 선진 7개국 정상회의의 의제로까지 확대되어 국제사회의 강력한 제재가 적용되고 있다는 점이다. 이는 1978년 G7의 「본 선언」과 1988년 리비아 정부의 사주에 의한 영국 록커비 상공에서의 팬암 103편의 폭발 사건 처리에서 나타났다.

셋째, 9 · 11 사태 이후 국제항공사회는 비행 중 제3자의 일반위험(general risk)에 관한 배상협약과 항공기사용 불법행위로 인한 제3자 피해배상을 규정하는 테러(또는 불법방해배상)협약을 2009년 5월에 채택하게 되었다. 2개로 분리되어 채택된 동 조약은 항공기가 테러로 이용되어 대규모 피해가 발생하는 상황도 대비한 것이다.

넷째, 「항공 안전 및 보안에 관한 법률」 제48조에서 항공 운항을 방해할 목적으로 허위의 정보를 제공한 자에게 3년 이하의 징역 또는 2천만 원 이하의 벌금에 처하도록 하고, 제45조는 허위사실 유포, 폭행, 협박 및 위계로써 공항 운영을 방해한 자는 5년 이하의 징역 또는 3천만 원 이하의 벌금에 처하도록 규정한 것과 관련이다. 1971년 몬트리올 협약에는 상기 2개 조항에서 규정한 범죄들을 공히 중죄(severe penalty)에 처벌하도록 규정하였는데 국내법에서는 이를 다르게 처벌하면서 처벌 경중의 내용이 전도된 것 같고 또 제3조 "국제협약의 준수" 의 내용에서 우리가 준수하여야 할 국제 협약은 우리나라가 서명, 비준 또는 가입하여 당사국으로 되어 있으면서 발효 중인 조약에만 한정된다는 기본적인 전제를 누락시켰다.

위를 감안할 때 국내 항공법 개선이 필요하고 세계 무대에서 테러 소탕 작전에 참여하고자하는 한국의 입장, 특히 내년 아프가니스탄에 재 파병하기로 한 정부의 결정과 관련하여 정부와 항공사의 항공 안전을 위한 경계강화가 더욱 필요하다.

⸬▶ 1. 서론

○ 2001년 미국에 대한 알 카에다의 9·11테러는 세계를 경악시킨 사건으로 항공기 자체가 무기로 이용되어 생명과 재산이 테러 목적으로 희생되자, 범인을 추적하여 응징하겠다는 미국의 결의는 알 카에다 은신을 허용하고 있었던 아프가니스탄의 탈레반 정권 강제 축출로 표출되었음.

– 9·11 테러를 계기로 항공 안전을 위한 보안 검색이 강화되었고 이를 용인해야 했던 항공업계는 항공여행 감소에 따른 경기 불황의 한파를 맞음.

– 유사한 사건이 발생할 기회를 주어서는 안 되기 때문에 항공 보안은 전대미문의 엄격성과 완전성을 지향하면서 관련법과 체제 및 조직을 대폭 정비함.

○ 남북한 대치라는 특수상황에서 항공기 납치와 폭발 등에 관련하여서는 비교적 큰 사고가 빈번하지 않았던 우리나라는 세계화 움직임 가운데 항공 보안의 중요성을 인식하여야 함.

○ 본 주제를 다루는데 있어서 필자는 항공 안전에 관련한 국제 조약을 관찰하고, 항공 안전을 위한 각종 국제 동향을 살펴본 후, 국내 상황을 점검하고자 함.

○ 항공 안전이란 항공기 운항과 관련하여 운항 활동에 장애를 유발하는 각종 사고로부터 인적·물적 재산에 대한 피해를 방지하는 것이고 그렇게 재산이 보호된 상태를 의미함.

– 오늘날 일상생활에서까지 안전(safety)이라는 의미를 강조하면서 보안(security)이라는 용어도 종종 사용하고 있는데 보안이라는 용어는 국가 안위를 위한 군사적 내지 전략적 개념임.

- 항공에서 보안이라고 할 경우 의도적인 위해(intentional harm)로부터 항공 안전을 지킨다는 것이며, 안전이라고 할 경우 사고로 인한 위해(accidental harm)로부터 항공 안전을 지킨다는 뜻임.
- 항공에서 항공 안전이라고 할 경우에는 보안의 의미도 포함하며 의도적인 범죄 행위에 의한 사고뿐만 아니라 단순한 실수나 의도하지 않은 오류나 착오 등에 의한 항공사고를 모두 경계 대상으로 함.

○ 국제민간항공을 규율하는 1944년 국제민간항공협약(일명 시카고 협약)의 부속서 제17은 Security(보안)를 제목으로 하여 제반 관련 내용을 수록하면서 항공 운항에 있어서 보안에 관한 국제 표준을 제시하여 전 세계 통일적인 적용을 도모하고 있는데 동 부속서 제1장은 security를 다음과 같이 정의하고 있음.
- Safeguarding civil aviation against acts of unlawful interference. This objective is achieved by a combination of measures and human and material resources. (불법방해행위에 대하여 민간항공을 보호하는 것이다. 이 목적은 조치들과 인적 · 물적 자원들을 같이 동원하여 달성된다.)

○ 상기 정의에서 언급하는 unlawful interference(불법방해)는 같은 제1장에서 다음과 같이 정의되어 있음.
- Acts of unlawful interference. These are acts or attempted acts such as to jeopardize the safety of civil aviation and air transport, i.e.:
  - unlawful seizure of aircraft in flight,
  - unlawful seizure of aircraft on the ground,
  - hostage-taking on board aircraft or on aerodromes,
  - forcible intrusion on board aircraft, at an airport or on the premises of

an aeronautical facility,

- introduction on board an aircraft or at an airport of a weapon or hazardous device or material intended for criminal purposes,
- communication of false information such as to jeopardize the safety of an aircraft in flight or on the ground, of passengers, crew, ground personnel or the general public, at an airport or on the premises of a civil aviation facility.

- 여기에서 특기할 사항은 허위정보를 유포하여 항공 안전을 저해한 것도 불법 방해 행위로 봄, 이는 다음 항에서 기술하는 조약상의 용어이기도 하며 국내법에 반영된 내용이기도 함.

∷ 2. 항공 안전 저해 범죄 규율 일련의 조약[1]

가. 항공기 상 범죄에 관한 1963년 동경 협약[2]

○ 동경협약은 동 협약의 체약국에 등록된 항공기가 비행 중[3]일 때 발생한 항공기 내의 범죄를 규율함.

- 군용, 경찰용 및 세관용의 항공기는 국가항공기(state aircraft)로서 협약적용 대상이 아님(제1조 4항).

---

1) 박원화, 항공법 제3판, 명지출판사, 2009, pp. 269-277.

2) 정식 협약 명칭은 항공기내에서 행한 범죄 및 기타 행위에 관한협약(Convention on Offences and Certain Other Acts Committed on Board Aircraft)으로서 63.9.14 채택, 69.12.4 발효, 우리나라는 1971년 가입함. 2009년 7월 현재 당사국 수 184.

3) 동경협약 제1조 3항은 '비행 중' (in flight)을 이륙목적으로 엔진이 작동되는 때부터 착륙을 위한 주행이 끝날 때까지로 정의하고 있으나, 헤이그나 몬트리올 협약은 각기 제3조 1항과 2조 (a)항에서 '비행 중' 을 항공기 출입문이 승객의 탑승 후 닫힌 때부터 하강 차 열릴 때까지로 정의하고 있음. 그런데 동경협약도 항공 기장이 범죄억제를 위한 조치권을 취할 경우에는 헤이그 협약 등에서와 같은 '비행 중' 의 정의를 채택하고 있음(동경협약 제5조 2항).

- 인종적 또는 종교적 차별을 근거로 한 형법의 저촉 범죄를 적용 대상에서 원칙적으로 제외하고 있음(제2조).
- 범죄의 관할국으로서 항공기 등록국과 항공기 등록국이 아닐 경우에는 제4조에서 규정한 일정한 요건(자국민에 의한 또는 자국민에 대한 범죄 등)하에서 비등록국에 관할권을 부여하였음.
- 항공기장(aircraft commander)은 항공기상에서 발생한 범죄나 또는 동 범죄를 일으키려 하는 자에 대하여 필요한 예방조치를 취한 후 다음 착륙지에서 범인을 하강시키든지(제8조 1항), 착륙지 국가가 협약당사국일 때에는 범인을 인도할 수(제9조 1항) 있음.
- 협약 당사국은 항공기 납치 등을 행한 또는 기도하는 자의 신병을 인도 받았을 경우 즉시 사건조사를 하여야 하고 그 결과를 항공기 등록국과 사건 유발 혐의자의 국적국에 통보하여야 함(제13조).
- 항공기가 등록국 영공이나 공해상공 또는 어느 국가에도 속하지 않는 지역(예: 남극)의 상공을 비행할 때 다음의 경우가 아닌 한 항공기장이 기상 범죄를 예방하고 억제하는 조치를 취할 수 없음(제5조 1항). 즉, 마지막 기착지나 다음 착륙지가 항공기 등록국이 아닐 경우와 다음에 진입할 영공이 항공기 등록국의 영공이 아닐 경우임.

○ 위의 규정은 항공기 등록국과의 연결이 느슨한 상황에서의 비행 시 항공 기장에게 제6조 2항에 따른 강력한 조치권, 즉 기장이 기내승무원과 승객에게 위험한 인물을 억제할 수 있도록 하는 권한을 부여한 것임.
- 협약은 범죄예방 및 방지를 위하여 항공 기장, 승무원 및 승객이 범죄혐의자를 대상으로 취한 조치에 대하여 동 범죄 혐의자가 책임을 물을 수 없도록 하였음(제10조). 면책대상은 해당 항공기 소유자, 운항자 또는 임차자에게도 확

대됨(제10조).

- 범죄 혐의자를 인도받은 협약 당사국은 동 인도사실을 항공기 등록국과 혐의자 국적국에 통보하고 자국이 관할권을 행사할지의 여부를 아울러 통보하여야 함 (제13조 5항).

○ 협약은 협약 당사국과 협약 당사국이 아닌 국가가 혐의자를 인도받는 경우를 분류하고 있음.

- 제13조는 협약 당사국이 인도받는 경우를 규정하고 제14조는 협약 비당사국에서 혐의자가 하강하는 것도 포함함. 제13조가 제9조의 1항과 제11조의 1항에 따른 혐의자를 협약당사국이 인도받을 때 협약당사국이 즉각 사건조사를 하고 인도사실을 항공기 등록국과 혐의자 국적국 등에 통보하며, 또한 관할권 행사 여부도 아울러 통보하도록 한 반면에 제14조에서는 제9조의 1항, 제11조의 1항에 덧붙여 협약 당사국이 아닌 국가에 혐의자가 하강하는 제8조 1항의 경우까지를 포함함. 제14조에 의하면 혐의자를 인도 또는 하강 받는 국가가, 원할 경우 혐의자 접수를 거절할 수 있도록 함. 단, 이때 혐의자가 당해 국민 또는 당해국의 영주권자가 아니어야 함. 이 경우 혐의자는 자신의 국적국이나 영주권 국가로 돌려 보내지거나 또는 자신의 항공여행이 시작된 지점으로 돌려 보내짐.

○ 범죄 혐의자가 인도 또는 하강된 협약 당사국은 같은 경우에 처한 자국민에게 부여하는 대우 이하로 혐의자를 취급하여서는 안 됨(제15조 2항). 또한 혐의자는 즉각 가장 가까운 곳에 있는 자국의 대표(대사관원 등)와 연락할 수 있도록 주선되어야 함(제13조 3항).

○ 동경협약은 두 가지 주요내용을 규정하고 있는 바, 첫째는 기상 범죄에 대하여

적어도 항공기 등록국이 관할권을 갖고 범죄를 처벌하도록 하는 것이며, 둘째는 기장과 기내 승무원 및 승객이 항공기 안전을 위하여 필요한 조치를 취할 수 있는 근거를 만든 것임.

나. 항공기 불법 납치 억제에 관한 1970년 헤이그 협약[4]

○ 헤이그 협약은 비행 중에 있는 항공기에서 불법적으로 또는 무력으로 항공기를 장악하거나 또는 이를 기도한다든지 또는 동 행위의 공범(共犯)이 되는 것을 범죄로 규정하였음. 동 협약에서도 군용, 세관용 및 경찰용 항공기는 적용 대상이 아님(제3조 2항).

○ 헤이그 협약은 동경 협약과 달리 '비행 중(in fight)' 의 정의를 탑승 후 항공기 출입문이 닫힌 순간부터 하강을 위하여 출입문이 열리는 때까지로 보았음. 협약은 항공기의 이륙지점이나 실제 착륙지점이 항공기 등록국 밖에 있지 않는 한 적용되지 않음(제3조 3항).

○ 동경협약에도 있는 유사한 규정은 국제 운항 민간 항공기에 적용하기 위한 것임.[5] 그러나 국내운항 항공기가 납치되어 항공기 착륙지점이 실제로는 타국 영토가 될 수 있으므로 헤이그 협약 제3조 3항은 실제 착륙 지점을 중시하여 실제 착륙 지점이 외국일 경우에는 국내운항 항공기 여부를 막론하고 협약을 적용하도록 하였음.

---

4) 정식명칭은 항공기의 불법납치 억제를 위한 협약(Convention for the Suppression of Unlawful Seizure of Aircraft)으로서 70.12.16 채택, 71.9.14 발효, 우리나라는 1973년에 가입함. 2009년 7월 현재 당사국 수 184.
5) 국내에서 발생한 범죄는 국내법으로만 해결하면 되기 때문에 협약을 적용할 필요가 없음.

○ 항공기 납치범 또는 동 혐의자는 항공기가 어디에 착륙하든지 관계하지 않고 협약 당사국 영토상에서 발견되었을 경우 동 당사국이 신병을 확보한 뒤, 기소 또는 범인 인도절차를 밟아야 함(제6조 1항). 동 당사국은 아울러 즉각 사실 조사를 행하여야 하고(제6조 2항), 범인이 자국의 대표와 즉각 교신할 수 있도록 하여야 하며(제6조 3항), 동 사실을 항공기 등록국, 항공기의 임차사용 시 임차인의 영주지 국가, 범인의 국적국 등에 통보하여야 하며, 조사결과를 또한 조속 통보하면서 관할권 행사여부를 알려주어야 함(제6조 4항).

○ 협약 제7조는 범인이 발견된 체약 당사국으로 하여금 동국이 범인을 인도하지 않을 경우 '어떠한 예외도 없이(without exception whatsoever)' 범인 처벌을 위하여 관련 당국에 이첩하여야 하며, 동 당국은 동국 법률상 중대한 통상 범죄를 다루는 경우에서와 같은 방법으로 동 건을 처리하여야 한다고 규정하였음.

○ 동 조항에서 '어떠한 예외도 없이'는 항공기 납치를 여하한 경우에도 묵인할 수 없다는 협약 제정자의 의사를 표현하는 것임. 따라서 1983년 5월 5일 중국 민항기가 우리나라 영토에 납치되어 왔을 때 납치범이 정치적 망명 동기로 납치행위를 하였더라도 협약은 이를 용납하지 않고 의법 처리하도록 요구하는 것임. 항공기 납치를 중대한 범죄로 간주하여 이를 엄중 처벌하여야 한다는 협약정신은 제2조 중벌처리 규정에도 나타나 있음.

○ 협약 제4조는 항공기 납치의 범죄와 동 범죄에 관련하여 범인이 승객이나 승무원에게 행한 폭력행위에 대하여 체약국이 관할권을 행사하도록 하였는데 관할권을 행사할 수 있는 경우는 다음과 같음.

– 동 체약국에 등록된 항공기상에서 범죄가 발생한 경우

– 범죄가 발생한 항공기가 범인을 탑승한 채 동 체약국에 착륙할 경우

– 주된 영업소나 영주지 국가를 동 체약국으로 하고 있는 임차인이 승무원 없이 임차한 항공기에서 범죄가 발생하였을 경우

– 범인이 발견된 체약국가로서 동 국가가 상기 3개항의 국가에 범인인도를 하지 않을 경우

○ 협약은 범죄인 인도를 용이하게 하기 위하여 협약이 범죄인 인도조약의 기능을 하도록 의제하였음(제8조 1-2항). 또한 범죄인 인도 목적상 협약상의 범죄는 범죄가 실제 발생한 장소에서 뿐만 아니라 범죄에 대한 관할권을 행사할 수 있는 국가에서도 발생한 것으로 간주하고 있음(제8조 4항).

○ 체약당사국은 범죄가 발생한 또는 발생하려 하는 비행중인 항공기의 기장에게 항공기의 통제를 회복하여 주기 위한 모든 필요한 조치를 취하여야 함(제9조 1항). 또한 체약당사국은 자국에 들어온 항공기, 동 항공기의 승객 및 승무원이 가능한 한 조속히 여행을 계속하도록 하고, 항공기와 화물은 지체 없이 적법한 소유자에게 반환하여야 함(제9조 2항). 체약당사국은 범죄의 형사 처벌에 관련하여 상호 최대한 지원하여야 함(제10조 1항). 체약당사국은 자국 법에 따라 범죄발생과 동건 처리 등에 관한 사항을 조속히 국제민간항공기구(ICAO)이사회에 통보하여야 함(제11조).

○ 헤이그 협약이 협약 당사국만을 상정하여 규정한 것이 동경협약과는 조금 다름[6]

---

6) 동경협약 제7조 1(a)등 참조.

다음에 설명하는 몬트리올 협약도 마찬가지이지만 헤이그 협약은 급격히 증가하는 항공기 납치사건에 대처하기 위하여 짧은 시간 내에 성안되고 채택된 협약임에도 불구하고 협약규정이 매우 성공적으로 작성되었음.

다. 민항 안전 불법 억제에 관한 1971년 몬트리올 협약[7]

○ 동경협약은 비행중인 항공기에서 일어나는 특정한 범죄에 대하여 규율하고 헤이그 협약은 비행중인 항공기 납치범죄에 대하여 규율하고 있으나 운항 중(in service)에 있는 항공기 파손 등의 범죄와 비행중인 항공기 탑승원에 대한 범죄 및 지상항행시설의 파괴 등은 규율하지 않았음.

○ 1970년 9월 팔레스타인 게릴라가 민간 항공기를 납치하고 동 납치된 항공기를 중동지역의 공항에서 폭파한 일련의 사건에서 법의 공백이 표출되자 국제사회는 유사 사건의 방지와 처벌을 위한 목적으로 1971년 9월 몬트리올에서 민간항공의 안전에 대한 불법행위 억제를 위한 협약, 약칭 몬트리올 협약을 채택하였음.

○ 몬트리올 협약은 협약 당사국의 관할권, 범죄인 인도, 협약 당사국의 의무와 권한 등 여러 가지 면에서 헤이그 협약과 내용을 같이 함. 단, 규율대상 범죄는 불법적으로 또한 고의적으로 범하는 다음 사항을 규정한 것이 헤이그 협약과 다름.
– 비행중인 항공기 탑승자에게 폭력행위를 행사하되 동 행위가 동 항공기 안전을 위태롭게 하는 경우[8]

---

7) 정식명칭은 민간항공의 안전에 대한 불법행위의 억제를 위한 협정(Convention For the Suppression of Unlawful Acts Against the Safety of Civil Aviation)으로서 71.9.23 채택, 73.1.26 발효, 우리나라는 1973년 가입함. 2009년 7월 현재 당사국 수 197.
8) 동 사항은 동경협약 제6조에서 규율한 사항과 비슷함.

- 운항 중(in service)인 항공기를 파괴하거나 동 항공기에 손상을 유발하여 비행을 불가능하게 하거나 또는 비행을 위태롭게 하는 경우
- 운항중인 항공기에 어떠한 물건이나 장치를 통하여 항공기의 안전과 운항을 저해할 경우
- 항행시설을 손상하거나 동 시설의 작동을 방해하여 비행중인 항공기의 안전을 위태롭게 하는 경우
- 거짓 정보를 전달하여 비행중인 항공기의 안전을 저해하는 경우(이상 협약 제1조 1항)
- 협약은 상기 범죄행위를 기도하거나 공범으로 행동한 경우에도 범인으로 규정하였음(제1조 2항).

○ 협약은 새로이 도입한 운항 중(in service)이라는 개념을 정의하되 항공기가 사전 비행준비를 하는 단계에서부터 시작하여 이륙을 하여 착륙한 뒤 24시간까지의 기간으로 하였음(제2조 (b)).

○ 협약당사국은 상기 범죄를 중벌에 처하여야 하고(제3조), 동 5가지 범죄 중 앞의 3가지는 범죄자가 발견되는 어느 체약 당사국에서도 동일하게 처벌되든지 또는 인도되는 범죄로 규정하였음(제5조).

○ 몬트리올 협약의 당사국인 우리나라가 1987년 11월 29일 북한 공작에 의한 KAL 858편 보잉 707기의 공중폭발 사건시 승객과 승무원이 사망하였는데 범인으로 밝혀진 김현희를 사면시킨 것은 국제항공법상 정당화되기 어려움.

라. 1988년 몬트리올 협약 보충의정서

○ 국제사회가 동경, 헤이그, 몬트리올 협약을 채택하면서 민간항공의 안전을 도모하였지만 범죄의 주체인 지능적인 인간의 모든 행동을 몇 개의 조약으로 바로 잡을 수는 없었음.

○ 일부 국가가 테러리스트의 온상 역할을 하였기 때문으로, ICAO 법률위원회는 1970년대 초에 이러한 국가를 제재하는 방안을 강구하였으나 ICAO가 이에 관한 협약을 제정한다는 것이 유엔헌장 제41조 상에 명시한 유엔안보리의 권한을 침범하는 것이 되기 때문에 주저하였음.

○ 1972년 5월 30일 3명의 테러리스트가 이스라엘의 Lod공항에서 26명을 사상하는 사건을 시작으로 한, 또 한 차례의 테러사건은 1973년 8-9월 로마에서 개최되었던 ICAO 특별총회 겸 외교 회의의 토의 의제에 영향을 끼쳤음.[9]

- ICAO 특별총회는 시카고 협약을 개정하여 협약 당사국이 민항기, 공항, 항행 시설 등에 대하여 무력을 사용하지 말도록 하는 내용 등을 포함한 안을 시카고 협약 제16장 2(Chapter XVI bis)로 채택하고자 하였으나 2표 차이로 실패하였음.[10]

- 동시에 로마에서 개최된 외교 회의는 헤이그 협약과 몬트리올 협약의 범인인도를 강제하는 내용의 의정서를 토의하였으나 채택되지 못하고 동 회의 역시 실패로 끝남.

---

9) 상세는 G.F. FitzGerald, "Unlawful Interference with Civil Aviation", *Essays in Air* Law ed. by Arnold Kean, Nijhoff, The Hague, 1982 참조.

10) 상세는 필자의 미간행 석사논문 The Boundary of Airspace and International Law, McGill Univ., 1987 참조.

- 동 외교 회의에서 그리스 대표는 몬트리올 협약을 개정하여 국제 민간항공을 저해하는 폭력행위가 공항 구내에서 발생할 경우 이를 협약상의 범죄에 포함시킬 것을 제안하였으나 이 또한 채택되지 않았음.
- 그리스의 동 제안은 1973년 8월 5일 아테네 공항 대합실에서 팔레스타인 게릴라가 무차별 총격과 폭탄투척을 한 사건에 영향을 받아 나온 것임.

○ 공항에서의 테러행위는 그 뒤 점증하여 1985년에만 프랑크푸르트, 비엔나, 로마, 나리타 등 4곳의 국제공항에서 발생하였는바 1986년의 제26차 ICAO 총회는 이의 대응방안으로 관련 협약 제정의 필요성을 강조하였음.
- ICAO의 법률위원회가 1987년 제26차 회의를 소집하여 국제민간항공 공항에서의 폭력행위 억제를 위한 협약 초안을 작성하였으며 동 초안은 1988년 2월 9-24일 몬트리올에서 개최된 항공법회의(International Conference on Air Law)에서 토의된 결과 몬트리올 협약의 보충의정서[11]로 채택되었음.
- 동 의정서 채택으로 몬트리올 협약상의 범죄가 국제공항에서의 폭력행사 행위와 공항시설 파괴행위를 포함하는 것으로 확대되었음.

마. 플라스틱 폭약 표지에 관한 1991년 몬트리올 협약[12]

○ 1987년 11월 29일 바그다드 발 서울행 대한항공 858편 보잉 707기가 미얀마

---

11) 정식명칭은 Protocol for the Suppression of Unlawful Acts of Violence at Airports Serving International Civil Aviation, Supplementary to the Convention for the Suppression of Unlawful Acts against the Safety of Civil Aviation, Done at Montreal on 23 September 1971로서 88.2.24 채택되었음. 동 의정서는 10개국이 비준한 89.8.6 발효함(의정서 제6조). 2009년 7월 현재 당사국 수 168.

12) 정식명칭은 Convention on the Marking of Plastic Explosives for the Purpose of Detection, done at Montreal on 1st March 1991로서 협약 제13조 2항 의거 플라스틱 폭약 생산국이라고 선언하는 최소 5개국을 포함, 35번째 국가가 비준서를 기탁한 60일 후 발효하도록 되어있음. 2009년 7월 현재 140개국이 비준 또는 가입.

인접 상공에서 폭발하여 115명의 탑승자 전원이 사망한 사고와 1988년 12월 21일 미국 팬암 항공사의 보잉 747기가 영국 스코틀랜드 록커비에서 폭발 추락하여 259명의 탑승자가 사망한 항공기 폭발사고 원인은 폭약만 항공기에 실리게끔 하여 비행 중 폭발하도록 한 때문이며 이들 폭약이 탐지가 어려운 플라스틱 폭약일 경우에서 속수무책임을 자각한 여러 국가는 1991년 몬트리올에서 ICAO 후원 하에 플라스틱 폭약 탐지가 가능하도록 플라스틱 폭약에 표지(marking)를 하는 협약을 채택하였음.

– 협약내용은 국제 테러리즘에 대처하여 협약당사국이 자국 영토에서 표지 없는 폭약의 제조를 금지하고(제2조) 또한 표지 없는 폭약의 이동을 방지하는 의무(제3조)를 부과한 것으로 작성 됨. 그리고 현재 저장 중인 비표지 폭약은 파괴, 소비 또는 무력화시켜야 함.[13]

– 협약은 또한 폭약의 제조, 표지 및 탐지 등에 관한 모든 기술 발전을 평가하고 보고하며 협약의 기술 부속서 개정을 제안하기 위한 목적으로 국제폭약 기술위원회를 설치하였음(제5-8조).

3. 항공 안전 도모를 위한 국제 동향

가. 유엔

○ 항공기 납치가 초창기의 정치적 동기에서 전투적 성격으로 변모하는 것에 대하여 국제사회의 우려가 증가하자 유엔 총회는 1961년 채택 결의(2251호)를 통

---

13) 협약 제4조는 동 저장물은 군용이나 경찰용이 아닐 경우 협약 발효 후 3년 이내에, 군용이나 경찰용일 경우 15년 이내에 처분되어야 한다고 규정함.

하여 민간 항공의 불법 방해를 처음으로 규탄하였음.

- 유엔 안보리는 팔레스타인 게릴라가 4건의 항공기 납치를 한 것에 자극을 받아 1970년 역시 항공기 납치를 규탄하는 결의(286호)를 채택하였음.
- 1973년 유엔 안보리는 "무고한 개인의 희생과 국제민간항공을 위해하는 모든 폭력"을 개탄하는 결의(332호)를 채택하였음.
- 1977년 유엔 총회는 민간항공의 불법행위를 억제하기 위한 조치 강화를 촉구하는 결의(32/8)를 채택하였음.

○ 1988년 리비아정부의 사주에 의한 Pan Am 103기의 폭발 사고 발생 시, 리비아 정부는 범인을 영국으로 인도하라는 미국과 영국의 요청에 대하여 1971년 몬트리올 협약에 의거 2명의 자국인 범인을 자국에서 소추하겠다고 대응하면서 이러한 리비아의 권리를 인정하고 미국이 동 건 관련 위협을 중단하도록 요청하는 내용으로 국제사법재판소에 제소하였음.
- 표면적인 법리로는 맞는 리비아의 주장에 대하여 미국은 동 건을 유엔 안보리에 상정하였는 바, 안보리는 결의 제731(1992년 1월 21일)호를 채택하여 국가가 국제테러에 직접 개입하는 상황에 우려하면서 폭발 사건에 개입되어 있는 리비아 정부 관리의 책임 조사에 리비아가 적극 협조할 것을 촉구하였으며 이어 결의 748(1992년 3월 31일)을 채택하여 리비아가 결의 731호를 즉각 이행할 것을 요구하였음.
- 상기 배경 하에서 ICJ가 리비아의 제소 건을 심의한 결과 1992년 ICJ는 유엔 헌장 제25조상 리비아와 미국을 포함한 유엔 회원국의 의무는 1971년 몬트리올 협약을 포함한 기타 모든 국제 조약보다 우선한다고 판결하였고 이에 따라 법적 논쟁은 일단락 된 채 유엔의 리비아에 대한 제재가 계속되었음.
- 리비아가 1999년 2명의 범인을 인도하고 이들 중 1명이 2001년 스코틀랜드 법

정에서 27년 징역형을 언도 받고 나머지 한명은 무죄로 석방되었으며 2002년 리비아가 희생자 가족들에게 총 27억불의 배상금을 지불하고 2003년 책임을 공식 인정함으로써 그간 리비아의 협조적인 태도에 따라 수년에 걸쳐 시행이 중단되었던 대리비아 제재가 해소되면서 사건이 일단락 됨. 한편 수감 중이던 한명의 범인(Megrahi)은 8년 반만의 형 복역 후 스코틀랜드 정부가 2009년 8월 인도적 견지에서 석방하여 리비아로 귀환하였음.[14]

나. 테러 방지 차원에서의 국제사회 대응

○ 민간항공 안전에 관한 동경, 헤이그, 몬트리올 협약의 채택은 많은 나라가 항공기 안전문제에 대한 경각심을 갖고 별도의 국내법을 제정하는 계기를 부여하였음.[15]

○ 헤이그와 몬트리올 협약은 국가 간의 미묘한 범죄인 인도와 처벌에 관한 규정을 성공적으로 규율한 것으로서, 뒤에 채택된 '외교관을 포함한 국제적 보호인사에 대한 범죄예방 및 처벌에 관한 유엔 협약(The UN Convention on the Prevention and Punishment of Crimes Against Internationally Protected Persons, Including Diplomatic Agents, 1973)' 과 '인질 억류에 관한 유엔협

---

14) 영국 중앙정부가 리비아의 대규모 입찰에 낙찰 받는 것과 교환하여 스코틀랜드 정부에 석방을 요청하였다는 뉴스가 있는 가운데 미국정부는 동 석방조치에 격노하였음.

15) 우리나라도 74.12.26 법률 제2742호로 항공기 운항 안전 법을 제정하였음. 그러나 동 국내법은 제3조에서 1963년 동경 협약 상의 범죄에 대하여 적용한다하고 제8-10조에서는 1970년 헤이그 협약상 납치도 처벌 범죄에 추가하여 질서가 없으며 1971년 몬트리올 협약 상의 범죄는 아예 누락시켜 절름발이식 짜깁기 입법이 되었음. 동 법은 02.8.26 전면 개정되어 법률 제6734호 항공안전 및 보안에 관한 법률로 변경된 후 수차 개정, 현재 법률 제9779호로 09.6.9부터 시행중에 있음. 그러나 이를 다시 개정한 법률 제9780호가 09.9.10 시행될 예정인바, 새 법률에는 항공레저스포츠의 활성화 및 이용자의 안전확보를 위하여 경량 항공기제도를 도입하고 지금까지 항공운송업자의 허가를 정기와 비정기로 구분하여 오던 것을 국내항공운송사업과 국제항공운송 사업으로 구분하는 것으로 변경한 것 등이 반영되었음.

약(The UN Convention on Hostage—Taking, 1979)'이 많이 모방하였음.

○ 유럽이사회(Council of Europe)후원 하에 유럽의 17개 국가는 1977년 1월 27일 테러 억제에 관한 유럽협약(The European Convention on the Suppression of Terrorism)을 채택하였으며 동 협약은 1978년 8월 4일 이래 발효 중임. 동 협약은 모든 종류의 테러행위를 처벌하기 위한 것으로서 범죄인 인도를 하지 않는 협약당사국은 범죄를 자국 법에 따라 중죄에 준하여 처벌하도록 규정하고 있음(제7조).

○ 2001년 9·11사태로 전 세계, 특히 서방국가들의 테러에 대한 경각심이 제고되었음.
- EU각료이사회는 2002년 "유럽체포영장에 대한 결정 틀"을 채택한 후 전 EU 회원국(현재 27개국)에 대하여 2004년부터 발효시켰음.
- European Arrest Warrant(EAW)라 불리는 동 EU법은 한 회원국이 최고 1년 징역형의 범죄혐의로 기소된 자나 이미 4개월의 징역형에 인도된 자의 인도를 요구할 경우 다른 회원국은 범죄자의 국적에 불문하고 이에 응하여야 하는 강력한 범죄자 인도 협조체제로서 과거범죄인 인도소약을 대체한 것임.
- EU는 또한 2004년 3월 스페인 마드리드에 이어 2005년 7월 영국 런던에서의 테러사건으로 테러퇴치와 예방에 있어서 미국과 함께 매우 적극적임.

○ 서방 선진 7개국은 1978년 서독 본에서 모임을 가진 후 '본' 선언(The Bonn Declaration)을 채택하여 항공기 납치범을 인도하지 않거나 처벌하지 않은 국가에 대하여는 비행을 전면 중단한다는 입장을 취하였음.[16]

16) 상기 주 10) FitzGerald 논문 pp. 67-8 참조.

- 1981년 3월 파키스탄 에어라인을 납치하여 아프가니스탄에 착륙한 납치범을 Babrak Karmal 아프간 정부가 비호한 것에 대하여 서방경제정상회의는 1981년 7월 21일 성명을 발표하여 헤이그 협약 당사국인 아프간의 협약 위반임을 지적하면서 동 협약 의무를 이행하지 않는 한 본 선언에 언급된 바의 내용대로 아프가니스탄으로 향하고 또 동국을 출발하는 항공 운항을 중지하겠다고 경고하였음. 이에 불구 아프간 정부의 이행이 없자 아프간과의 항공 연결을 가지고 있는 서방 3개국(영국, 프랑스, 독일)은 1981년 11월 30일자로 아프가니스탄과의 항공운송협정을 폐기하였음. 협정규정상 폐기에 1년이 소요되어 1982년 11월 30일 폐기가 발효되었지만, Ariana Afghan Airlines는 대체 착륙지를 모색하였지만 실패한 채 어느 서유럽에도 운항하지 못하게 되었음.

- 아프리카 섬 나라 세이셸에서 1981년 쿠데타를 도모하다가 실패한 45명의 용병이 항공기를 납치하여 남아프리카 공화국으로 도주하였는데, 서방이 본 선언을 내세우면서 남아공에 동 납치범들을 처벌토록 요구하였음. 남아공은 당초 납치범 처벌 계획이 없었으나, 서방의 압력에 굴복하여 납치범들을 기소하였음.

○ 2001년 9·11사태가 발생 후 매년 G8(서방 7개국에 러시아 추가)회담에서 테러와의 전쟁이 의제로 논의되고 있음.

- 유엔안보리는 9·11사태 발생 후 2001년 9월 28일 반테러 조치를 내용으로 하는 결의 1373을 만장일치로 채택하여 국제테러를 불식시키기 위한 정보교환, 관련 조약비준, 국내법 조정을 통한 테러행위처벌 등의 의무를 전 세계국가에 강제하면서 각국의 이행을 모니터하기 위한 반테러 위원회(Counter Terrorism Committee)를 안보리에 설치하였음.

- 이와 관련 폭탄테러의 억제를 위한 국제협약[17]과 테러자금조달의 억제를 위한 국제협약[18]이 9·11사태 발생 이전에 채택된 사실을 상기함.

○ 시카고 협약의 부속서 17(Security)이 민항기 안전문제[19]에 관한 제반 사항을 규율하고 있으며 ICAO 이사회는 여타 부속서도 마찬가지이지만 동 부속서를 수시 검토하여 시대발전에 적절한 규범이 되도록 보완 개정하면서 민항기 안전 업무에 기여하고 있음. 또한 ICAO는 Aviation Security[20]라는 문서를 간행하여 민간항공과 동 시설에 대한 불법침해에 관련한 현행 ICAO 정책과 조치 내용을 수록함으로써 시카고 협약 당사국의 편의를 도모하고 있음.

다. 9·11 사태 이후 대처

○ Osama Bin Laden이 주도하는 Al-Qaeda 테러단체 소속 19명의 테러리스트가 2001년 9월 11일 미국 보스턴, 니와크, 워싱턴DC를 출발하여 상항이나 LA로 향하는 아메리칸 에어라인 2대의 항공기와 유나이티드 에어라인 2대의 항공기에 분산 탑승하여 항공기를 납치한 가운데 미국의 상징적인 건물에 충돌시킨 전대미문의 테러공격이 자행되었음.[21]

- 테러공격으로 2,974명과 19명의 테러리스트가 사망하였는데 4대의 항공기에 탑승한 246명 전원이 포함되었음.

- 피해액은 380억불 이상이었는 바, 보험사가 200억불, 미국정부기관들이 180

---

17) International Convention for the Suppression of Terrorist Bombings로서 97.12.5 뉴욕에서 채택, 01.5.23 발효.
18) International Convention for the Suppression of the Financing of Terrorism으로서 99.12.9 뉴욕에서 채택, 02.4.10 발효.
19) 통상적 의미에서 안전과 안보와는 달리 항공법에서 사용하는 안전(Safety)은 돌발성 피해(accidental harm)예방에 주력하는 것이고 안보(security)는 고의성 피해(intentional harm)예방에 주력하는 뜻으로 쓰임.
20) ICAO Doc 8849-c/990/4, 4th ed., 1987로 발간되었으나 지금은 출판이 단절되고 대신 여러 시청각 교재가 마련되어 있음.
21) 테러공격 이유에 대한 세계 언론의 보도비중은 미약하였는바, 그 이유는 미국의 친 이스라엘 정책에 반발하는 아랍 극단주의자들의 좌절감의 표출이며 사우디아라비아 왕정을 지원하는 미국의 대외정책도 작용한 것으로 보임.

억불을 부담하였음. 미국정부는 "희생자 배상기금"을 설치하여 2003년 12월 22일 시한까지 배상금을 신청한 2,828명을 포함한 총 2,861명에게 최소 500불에서 최고 810만 불을 지불하는데 약 15억 불을 사용하였음.

- 런던 소재 보험회사들은 사건 발생 일주일 내인 2001년 9월 17일 미국 항공사들을 상대로 한 모든 전쟁보험을 2001년 9월 23일자로 취소한다고 선언하면서 보험료를 80~90%인상함과 동시에 전쟁보험액상한을 5천만 불로 대폭 축소하였음. 이는 기존 전쟁보험액인 15억 불에 비하여 터무니없이 적은 액수로서 약 배로 인상된 보험료와 함께 미국 항공사들의 정상적인 운항을 사실상 중단시키는 조치였음.

- 미국 국회와 정부는 긴급조치의 일환으로 Terrorism Risk Insurance Act of 2002를 제정하여 보험금 지불로 역시 위기에 처한 보험회사들을 2005년 12월 31일까지 지원하기로 한 후 2007년 12월 31일까지 2년 연장 적용하는 Terrorism Risk Insurance Program Re-authorization Act를 제정한 다음 이어서 연장기간을 2014년 12월 31일까지 확대하였음.

- 사고발생 3주내에 Air Transportation Safety and System Stabilization Act를 제정하여 미 항공기에 대한 전쟁보험을 미국정부가 대신 들어주는 보험사 역할을 하였음.

- Homeland Security Act도 제정하여 기체와 승객책임보험을 확대하여 미 정부가 보험을 책임지는 조치를 수개월씩 계속 연장시켜 오고 있는데 최근 결정한 연장 적용기간은 2009년 4월 1일부터 2009년 8월 31일까지에 이어 2010년 8월 31일까지로 연장되었음.

○ 미국이 주도하는 국제항공사회는 유사한 사고가 재발할 경우에 대비한 제3자 피해에 대한 배상체제를 국제적으로 강구하도록 ICAO에 요청하였으며

ICAO는 법률위원회에서 동 건을 수년간 논의한 결과 국제사회는 제3자의 일반위험(general risk)에 관한 배상협약과 항공기사용 불법행위로 인한 제3자 피해배상을 규정하는 테러(또는 불법방해배상)협약을 2009년 5월 채택하였음.

- 2개로 분리되어 채택된 동 조약은 제3자 피해배상에 관한 1952년 로마협약과 이를 개정한 1978년 몬트리올 의정서를 대폭 개정하여 현대화시키면서 항공기가 테러로 이용되는 상황도 감안한 것임.

⫶⫶ 4. 국내 상황

○ 남북한 긴장 관계에도 불구하고 한반도에서 항공기 납치 사건은 1969년 발생한 대한항공기 납북사건의 한 건에 불과함.[22]

- 1969년 12월 11일 승객과 승무원 51명을 태우고 강릉을 출발하여 서울로 향하던 대한항공 쌍발 여객기(YS-11)가 이륙한지 14분 만에 대관령 부근 상공에서 북한 공작원에 의해 북한으로 납북되었으나 북한과 송환 협상 끝에 다음해인 1970년 2월 14일 승객 39명만을 판문점을 통해 송환 받았음.

- 이 사건 이후 항공기 탑승객에 대한 검문 · 검색 강화, 민간항공기 승무원에게 무기 휴대 허용, 승객의 익명/차명 사용 금지 등 보안 대책이 강구되었음.

○ 우리나라는 9 · 11사태 당시까지의 국내 항공 보안 체제를 대폭 강화하는 국제

---

22) 전 세계적으로 1948-1957년간 15건의 항공기 납치 사건이 발생하여 연 1회 비율이었던 것이 1958-1967년 사이 48건으로 증가하여 연평균 5회이었으나 1968년 38회, 1969년 82회로 기록을 세웠음. 1968-1977년 사이에는 414건이 발생하여 연평균 41회를 기록하였음.(Wikipedia 2009.10.30 열람 내용)

조치에 보조를 맞추면서 항공기 내에서의 불법 행위만을 규제하였던 기존의 「항공기 운항 안전법」을 「항공 안전 및 보안에 관한 법률」로 전면 개정하였음.[23] 동 법은 그 뒤 12차례 개정[24] 되었는 바, 특기할 개정 내용은 다음과 같음.[25]

- 국토해양부 장관을 장으로 하는 「항공 안전 협의회」를 설치하고 공항별로 「공항 안전 운영 협의회」를 설치, 운영토록 하며 항공사 및 공항 운영자에 대하여 국토해양부 장관이 점검 및 실태 조사와 시정 조치 요구 등을 할 수 있도록 법적 근거를 마련하였음.

- 과거 「항공기 운항 안전법」이 항공기 내에서의 불법행위만을 규제하였으나 「항공 안전 및 보안에 관한 법률」은 활주로, 터미널 등 공항 내에서의 불법 행위와 레이다나 계기 착륙시설, 관제 통신 시설 등 항행 안전시설에 관한 불법 행위까지 규제하고 이를 위하여 공항 운영자는 공항 내 보호 구역을 지정·운영하도록 하였음. 또한 항공사간 협의체에서 시행하던 승객 등에 대한 보안검색을 승객, 휴대 수하물 및 위탁 수하물은 공항 운영자가, 화물은 항공사가 담당하도록 하여 보안 검색을 강화하였음.

- 항공기 내에서의 불법 행위로서 운항중인 항공기 내에서 발생하는 과도한 음주, 폭언 등의 난폭행위와 전자기기의 무단 사용, 착륙 후 항공기를 점거, 농성하는 행위 등을 계속 금지 시키면서 항공 안전 및 보안의 강화를 위하여 재정적 지원의 근거를 마련하였음. 이에 따라 국가가 보안 업무 수행을 위한 재정지원을 할 수 있게 되었으며 공항 시설 사용료 일부를 보안 검색 비용으로 사용할 수 있도록 하였음.

---

23) 법률 제6734호로 2002.11.26 시행.
24) 최근 개정은 2009.6.9 법률 9780호(항공법) 개정을 반영하여 2009.9.9 시행.
25) 이강석(2006), 주요국가의 항공보안 관련 법 및 제도의 변화 연구, 항공우주법학회지 제21권 제2호, p. 147.

○ 상기 법률은 다음과 같은 문제점이 있음.

- 동 법 제48조가 항공 운항을 방해할 목적으로 허위의 정보를 제공한 자에게 3년 이하의 징역 또는 2천만 원 이하의 벌금에 처하도록 하고, 제45조는 허위사실 유포, 폭행, 협박 및 위계로서 공항 운영을 방해한 자는 5년 이하의 징역 또는 3천만 원 이하의 벌금에 처하도록 규정한 것과 관련임. 1971년 몬트리올 협약과 1978년 몬트리올 협약 보충의정서는 국내법의 상기 2개 조항에서 규정한 범죄를 다른 범죄와 함께 열거하면서 공히 중죄(severe penalty)에 처하도록 규정 (1971년 몬트리올 협약 제3조)하고 있으나, 우리 국내법에서 각기 다른 벌칙을 두고 있는 논리가 무엇인지 의문임. 45조의 벌칙이 48조보다 무거운데 이는 운항중인 항공기의 특성과 상황 대처시의 경비 소요를 감안할 때 오히려 반대가 되어야 하지 않나 하는 생각임.

- 국제법 제3조(국제협약의 준수)에서 "…이 법에서 규정하는 사항 외에는 다음 각 호의 국제 협약에 따른다… ② …다른 국제 협약이 있는 경우에는 그 협약에 따른다…"라고 규정하였는데 우리가 준수하여야 할 국제 협약은 우리나라가 서명 · 비준 또는 가입하여 당사국으로 되어 있으면서 발효 중인 조약에만 한정된다는 기본적인 전제가 누락되었음.

5. 결론

○ 항공 보안은 지난 수년간 강화하여왔음에도 불구하고 완전하지 않았음.

- 100% 완전한 안전조치가 100% 완전하게 행동하는 인간에 의하여 시행될 때만이 가능한데 현재의 기술과 인간능력으로는 감당하기 어려운 과제임.

- 미국은 항공기 탑승 여객의 사전 신원을 파악하고 생체인식 기술 도입을 통해

완벽을 기하고자 하면서 나머지 불확실한 보안 대상에 대하여 인력과 에너지를 투입하는 것으로 문제를 해결하고자 하는 입장임.

○ 자기 생명을 희생하면서 테러에 임하는 극단주의자들로부터 안전을 보장한다는 것이 매우 어려운 일이지만 많은 나라가 전력을 경주한 결과 항공 보안에 관한 한 상당히 안전한 경지에 이르렀다고 볼 수 있음. 우리나라 인천공항이 이러한 보안 검색의 능력도 출중한 가운데 지난 4년간 연이어 국제공항협의회(ACI)에 의해 세계 최우수 공항으로 선정되었음.

○ 한국이 미국 등과 테러와 국제 협력을 증가하는 가운데 세계무대에서 대테러 소탕 작전에 참여할 경우 아프가니스탄과 파키스탄에 거점을 두고 있는 탈레반 등 테러리스트의 테러 대상에 오를 가능성이 있는 바, 이에 대비하여야 함. 이는 우리 정부가 내년 봄 재건 협력 차 아프가니스탄에 군대를 재 파병하겠다고 최근 결정한 것을 볼 때 더욱 그러함.

한·중·일 환경산업기술발전과 정부의 역할

윤이숙(제주평화연구원 객원연구위원)

　동북아시아의 한, 중, 일 삼국은 환경문제에 대해 기술적 해결을 모색하는 한편, 환경기술 및 산업을 전략적 수출 분야로 선정하고 환경기술발전을 국가의 과학 기술발전계획의 핵심적 요소로 추진하고 있음. 이를 위해 각국 정부는 법령의 제정과 규제의 강화, 연구개발에 대한 재정지원, 공공구매 정책, 그리고 세금감면 등 다양한 인센티브 제공을 통해 환경기술 혁신과 확산을 추구하고 있음. 아울러 정부기관·민간기업·연구기관을 연계하는 국가기술발전 시스템을 구축하여 환경기술개발과 환경제품 생산 및 판매를 위한 효율적 체제를 발전시키고 있음.

　본 고는 동북아시아 삼국의 환경기술발전 추진전략을 고찰하였음. 환경산업과 기술발전에 대해 정부가 선도적 역할을 해왔다는 점에서는 같으나 환경기술발전 정책의 실질적 수행에 있어서 동북아시아 국가들은 서로 다른 패턴을 보이고 있음. 일본은 정부기관과 민간부문의 유기적 협력을 통해 환경기술 개발과 확산시스템을 발전시켰음. 한국은 1990년대 이후 대규모 공공연구계획을 통해 정부 주도하의 환경기술발전을 추진하고 있음. 중국은 정부의 경제발전계획의 한 부분으로 환경기술 분야를 발전시키는 한편, 엄청난 시장규모를 바탕으로 해외 선진 기술과 투자를 유도하여 외국기업과 국내 생산업체의 상호의존을 확대하는 기술발전 정책을 채택해 왔음.

　동북아 삼국은 또한 환경산업을 전략적 수출산업으로 채택하고 환경기술 이전과 환경시장 점유율 확대를 위한 적극적 노력을 기울이고 있음. 환경산업 발전과 기술개발은 또한 동북아시아의 지역 환경협력의 주요 협력과제로 제도화된 동북아시아 국가들 간의 다자 및 양자 환경협력이 환경기술과 시장을 연계하는 중요한 매개체로 발전하는 양상을 보이고 있음.

2009-10-12

| 광운대학교 교수

1. 서론

○ 동북아시아의 한, 중, 일 삼국은 환경문제에 대해 기술적 해결을 모색하는 한편, 환경기술 및 산업을 전략적 수출 분야로 선정하고 환경기술발전을 국가의 과학 기술발전계획의 핵심적 요소로 추진하고 있음.

– 이를 위해 각국 정부는 법령의 제정과 규제의 강화, 연구개발에 대한 재정지원, 공공구매 정책, 그리고 세금감면 등 다양한 인센티브 제공을 통해 환경기술 혁신과 확산을 추구하고 있음.

– 아울러 정부기관·민간기업·연구기관을 연계하는 국가기술발전 시스템을 구축하여 환경기술개발과 환경제품 생산 및 판매를 위한 효율적 체제를 발전시키고 있음.

○ 본 고는 동북아시아 삼국의 환경기술발전 추진전략을 고찰하고 있음.

– 환경산업과 기술발전에 대해 정부가 선도적 역할을 해왔다는 점에서는 같으나 환경기술발전 정책의 실질적 수행에 있어서 동북아시아 국가들은 서로 다른 패턴을 보이고 있음.

– 일본은 정부기관과 민간부문의 유기적 협력을 통해 환경기술 개발과 확산시스템을 발전시켰음.

– 한국은 1990년대 이후 대규모 공공연구계획을 통해 정부 주도하의 환경기술발전을 추진하고 있음.

– 중국은 정부의 경제발전계획의 한 부분으로 환경기술 분야를 발전시키는 한편, 엄청난 시장규모를 바탕으로 해외 선진 기술과 투자를 유도하여 외국기업과 국내 생산업체의 상호의존을 확대하는 기술발전 정책을 채택해 왔음.

○ 동북아 삼국은 또한 환경산업을 전략적 수출산업으로 채택하고 환경기술 이전
과 환경시장 점유율 확대를 위한 적극적 노력을 기울이고 있음.

– 일본은 특히 대기오염과 에너지효율 분야에서 세계적인 기술수준을 보유하고
수출시장 점유율을 확대시키려는 노력을 하고 있음.

– 한국은 자국의 환경기술 수출시장 확보와 선진기술 이전을 동시에 모색하고
있음.

– 중국의 환경산업은 급성장하는 한편 지역 환경시장과 상호 보완적인 환경기술
수준으로 인해 동북아시아의 지역 환경시장을 활성화하는 요인이 되고 있음.

○ 환경산업 발전과 기술개발은 또한 동북아시아의 지역 환경협력의 주요 협력과
제로 제도화된 동북아시아 국가들 간의 다자 및 양자 환경협력이 환경기술과
시장을 연계하는 중요한 매개체로 발전하는 양상을 보이고 있음.

2. 환경산업과 기술 발전을 위한 정부의 역할

○ OECD 산업 분류에 따르면 환경산업은 수질, 대기 및 토양, 폐기물, 소음 등
생태계 전반에 미치는 피해를 측정, 제한, 최소화, 예방, 교정하고 생태계를 복
원하기 위한 재화와 서비스를 생산하는 모든 활동을 의미함.[1]

– 이런 광범위한 활동을 몇 가지 범주로 분류하려는 노력이 이루어졌는데,
EBI(Environmental Business International)는 위에 포함된 모든 활동을 설

---

1) 우리나라의 『환경기술개발 및 지원에 관한 법률』은 환경기술을 환경의 자정능력을 향상시키고 사람과 자연에 대한
환경피해유발요인을 억제, 제거하는 기술로서 환경오염을 사전에 예방, 저감하고 오염 및 훼손된 환경을 복원하는 등
환경보전 및 관리에 필요한 기술로 정의함. 환경부, 환경백서 2008, p. 161.

비, 서비스, 그리고 자원으로 분류함.

- OECD는 환경관련 활동을 오염관리, 청정기술생산, 자원관리의 3가지 범주로 분류하고 있음.[2]

- 현재 환경산업의 범주에 대해 국제적으로 합의된 것은 없고, 국가들은 EBI분류나 OECD분류 중 하나를 수용하여 각국의 환경상황과 현실적 필요에 맞게 환경산업의 범주를 분류하여 사용하고 있음.

○ 환경산업은 인류의 경제활동에 기인한 생태적 압력에 대처하기 위해 경제적으로 효율적이고 환경적으로 효과적인 방법을 찾아야 하는 현실적 필요에 따라 급속히 증가하고 있음.

- 세계 환경시장의 규모는 1996년 474조 원(US \$453 billion)에서 2006년에 742조 원(US \$676 billion)으로 빠르게 증가해 왔고, 계속 급격한 신장세를 보일 것으로 예측되어 2015년에는 1,100조 원에 이를 것으로 추정됨.

- 현재 미국, 서유럽, 일본이 전 세계 환경시장의 80%를 점유하고 있지만, 개발도상국들도 평균 5~10%의 성장을 보이면서 점차 세계시장 점유율을 높여가고 있음.

○ 환경산업의 확산은 수요증가라는 시장논리에 의한 것이기도 하지만 그보다는

---

2) EBI의 분류에서 설비(equipment)와 서비스는 수질 및 대기 질 통제, 관찰, 관리에 필요한 제반 설비 및 예방기술을, 자원(resource)은 수자원 이용, 자원복원, 환경에너지원 등을 포함한다. OECD 분류에서 오염관리(pollution management group)는 수질, 대기 질, 폐기물관리, 토양복원, 소음경감 등 환경에 영향을 미치는 설비, 기술, 서비스의 생산과 오염의 감시 및 분석, 평가를 포함하는 모든 활동이고, 청정기술생산(clean technologies and product group)은 기술, 생산과정 및 제품이 환경에 미치는 영향을 지속적으로 개선, 감소, 제거하는 모든 활동과 에너지 소비를 줄이는 청정하고 효율적인 생산기술을 포함하는 활동을 의미하고, 자원관리(resource management group)는 자원 재활용, 재생에너지 생산, 지속가능한 영농, 수산, 임업, 그리고 자연재해위기관리 및 생태관광 활동을 포함함. The EBI Report, Global Environmental Industry, 1996; OECD/Eurostat, Environmental Goods and Services Industry Manual for the Collection and Analysis of Data, 1999 참조.

정부의 다양한 제도적 노력에 의해 발전하는 것이 더 보편적 현상으로 보임.

- 정부는 어느 국가에서든지 환경재화와 서비스의 최대 소비자이며 또한 생산자로 환경산업 발전의 동인임.

- 각국 정부는 환경산업 발전을 위해 포괄적인 제도적 수단을 적용하는데 오염배출량 기준제시, 표준 기술의 도입, 환경 자원 소비에 따른 비용을 증가시키는 생산을 제약하는 환경규제의 강화와 연구 개발지원 등이 이에 해당됨.

- 기업은 점차 강화되는 환경규제에 대응하여 기존 기술의 확산과 점진적인 기술 발전을 모색하지만, 특정 (배출)기준의 채택은 선진기술의 경제적 가치를 높여 새로운 기술혁신을 유도하게 됨.

- 이로 인해 환경규제의 강화와 환경기술의 발전 간에 순환관계가 형성되는데, 이는 강화된 환경규제가 기술발전을 촉진하고 보다 효율적인 기술의 가용 가능성은 환경기준의 강화를 유도함으로써 기업들이 환경기술혁신에 대한 투자를 확대하는 요인이 되기 때문임.

- 환경규제가 효과적이고 환경기술에 대한 투자를 확대하는 효과가 있지만, 오염배출량 거래 등과 같은 시장 지향적(market oriented) 수단이 기술혁신과 확산에 보다 효과적이라는 연구결과도 있는데 이는 기업들이 오염배출을 감소함으로써 부가적인 이익을 확보할 수 있기 때문임.

- 직접적인 규제만 적용되는 경우 기업은 규제에서 제시하는 배출량 이상으로 배출 감소를 위한 노력을 하지 않는 경향이 생기는데, 이는 그에 따른 한계이익이 없기 때문임.[3]

- 따라서 정부는 환경규제를 강화하는 한편, 기업이 선진 환경기술을 발전 · 도입하도록 하기 위해서 오염배출세, 기술향상 장려금, 거래허용 쿼타 등의 시장 경

---

3) Rene Kemp, *Environmental Policy and Technical Change* (Brookfield, Vermont: Edward Elgar, 1997), p. 39.

제적 수단을 사용함.

○ 공공부문의 연구개발 프로그램도 환경 기술 혁신을 촉진하는 제도적 장치임.
환경기술발전에 대한 공공부문의 투자는 다음 몇 가지 이유로 정당화될 수
있음.[4]

- 우선, 정부가 국방 등의 공공분야업무를 효과적으로 수행하는 데 필요한 특정
기술의 배타적 소비자인 경우 기술발전을 촉진하는 정책을 채택할 수 있음. 또
한 정부는 민간부문이 최대의 서비스 제공자인 경우라도 그 서비스가 공공 보
건이나 환경보존과 같이 전체 사회에 지대한 파급효과를 갖는 경우 그 분야에
대한 기술혁신을 지원할 책임을 가짐.

- 둘째로 정부는 미래의 국가 발전에 중요하지만 단기적인 이익을 창출하지 못해
서 민간부문이 나서지 않는 기초 과학 · 기술 분야의 연구를 지원할 수 있음.

- 셋째, 정부의 공적 연구 자금은 가격구조의 왜곡과 같은 시장의 불완전성으로
인해 민간기업이 기술혁신을 위한 투자를 하지 않는 분야에 대해 그 사용이 정
당화됨. 예를 들면 산성비와 지구온난화를 야기하는 가스배출저감에 따른 기업
의 비용이 화석연료 가격에 충분히 반영되지 못한 경우 에너지 보존 및 재생에
너지 분야에 대한 기업의 투자는 감소하게 되는데, 이는 투자한 만큼 이익을 얻
지 못하는 데 따른 기업들의 불안감 때문임.

- 이런 경우, 정부는 공공 연구 개발비를 제공함으로써 기술보유자, 사용자, 연구
기관 간의 광범위한 연계를 형성하여 기술혁신과 확산을 촉진할 수 있음.

○ 정부의 공공구매정책 역시 환경기술 발달을 가져오는 효과적인 제도적 장치임.

---

4) John Deutch and Richard Lester, *Making Technology Work* (NY: Cambridge Univ. Press, 2004), pp. 252-257.

– 정부는 환경정책을 수행하는 데 상당한 설비와 기술을 필요로 함.

– 대부분의 국가에서 중앙이나 지방 정부는 식수공급원, 에너지, 폐기물 처리시설 등 환경재화와 서비스를 자체 생산하거나 그런 재화와 서비스의 공급을 위해 민간기업에 무거운 규제를 가함.

– 최근에는 환경산업의 민영화와 규제완화가 환경재와 서비스를 제공하는 민간기업의 역할을 확대하고 있지만 공공부문이 여전히 환경시장의 최대 구매자로서 환경기술 발전을 선도함.

– 선진국의 환경 분야 지출은 민간과 공공분야가 거의 비슷한 반면, 개도국의 경우 정부가 그 국가의 환경 분야 총지출의 70%를 담당함.[5]

– 2003년 OECD의 환경 친화적 정부구매 정책보고서에서도 친환경상품의 정부구매정책이 강제성을 가질 필요가 있음을 지적하고 있고, 선진국을 중심으로 공공기관에 대한 친환경상품 우선 또는 의무 구매제도가 활발히 도입되고 있음.

○ 정부는 환경 산업의 발전과 기술 확산을 위해 위에서 제시한 모든 제도적 수단을 채택할 수 있음. 그러나 구체적인 수단은 그 국가의 기술발전과 확산 시스템은 정부의 이념적 편향, 즉 국내의 연구 및 고유기술 확보를 중시하는 환경인지에 따라 다르게 나타남.[6]

– 기술민족주의가 강해서 기술을 국가안보와 연계된 것으로 보고 국내 연구와 기술발전을 중시하고 기술의 확산도 국내수요자를 중심으로 이루어지며 기술 분야에 대한 외국의 직접투자를 환영하지 않는 국가가 있음.

5) Beatrice Chaytor, 'A Primer on Environmental Goods and Services: Definitional Challenges to the Negotiation of Further Liberalization,' Study Commissioned by the Royal Society for the Protection of Birds (RSPB), 2005, p. 5.
6) William Keller and Richard Samuels, *Crisis and Innovation* (NY: Cambridge Univ. Press, 2003), pp. 1-22.

- 보다 기술세계화를 지향하여 연구·개발 분야에 대한 공공기관의 참여는 기초적인 수준에 제한하고, 기술혁신의 과정과 확산에 대한 정부의 개입에 반대하는 입장도 있음.
- 기술발전을 위한 설비를 제공하고 기술혁신은 민간에 위임하는 정책을 취하는 국가도 있음.
- 대부분의 국가들은 정도의 차이가 있지만 기술민족주의와 기술세계화 사이에서 고유원천기술의 확보를 강조하는 한편 자국 시장을 일정부분 개방함으로써 해외기업과 국내기업의 기술협력관계를 창출하는 데 역점을 두고 있음.

⁜ 3. 동북아시아 삼국의 환경기술 발전정책: 한국, 일본, 중국

○ 한, 중, 일 삼국은 환경문제에 대해 기술적 해결책을 모색해 왔기 때문에 환경기술발전이 삼국의 환경정책에 있어서 중요한 부분이 되어 왔음.
- 이들 국가들은 또한 환경산업과 기술발전을 국가의 기술혁신과 산업경쟁력 확보정책의 일환으로 추구하고 차세대 경제 성장을 이끄는 전략 수출 분야로 상정하고 있음.
- 각국 정부는 환경규제의 강화와 공공 획득정책을 통해 환경산업의 발전과 기술확산을 유도하는 한편, 민간기업에 의한 기술혁신을 장려하기 위해 다양한 기업 지원정책을 마련하고, 대규모 연구 개발계획을 수립·추진하는 등의 정책적 노력으로 환경기술개발 분야의 방향과 발전에 적극 개입해 왔음.
- 정부가 환경기술 분야 연구에 재정지원을 확대하고 민간기업의 참여를 적극 장려하는 한국과 일본의 경우, 연구소, 정부기관, 그리고 기업 간 기술발전과 확

산에 대한 협력이 용이해짐.
- 중국정부는 과거엔 기술 민족주의적 성향을 띄었으나 1990년대 중반 이후 선
진기술개발 분야에 대한 해외 자본유치를 적극 장려하고 있음.

가. 한국

○ 한국은 환경기술을 주로 일본과 미국에서 수입하였으나, 90년대 초반부터 자
체환경기술 발전을 위한 연구개발 지원정책이 본격적으로 수행되었음.
- 1992년 낙후된 환경기술 산업분야의 발전을 위해 환경과학기술발전 10개년 계
획이 수립되었음.
- 이 계획의 핵심으로 사후처리 기술에 총 8,155억 원이 투자되었는데 정부가 약
5,434억 원을, 민간부문이 2,721억 원을 투자하였음. 민간부문의 투자가 이루
어진 것은 연구가 진행됨에 따라 환경기술 분야가 괄목할 만한 성과를 보였기
때문이었음.[7]

○ 1994년 정부는 「환경기술개발 및 지원에 대한 법률」을 제정하여 환경기술의
체계적 발전과 환경산업기반조성을 위한 법적 체계를 마련하였음.
- 이 계획이 종료되었을 때 분진수집설비, 전기여과기, CFC대체물, 배연탈황설
비, 오폐수 고도처리 등의 사후처리기술은 선진국의 70~80%수준에 도달하
였음.

○ 1996년 환경부는 한국의 환경기준을 선진국의 수준으로 상향조정하기 위한

---

7) 환경부, 환경백서 2005 (서울: 환경부, 2005), pp. 253-254.

　　노력으로 Green Vision 21 계획을 발주하였음.

- 이 계획으로 대기, 수질, 폐기물, 소음 배출 규제기준이 강화되고 환경영향평가 제도가 도입되었음.

- 이 시기에 환경개선분담금제도도 도입되었음. 여전히 기업의 경제활동 보호가 환경보호에 우선시되는 경향도 나타났지만 대체로 환경기준의 강화와 다양한 지원책이 민간기업의 오염방지 기술에 대한 투자를 촉진하였음.

○ 2001년 환경부는 환경기술개발 10개년 계획인 차세대핵심환경기술개발사업 프로젝트를 발주했음.

- 10개년 계획이 사후처리기술 분야의 발전을 가져왔지만 대체로 한국의 환경기술 수준은 선진국의 40~80%에 달하는 정도였음.

- ET 21에서는 환경보존, 복원, 오염예방과 같은 선진기술 발전을 목표로 총 1조 4천억 원 정도의 예산이 책정되었는데 정부가 1조 원을 투자하고 나머지는 민간기업의 투자를 유도하였음.

○ 2002년 환경부는 차세대핵심환경기술개발사업의 효과적 수행을 위해 기술 로드맵을 제시하고, 환경 · 재정 · 산업자원 부처를 연계하여 환경기술발전 기획팀을 수립하였음.

- 이 장기 계획의 목표는 사전오염예방기술 및 국제환경문제대응기술의 발전을 통해 한국의 환경기술기준을 선진 수준으로 올리고 생산기준의 국제 표준화를 통해 무역 갈등의 여지를 감소하고, 한국의 환경산업을 전략수출부문으로 발전시키는 것 등임.

- 개발된 기술의 효과적인 확산과 적용을 장려하기 위해 환경부는 신기술을 평가하고 그들의 기술적 적용의 실질적 효과를 공개하는 환경기술평가제도를 도입

하였음.

○ 민간부문의 투자는 계속 증가하고 있긴 하지만 여전히 대부분의 한국의 환경
  산업은 규모가 영세하고 자체 기술개발보다는 수입기술에 의존하는 경우가
  많음.
- 그러나 최근에는 삼성, LG, 코오롱 등 대기업이 환경시장에 진출하고 있어 민
  간부문의 환경기술 산업투자가 보다 확대될 전망임.
- 정부는 환경기술 분야에 진출하는 민간기업에 다양한 혜택을 제공하는데, 선진
  환경기술 수입에 대한 관세인하, 장기 저리 융자제공, 오염예방기술의 개발, 도
  입, 사용에 대한 재정지원 등을 포함함.

○ 정부는 2009년에 녹색성장국가전략 5개년 계획을 수립하였음.
- 이 계획을 통해 2013년까지 매년 GDP의 약 2%, 총 107조 원(US $84 billion)
  의 재원을 투입하여 2020년까지 세계 7대 녹색시장에 진입하겠다는 의지를
  밝혔음.
- 아울러 주요 민간기업의 녹색사업설비투자예상액도 2009년부터 5년간 누적기
  준 총 31조 2천억 원으로 매년 14.7% 성장할 것으로 예상되고 있음.

○ 정부의 공공구매정책도 환경산업 발전에 중요한 역할을 함.
- 한국의 경우 정부기관은 환경기술과 장비의 최대 구매자이며 환경시장 지출의
  총 52%를 차지하고, 기업은 42%, 나머지 6%는 가계구매에 의해 이루어지고
  있음.
- 대체로 수질개선관련 환경기술은 지방과 중앙정부가, 대기 질 개선관련 기술의
  시장점유율은 사기업이 높은 것으로 나타나고 있음.

- 정부는 2005년 「친환경상품구매촉진에 관한 법률」을 제정하여 환경마크 인증 제품 및 우수재활용인증제품과 인증기준에 적합한 상품을 친환경상품으로 규정하여 구매를 의무화하고 있음.
- 법 시행 후 2007년 친환경제품구매는 1조 3,437억 원으로 2004년에 비해 5.3% 증가한 것으로 나타남.[8]

나. 일본

○ 일본의 환경기술은 1960년대 급속한 산업화에 따른 수질 및 대기오염이 수은 중독과 천식 같은 심각한 건강문제를 야기함에 따라 이를 해결하기 위한 노력으로 오염저감기술을 중심으로 발전하기 시작하였고, 이후 1970년대 1차 석유파동을 겪으면서 에너지 효율기술이 비약적으로 발전하였음.
- 이는 대내외적 위기에 직면하여 일본정부가 오염방제와 에너지 효율 증진을 국가의 정책목표로 설정하고 적극적 기술 개발을 지원함에 따른 것이었음.
- 각종 환경법이 새로 제정되거나 기존의 환경규제가 강화되어 기업들이 오염저감 설비를 생산라인에 도입하도록 강제하였음.
- 전후 일본 경제를 비약적으로 발전시킨 산업발전전략과 마찬가지로 정부는 정부, 기업, 대학연구기관의 환경기술 및 에너지 분야를 위한 연계적 연구체제를 장려하였고, 이런 체제하에서 과학자들과 기술자 간에 공동 작업이 이루어져 연구가 실체적이고 개발된 기술이 기업에 성공적으로 이전되어 사용되는 유기적 기술 개발과 확산체제가 형성되었음.[9]

---

8) 환경부, 환경백서 2008 (서울: 환경부, 2008), p. 168.
9) Dan Bihn, "Japan Takes the Lead," Solar Today, Jan/Feb 2005, pp. 20-23.

○ 1970년대에 일본 정부는 오염저감 기술개발과 자연보호에 15조 엔의 예산을 책정하고 민간부문의 환경기술개발과 에너지 효율성제고 노력을 지원하였고, 오염방지 설비 건설을 지원하였음.[10]

– 통산성이 에너지 효율 증진과 대체에너지 개발을 위해 1974년 발주한 "Sun Shine Project"도 그 한 예임.

– 민간부문의 투자도 1970년대에 5조 엔에 달하였는데 주로 철강사업과 발전소의 대기오염저감 및 화학, 제지 공장의 폐기물처리 부분에 투자되었음.[11]

– 이는 총 민간투자의 평균 10%가 오염저감분야에서 이루어진 것으로 같은 시기에 미국의 3.4%, 독일의 2.3%에 비해 괄목할 만한 것임.

– 이런 노력으로 1970년대에 이미 탈황설비와 탈질설비가 생산라인에 도입되었음. 탈황설비시설은 1972년의 323개에서 1988년에는 1,810개로 증가하였고, 탈질설비도 1972년 5개에서 1988년에는 379개로 증가하였음.

– 결과적으로 기업부문에서 산성비의 주범인 아황산가스 배출은 88%, 산성비와 스모그현상의 주범인 이산화질소 배출량은 80% 감소하였음.

○ 오염저감에 대한 대규모 투자는 초기에 기업에게는 상당한 재정적 부담이 되었지만,[12] 의외로 처음 몇 년간을 제외하고 오염배출량이 적고 에너지 효율이 높은 일본기업의 생산체계가 세계시장에서 일본 상품의 경쟁력을 높이게 됨으로써 오히려 투자에 따른 이익이 증가되게 되었음.

---

10) Committee on Japan's Experience in the Battle against Air Pollution, *Japan's Experience in the Battle against Air Pollution*, 1997, pp. 64-65.
11) Hajime Nishimura, "The Greening of Japanese Industry," in Michael D. Rogers ed., *Business and the Environment* (NY: St. Martin;s Press, 1995), p. 29.
12) 기업 총 매출대비 오염저감분야에 대한 투자는 화학공업의 경우 10%, 철강 산업의 경우 16%, 발전소의 경우 20%에 달해서 환경투자에 따른 가격상승과 매출감소에 대한 우려의 목소리가 높았다.

- 예를 들어 전력산업의 경우 1970, 80년대에 18%의 매출이익을 기록했고, 철강
  산업은 대기오염이 30~80% 감소하면서도 에너지소비를 경쟁국인 미국보다는
  40%, 독일보다는 10% 감소함으로써 기업이익을 창출하였음.[13]
- 일본은 오염저감, 에너지 효율제고, 경제적 이익 창출이라는 목표를 동시에 달
  성하면서 세계에서 가장 선진화된 대기오염 방제 및 에너지 효율 부문의 기술
  을 확보하게 되었음.
- 일본정부는 대규모 연구 개발 투자, 그리고 정부와 기업의 유기적 협력을 통해
  기업이 환경오염저감과 에너지 효율을 통해 생산성을 높이고, 선진 환경, 에너
  지 기술을 위한 시장 확보에 나서도록 도왔다고 할 수 있음.
- 일본은 전후 급속한 경제성장을 달성한 것과 같이 환경기술의 발전도 급속히
  이루었고, 이들을 새로운 수출 품목으로 전환하여 전 세계 탈황, 탈질설비 시장
  의 70%를 점유하고 있음.

○ 이런 발전으로 일본은 당시의 일반적이었던 환경보호와 경제성장의 반비례 관
  계에 대한 공론을 불식시키고 스스로의 경험을 1992년 UN 환경회의에서 경제
  발전과 오염저감의 두 가지 정책목표를 동시에 달성한 효과적인 성장모델로
  부각시키는 데 성공하였음.
- 90년대의 국내경기침체와 아시아경제위기는 일본기업의 위기를 초래하였지만
  기업들은 합작투자 등을 통해 신기술개발을 지속하였음.[14]
- 현재 일본은 신기술개발과 동시에 철강, 시멘트, 제지, 석유화학, 비철금속 등
  70~80년대에 투자된 설비에 대해서는 그 공장혁신이나 노후시설을 보완하는

---

13) Curtis Moore and Alan Miller, *Green Gold* (Boston, MA: Beacon Press, 1994), p. 40.
14) D.H. Whittaker, "Crisis and Innovation in Japan," in W. Keller and R. Samuels eds., *Crisis and Innovation in Asian Technology* (Cambridge University Press, 2003), p. 75.

방식으로 에너지 효율을 높이고 있음.

○ 일본의 기술혁신은 중앙정부의 주도 하에 형성되고 정부와 기업의 연계에 의
해 이루어졌으나, 90년대 중반 이후 지방정부의 기술혁신을 유도하는 방향으
로 전환되어 중앙정부는 포괄적 기술혁신방향을 설정하고 지방에서 그 구체적
실천방안을 작성하고 이행하는 체제로 다변화되었음.
- 그러나 기술혁신을 위한 재원 등은 여전히 중앙정부에 의존하는 경향이 있다.[15]
- 일본정부는 1996년 1차 기초과학기술발전계획을 수립하고 5년간 17조 엔을 투
자하였고, 2001년에 수립된 제2차 기본계획 하에서 5년간 GDP의 1%에 달하
는 24조 엔을 IT, 생명과학, 환경, 나노기술의 4가지 분야에 투자하기로 결정하
였음.[16]

○ 최근 일본정부의 환경정책은 '21세기를 위한 the New Earth 21-Action
Program' 이라는 장기적 계획 하에 두 가지 목표를 추진하고 있음.
- 첫 번째 목표는 지구환경문제해결, 에너지 효율 극대화, 대체 에너지 분야의 기
술개발을 통해 선진 환경기술 분야에서 선도적 입지를 확보·유지한다는 것임.
- 실제로 일본은 자동차연료(automobile fuel cells), 광합성에너지생산
(photovoltaic production), CFC 대체재, 생태계 복원, 그리고 이산화탄소분
리분야에서 세계적으로 우수한 기술을 확보하고 있음.
- 일본 환경정책의 두 번째 목표는 일본 환경기술을 개발도상국에 이전하는 것
임. 일본은 공적대외원조(ODA)기금을 활용하여 개도국, 특히 아시아 국가들의

---

15) Fumi Kitagawa, 'The Reginalization of Science and Innovation Governance in Japan?' *Regional Studies*, vol. 41, no. 8, November 2007, pp. 1099-1114.
16) D.H. Whittaker, p. 77.

환경정책에 상당한 영향을 미치고 이들 지역의 환경산업 시장 점유율을 확대하고 있음.

- 일본정부는 16개 기업과 연합하여 에너지, 환경 분야의 기술혁신 네트워크를 출범시켰는데 정부가 US $8.5 billion을 대여자금으로 출자하고 각각의 기업은 US $5.3 million을 투자하기로 하였음.

- 아울러 일본정부는 2001년 「환경물품조달추진에 관한 법률」을 제정하여 공공부문의 친환경제품구매를 법제화하였음.

다. 중국

○ 중국은 1992년 이후 환경기술의 발전을 10대 정책과제로 채택하고 다양한 정책을 추진하여 환경산업이 90년대를 지나면서 급속히 성장하는 분야가 되었음.

- 제9차 5개년 계획기간(1996~2000)에 환경 분야에 약 540억 불이 투자되었고 같은 기간 중 환경산업은 연 15%의 성장률을 보였음.

- 중국정부는 더 나아가 제10차 5개년 계획기간(2001~2005) 동안 7,000억 위안(850억 불)을 환경 분야에 투입하기로 결정하였음.

- 이 기간 동안 석탄연소에 따른 오염배출 저감기술 분야에 집중적인 투자가 이루어졌음. 총비용 중 정부가 16%를 지출하고 나머지는 기업과 지방정부가 담당하는 구조인데, 중국은 외국정부와 국제금융 및 원조기구의 재정적 지원을 적극적으로 모색하였음.

- 1996년부터 2004년까지의 기간 동안 총 9,520억 위안, GDP의 약 1% 정도가 오염저감 분야에 투자되었고, 상당한 환경개선효과를 가져왔음.

○ 중국정부의 보고서에 따르면 1995년과 비교해서 2004년에는 산업폐수의 58%, 산업분야 아황산가스배출의 42%, 연기 및 먼지배출량의 55%, 39%가 감소되었음.

- GDP대비 에너지 소비도 1990년에 비해 45% 감소하여 약 7억 톤의 석탄 사용 감소결과를 가져왔음.

- 그럼에도 산성비의 주범인 아황산가스 배출은 석탄소비절대량의 증가에 따라 결과적으로 증가되었고 이에 따라 석탄연소에 따른 배기가스 감소를 위한 보다 선진 탈황설비 등의 필요가 오히려 증가되었음.

- 1996년부터 추진된 'the Trans-Century Green Programme for Environmental Protection to 2010'으로 인해 국내적 필요를 충족시키는 배기가스 감소기술이 상당히 발전했으나 중국의 전반적 환경기술 수준은 선진국에 비해 낙후되어 있음. 20~30%의 환경기술 분야만 선진국의 1980년대 환경기술 수준에 달하고, 나머지는 선진국의 1960~70년대 기술수준에 머무르고 있는 실정임.[17]

○ 제11차 5개년 계획(2006~2010)하에서 중국정부는 보다 포괄적인 환경보호 및 기술발전계획을 세우고 1,920억 달러를 환경 분야에 투자하기로 설정하였음.[18]

- GDP대비 R&D비율도 2006년 1.42%에 달하고 있음.

- 새로 건설될 석탄 화력발전소에는 탈황설비의 설치가 의무화되었고, 기존의 발전소들도 2010년까지 탈황설비를 갖추도록 하였음. 또한 저유황함유 석탄, 천연가스, 전력을 가정용 주력 에너지원으로 공급하고, 신재생 에너지원을 개발

---

17) 추장민 외, '중장기 환경산업육성 및 해외진출촉진방안', 한국환경 · 정책평가연구원 연구보고서 (서울: KEI, 2004), p.111.
18) SEPA, http://www.zhb.gov.cn

하는 계획을 수립하였음.

- 2008년 베이징 올림픽은 환경개선을 위한 정부의 노력에 박차를 가했고 선진 환경기술의 수요를 증가시켰음. 이 기간 동안 환경산업은 연간 15~20% 성장하였고 특히 석탄 화력발전소에 필요한 탈황설비수요는 연간 20% 증가하였음.

- 현재 중국은 탈황설비와 관련기술을 독일, 일본, 이태리, 한국 등으로부터 수입하고 있으나 점차 국내 기술이 수입기술을 대체하고 있는 추세임. 중국정부는 2006년 1월부터 수행된 중 · 장기 과학 · 기술발전 개요(The Outline of a Medium and Long-term Plan for Science and Technology Development, 2006~2020)를 통해 국가 과학 · 기술 역량혁신을 추진하고 있음.[19]

○ 중국정부의 점차 강화되는 환경 규제는 기업의 환경기술 개발과 설치에 대한 상당한 압력이 되고 있음.

- 기업들은 환경보호와 기업이익 창출을 가능케 하는 방법을 모색하고, 고효율의 환경기술을 상대적으로 낮은 가격에 획득하기 위해 노력하고 있음.

- 중국 개발은행이 환경부분에 대한 투자를 촉진하고 있긴 하지만 상업은행들은 환경산업에 우대금리 등을 제공하지 않고 있어서 기업들은 합작투자 등을 통해 환경기술을 이전하는 해외 투자자를 환영함.

- 국내기술수준이 증가하는 환경수요를 충족시키기엔 낮은 수준이어서 기업이나 소비자들도 해외 합작투자로 이루어진 기업이나 외국소유 기업에서 생산된 설비나 장비를 선호하는 경향이 있음.

- 중국정부의 적극적인 기술 혁신 정책과 풍부한 고급 인적 자원이 중국 환경기술 분야에 더 많은 해외투자 유치를 가능케 하고 있음.

---

19) Mu Rongping, Qu Wan, "The Development of Science and Technology in China: A Comparison with India and the United States," in *Technology in Science*, vol. 30, 2008, pp. 319-329.

- 중국정부는 또한 환경산업의 발전에 필요한 재원확보를 위해 해외기관의 재정 지원을 적극적으로 모색하고 있는데 세계은행, 아시아개발은행, 그리고 일본 등이 중국의 환경 분야에 대한 최대 원조국임.
- 중국정부는 2006년 「녹색조달지침」(환경마크인증제 등의 정부조달실시에 관한 의견)을 공표하고 2007년부터 중앙정부부터 친환경 우선구매정책을 실시하고 2008년부터 이를 지방정부까지 확대실시하기로 하였음.

4. 동북아 환경산업시장과 수출전략

가. 한, 중, 일 환경시장규모와 특성

○ 한중일 삼국의 환경시장은 세계 환경시장의 약 20%에 달함. 이 중 일본은 미국에 이어 두 번째로 큰 단일 환경시장임.
- 일본은 세계 환경시장의 16~18%를 점하고, 미국 · 독일과 함께 첨단 환경기술 보유국이며 특히 에너지효율과 대기오염방지 기술에서 우위를 점하고 있음.
- 일본 국내 환경시장은 대기업이 주도권을 갖고 중소기업은 하청업체로 시장에 통합된 구조임. 일본은 주로 수질오염예방기술을 미국, 독일, 오스트리아에서 수입하고 있음.[20]

○ 한국의 환경시장 규모는 2004년 현재 162억 불에 달하는데 2010년까지 14%의 성장률을 보일 것으로 기대되어 시장 규모가 360억 불에 이를 것으로 보임.

---

20) 추장민 외, p. 71.

– 한국의 환경시장은 수질오염(38%), 고체폐기물처리(27.5%), 대기오염(16%), 신·재생에너지(18.5%) 등의 4개 분야로 나누어져있음.[21]

– 국내기업이 국내 환경기술 수요의 대부분을 제공하고 있지만, 현재 한국의 국내 환경산업의 80% 이상이 고용인원 50인 이하의 소규모 기업으로 기술 개발 등에 한계가 있었으나, 점차 대기업의 시장 참여가 증가되고 있어 시장의 구조가 변화될 전망임.

– 국내 기업들은 정부의 강화되는 환경규제에 따라 이에 대응, 환경기술수준을 확보해야 하는데 이를 위해 환경 기술 분야에 투자를 확대하고 외국기업과의 협력도 모색하고 있음.

– 한국 시장에서 수입기술은 전체 기술수요의 약 10%를 차지하는데, 특히 폐수처리, 수원보호, 매립지에서 발생하는 가스 추출과 처리 분야의 기술에 대한 수입 의존도가 높음. 다른 산업 분야와 마찬가지로 일본과 미국이 우선 수입원이다.

– 오염처리기술 등이 여전히 한국 환경시장에서 차지하는 비율이 높지만 점차 컨설팅, 환경문제의 분석, 처방, 생태복원 등과 같은 환경서비스 시장과 자원재활용, 폐기물의 에너지원화, 재생에너지 분야 등의 환경자원 활용분야의 시장 점유율이 높아질 전망임.

○ 중국은 제9차 5개년 계획 이후 환경 분야에 대한 투자를 확대하고 있는데 특히 2008 북경 올림픽을 계기로 환경산업이 비약적으로 발전하였음.

– 중국은 국내의 환경기술 수요를 충족시키고 환경 기술 수입 의존도를 낮추기 위해 환경기술 발전을 추진해왔음. 분진제거장치 등의 기술은 수출되기도 하지만 전반적 환경기술 수준이 낮아서 선진 환경기술의 수입이 꾸준히 증가하고

---

21) http://www.globe-net.ca, Report 723

있음.

- 중국정부가 주력하는 3대 환경보호/산업 분야는 대기오염(아황산가스, 이산화
  질소, 자동차배기 가스 등), 수질오염(오폐수 관리, 지하수 보존), 그리고 고체
  폐기물임. 특히 11차 5개년 계획에서 2010년까지 모든 화력발전소에 탈황설비
  를 부착하도록 함에 따라 탈황설비시장이 급속히 성장할 것으로 보임.

- 또한 서부개발계획 등 대규모 국책사업을 고려할 때 2013년까지 물 공급과 폐
  수처리시설에 대한 투자가 220억 불이 될 것으로 예측되고 있음.

- 유해폐기물, 의료폐기물, 방사성폐기물 처리 분야도 확대될 것으로 보임. 이에
  따라 가격경쟁력이 있는 탈황, 탈질설비와 대기, 수질 오염감시 및 저감장비,
  소비된 물의 재활용 및 하수도관리, 식수정화제품, 차량배기가스감소 및 검사
  장비, 산업폐수처리시설, 그리고 자원재활용기술 등의 수요가 크게 증가할 것
  으로 보임.[22]

- 중국 정부는 에너지 효율성을 2010년까지 20% 개선하고 2020년까지 신재생
  에너지 사용비중을 15% 증가시킨다는 계획을 갖고 있어 에너지 분야의 첨단기
  술에 대한 수요도 증가할 전망임.[23]

○ 중국의 환경기술 수입이 아직은 장비구입분야에 치중해 있지만 효율적 환경관
  리에 대한 필요가 증가하면서 환경서비스 분야의 수입도 확대될 것으로 보임.

- 중국에서 환경 컨설팅은 2가지 분야에 초점을 맞추고 있는데 이는 국내 개발계
  획의 승인과정에 포함되는 환경영향평가 부분과 디자인 부분임.

- 중국의 성장하는 환경시장은 이미 많은 외자유치를 유도하고 있음. 일본과 유
  럽기업들은 중국 환경시장 진출을 위해 무상원조, 융자, 그리고 합작 등의 제안

---

22) Yi Wang, 'Environmental Industry in China,' http://www.buyusainfo.net/docs/x_1963044.pdf
23) 뉴스위크 2009. 9. 30, p. 37.

을 하고 있음.

- 중국 국내 기업들도 기술이전, 국내기업과의 경쟁에서 우위를 점하거나, 외국의 프로젝트에 참여할 기회를 획득하고, 더 나아가 해외시장 진출기회를 얻기 위해 외국기업과의 합작에 적극적임. 외국 기업의 핵심기술 이전 실적은 그럼에도 기대한 것보다는 낮은 편인데 이는 기업이 일반적으로 핵심기술의 이전에 소극적일 뿐만 아니라 저작권 보호에 대한 중국의 정부정책이 미비한 것도 한 요인임.

나. 동북아 삼국 간 환경산업의 확산

○ 동북아시아 삼국은 환경기술의 발전과 자국 환경기술의 수출시장 확대를 적극 추진하고 있음.

- 삼국의 환경기술수준은 상호보완적이라고 할 수 있음. 환경산업의 발달 과정에서 보면(표 1), 일본은 현재 생산의 초기단계에서부터 오염을 줄이는 청정기술 분야는 잘 발달되어 있고 훼손된 자연생태를 치유 · 복원하는 기술을 발전시키는 4, 5단계에 있음.

- 한국의 기술 수준은 사후처리시설 기술은 성숙단계에 있고, 청정기술 발전단계로 진입하고 있어서 3단계에서 4단계로 발전하는 양상을 보임. 한국의 경우 환경규제가 강화되고 규제의 이행 강도가 높지만 여전히 제조업 중심의 산업구조와 에너지 효율이 (선진국에 비해) 상대적으로 낮은 반면, 소득증대에 따른 소비증가로 총 오염 배출량이 높은 편임.[24]

- 중국의 환경산업은 1단계에서 2, 3단계로 진입하는 상황으로 보임.

---

24) 환경부, 『국가종합환경계획의 기본틀』 (서울: 환경부, 2003), pp. 55-56. 한국의 1톤의 에너지 사용에 따른 경제 생산성은 평균 US $2,400으로 선진국 평균 US $3,200~6,600보다 크게 낮음.

〈표 1: Development Stages of Environmental Industry〉

일본	Stage I	Stage II	Stage III	Stage IV	Stage V
Pollution Emission	Medium/ Large scale	Large scale	Large/ Medium scale	Medium/ Small scale	Medium/ Small scale
Environment al Regulation	Introduce regulations	Strengthen regulations	Strengthen regulations	Strict regulations	Strict regulations
Environment al Investment	Capital intensive	Capital intensive/install equipment	Capital intensive/install equipment	Technology/ information intensive	Knowledge/ information intensive
Environment al Technology	Low technology	Matured low tech	Low/ intermediate technology	Intermediate/ high technology	High technology
Leading sector	Basic environ. Infras-tructure	Ex post facto measures	Ex post facto measures	Preventive measure	Environmental creation
Market	Domestic	Domestic market activation	Established domestic market/ start to export to the developing countries	Activating export for less developed market	Global market

Source: Korean Ministry of Commerce, Industry and Energy, Industry Vision, 2010, Vol. II, 2000.

○ 일본정부는 환경산업을 주력 수출 분야로 선정하고 동아시아의 성장하는 환경 시장 진출을 적극 추진하고 있음.

– 일본이 중 · 저급 기술에 있어서는 동아시아 국내기업과 경쟁해야 하고 고급기술에 대해서는 서구의 환경기술 선진국과 경쟁하는 상황이지만 환경보호와 기술이전을 적극 추진하는 ODA 등의 활용으로 시장점유율을 확대하고 있음.

– 중국에 대해서는 양자협력을 통해 대규모 원조를 제공하는데 특히 제4차 원조계획(1995~2000)부터 환경보호를 우선 원조분야로 지정하고 특히 산성비 문제 해결을 위한 사업을 재정지원 하였음.

○ 일본은 현재 중국에 대한 가장 포괄적인 환경 분야 원조국이고, 중국의 환경정책 및 제도의 발전 등에도 영향을 미치고 있음.

- ODA 외에도 일본의 경험과 환경기술을 개도국에 이전하는 목적으로 추진되었던 통산성의 Green Aid Plan에서도 중국이 최대 수혜자였음. GAP 프로그램은 수질오염예방, 대기오염예방, 폐기물처리와 재활용, 에너지보존과 대체에너지 개발의 4개 분야에 우선순위를 두고 추진되었는데 어떤 환경기술이 현지에 적합한지 조사하고, 필요한 기술 및 설비를 제공하며, 교육·훈련·연구 등 다양한 활동을 통해 국가 간의 기술 분야 교류를 확대하였음.

- 중국에 대해서는 화력발전소에 청정석탄의 사용, 탈황설비 등을 시범사업을 통해 제공했는데 이는 시범사업을 통해 개도국이 독자적인 기술 개발을 촉진하는 의도로 추진되었음.

- 그러나 일본의 시범사업 기간이 끝나면 도입된 기술 등의 사후 활용이 제대로 이루어지지 않았는데 이는 고급 일본기술이 개도국에서 계속 유지·사용되는 데 따른 비용이 크기 때문이었음.

- 일본정부는 한때 개도국에 적합한 낮은 수준의 기술을 개발해서 이전하는 방법도 고려했으나, 그 경우 개도국 국내기업과의 경쟁을 피할 수 없다는 점에서 수렴되지 않았음. 대신 일본은 최근 중국과 동남아시아 국가들에 생산설비를 설치하고 개도국의 수준에 적합한 기술을 경쟁적인 가격으로 생산, 제공하고 있음.

- ODA나 Green Aid Plan의 장기적 실행은 또한 그 장기적 효과 외에도 이의 실행을 통해 확보한 인간관계 등으로 중국시장에서 일본기업에 유리한 입지를 제공하고 있음.

- 일본의 지방정부도 중국시장진출에 적극적으로 참여하고 있는데 요카이치시는 환경기술이전 국제센터를 수립하고, 키타큐수 지방정부는 400여 개의 민간 기

업들과 국제기술협력협회를 창설하여 중국지방정부의 환경계획 수립과 이행과정에 참여하고 있음.

○ 한국은 환경기술을 6대 국가 전략기술 분야의 하나로 선정하고 환경산업을 차세대 주력 전략 수출 분야로 보고 있음.

– 한국도 중국시장에 적극 참여하고 있는데 주로 한국의 중급기술이 선진고급기술보다 효과 있는 중소기업분야에 집중하고 있음. 71개 정도의 한국 환경산업기업이 직접투자나 합작의 형태로 중국에 진출해 있는데 수질, 대기오염처리설비가 주요 수출 품목임.

– 한국도 중국과의 양자 환경협력을 통해 양국 환경산업 분야 간 환경기술개발협력을 추진하고 2001년에는 베이징에 한국환경기술전시관을 설치하여 환경산업수출 확대를 위해 노력하고 있음.

– 2003년 양국 환경장관회의에서는 연례 한중환경산업투자포럼을 공동개최하기로 합의하였음.

– 일본과의 협력에서는 환경기술이전 등의 문제가 정부 간이 아닌 민간기업 간에 다루어지고 있음. 그동안 일본에서 쓰레기처리를 위한 소각로 기술 등을 도입하기도 했지만 양국 민간기업 간의 경쟁으로 인해 양국 간 환경기술이전은 제한적으로만 이루어지고 있는 것으로 보임.

5. 결론

○ 정부 공공정책의 목적은 안전, 복지, 보건, 환경보호 등을 제공함으로써 자국민의 복리를 증진하는 것이라고 할 수 있음.

- 정부는 이들 공공정책 분야의 효율적 이행을 위해 필수불가결한 기술혁신과 확산을 위해 각별한 노력을 기울이게 되는데, 환경보호는 특히 정부의 제도적 노력이 요구되는 공공정책 분야임.

- 환경기술의 발전과 확산은 정부의 제도적 노력에 의해 이루어지는 경우가 일반적임. 한, 중, 일 삼국도 환경기술 혁신을 위한 국가체제를 수립했는데 일본과 한국은 국내자본에 기초한 환경기술 발전 전략을 추진한 한편, 중국은 외국자본의 유치에 보다 적극적인 태도를 보여 왔음.

- 그럼에도 삼국 모두 대규모 연구개발사업계획을 통해 환경기술발전을 국가의 전반적 기술 수준의 향상이란 목표 하에 추진해 왔다고 할 수 있음. 환경기술의 혁신적 발전은 경제성장과 오염증가의 연계를 단절하는 데 중요한 정책임.

- 동북아시아의 지역 환경협력도 역내 국가들의 환경기술 발전을 위한 재원 및 기술조달, 또는 수출시장 확대에 긍정적인 역할을 하였음.

- 지금까지 동북아 삼국은 상호 경쟁, 지적 재산권 문제 등 제도적 미비, 기술수준의 차이 등으로 환경 기술 이전 등에 제약을 받아왔지만, 빠르게 성장하는 지역 국가들의 환경시장규모가 국가 간 협력을 활성화하고 협력사업의 공동이행, 표준화된 배출량 측정기술의 적용 등을 통해 국가 간의 광범위한 환경기술 이전을 촉진할 것으로 기대됨.

○ 제조업에 이어 지난 30년 동안 정보와 통신기술이 세계경제성장의 주된 엔진이었고 다음 30년은 환경기술이 성장을 이끌 전망임.

- 이번 경제위기에서도 각국 정부는 경기부양자금의 상당부분을 환경기술투자에 할애했음. 이는 에너지효율의 제고와 인프라투자가 단기적으로 경제수요와 고용창출을 가져 오는 한편 장기적으로도 미래성장의 초석을 마련해주는 분야이기 때문임.

- 친 환경성장은 어느 전략산업부분보다도 정부의 장기적이고 포괄적인 노력이 요구되는 분야임. 동북아시아 삼국도 정부의 다양한 제도적 장치를 통해 환경기술을 발전시킴으로써 국내외 환경문제를 해소하고, 국민의 삶의 질을 높이며, 환경산업을 국가발전을 위한 전략적 수출산업으로 육성하는 방안을 계속 모색할 것으로 보임.

ARTE TV 정책형성 과정과
한 · 중 · 일 공동채널의 가능성 모색

고주현 (연세대 Yonsei–SERI EU Centre 박사후 연구원)

1986년 열린 독 · 불 문화정상회담에서 채택된 양국 간 프로젝트 목록에 유럽문화채널이 포함되어 1991년에 프랑스 내의 접경 지역인 스트라스부르그에 ARTE TV가 설립됨. ARTE TV는 전 유럽 차원의 매스미디어 정책의 실현과 독불 문화협력 확대의 상징이었음. 독일과 프랑스는 TV 분야 협력을 통해 유럽통합을 적극적으로 지원할 수 있었음. 설립 초기 양국의 다양한 이해당사자 간 갈등과 독일 여론의 부정적 반응에도 불구하고 ARTE-GEIE 본사의 설립을 위해 양국이 국제조약을 체결하는 등의 양보와 타협이 ARTE TV의 설립을 가능하게 했음.

ARTE TV의 추진을 가능하게 했던 장기간에 걸친 독 · 불 간 화해협력과 비교해 한 · 중 · 일 3국의 협력은 시작단계임. 특히 동북아에는 과거청산 등의 문제점이 남아있음. 3국 공동채널 설립 준비단계로 교환학생 프로그램 등의 다양한 교류협력 프로젝트를 확대할 필요가 있으며 이를 통해 3국 프로그램의 문화할인율을 낮출 수 있음.

현재 공동채널 설립을 위한 긍정적 외부환경이 조성되는 분위기에 있으나, ARTE TV 사례에서 보이듯 관련된 다양한 이해 당사자 간의 양보와 타협을 도출해야 하는 과제가 남아있음. 한국이 이니셔티브를 가지기 위해 수도권보다는 한국의 주변부이자 지정학적 측면에서 3국의 중간지점에 위치한 제주에 본사를 위치시키는 방안도 가능. 초기 단계에는 3국의 공동제작 프로그램을 확대하고 각국 공영방송에 공동 작품에 대해 일정 비율의 방영시간을 할애하는 등의 우선적인 방안도 고려해야 함.

2009-12-18

Ⅰ. 아르떼(ARTE) TV 형성의 배경

1. 아르떼[1]의 설립 목적

○ 전 유럽 차원의 매스미디어 정책의 실현과 독불 문화협력의 확대.
- 엘리제 조약의 정신과 독 · 불 문화정상회담에서 채택된 유럽문화채널에 대한 공동협력의 실현.
- 1986년 프랑크푸르트에서 열린 독 · 불 문화정상회담에서 채택된 양국 간 프로젝트 목록에 유럽문화채널 조항 삽입.

○ 독일과 프랑스가 TV 분야 협력을 통해 유럽통합을 적극적 지원.
- 유럽의 문화예술 영화 및 공동 제작 영화에 대한 지원과 통합과정에 대한 정보 제공을 통해 유럽 공동의 정체성 증진.
- 아도리노 위원회는 유럽연합의 민주성 결핍해소를 위해 문화적 측면에서의 공동체 의식 증가의 필요성 제시.

2. 아르떼의 설립 배경

○ 기술 환경의 변화로 전 유럽에 걸친 미국중심의 문화 콘텐츠 유포와 일본의 전자산업의 급격한 성장에 대한 유럽의 위기의식.

---

1) ARTE(Association Relative à la Télévision Européene)

- 위성방송과 같은 뉴미디어 산업의 발전과 함께 방송 콘텐츠의 수요 증가에도 불구하고 유럽에서 제작한 영상물이 부족.
- 1986년부터 이미 유럽문화 채널을 준비하고 있던 프랑스가 독일에 제안하여 프랑스적 가치와 문화를 전 유럽에 유포하고 국내 전자산업의 경쟁력 향상에도 기여하려 함.
- 프랑스와 달리 독일은 아르떼 TV 설립 초기 유럽차원으로의 확대보다는 독·불 양국 간 공동기구의 설립에 비중을 둠.

○ 문화전문 방송에 대한 공동 투자를 통해 재정문제 극복.
- 아르떼의 유일한 프랑스 파트너로서 1986년 프랑스에서 첫 방송을 시작한 문화전문 채널 La SEPT는 저조한 시청률과 재정상의 악화에도 불구하고 국가의 방송에 대한 개입주의 정책에 의해 소수의 강력한 지지층 형성.
- 오락·대중 프로그램에 비해 저조한 시청률을 보이는 전문 문화채널이 안정적인 재정 확보를 위해서는 공동 투자가 필수적이라고 봄.

II. ARTE TV 형성의 정치

1. 문화와 방송에 대한 양국의 개념적 차이

○ 독일에서의 문화(Kultur)와 프랑스에서의 문화(Culture) 개념은 상이.
- 독일의 문화 개념은 예술이나 문학작품 등을 포함하는 문화 산물로서의 의미를 갖는 반면, 프랑스에서는 교육, 학식, 고상한 취향 및 품위 있는 생활양식을 포

함하는 엘리트 사회의 필요조건 또는 삶의 질을 의미.

- 1973년 유네스코는 양국의 전통적 문화개념에 사회학적 의미를 추가하여 문화를 예술작품에 한정시키지 않고 학문의 습득, 생활양식, 보고에 대한 욕구, 자신과 주위환경에 대한 태도의 잠재 가능성 및 문화에 대한 민주적 접근의 개념까지를 포함하여 정의함.

- 모든 생활방식 또는 양식에 대한 개방성으로 확대된 문화개념을 통해 TV가 문화적 요소 및 문화 산물로 인식됨.

○ 독일과 프랑스는 방송에 대한 문화적 사명감에 있어서도 차이를 보임.

- 독일 방송사들은 문화를 매스미디어의 총체 문화적 요구라는 범주 안에서 이해하고 이는 소수를 위한 소규모 성과와는 거리가 있음.

- 독일의 매스미디어 정책은 독일 주정부들의 언론관할권과, 방송의 대정부 자율권(기본법 5조: 여론 및 언론자유권)을 특징으로 함. 주정부들의 문화자치권이 연방정부와 유럽연합의 매스미디어 정책과 대립하는 원인으로 작용.

○ 프랑스 정부는 방송 프로그램 편성을 법적으로 규정해 놓은 '방송의 사명과 의무에 대한 법령'을 통해 방송에 개입과 간섭권을 가짐.

- 프랑스 및 유럽 영화와 TV 프로그램 제작 진흥기구로서 TV가 갖는 문화적 사명을 규정한 위 법령은 TV 방영 프로그램의 원산지 비율 및 그에 대한 필요조건 등을 명시함.

- 예를 들어 TV 방영 프로그램의 60% 이상을 유럽 제작 프로그램으로, 그 중에서 40%는 프랑스 제작 프로그램을 방영하도록 규정하고 있으며 이는 유럽연합 방송법의 기준과도 일치함.

○ 프랑스 방송정책은 TV의 문화적 측면과 경제적 측면을 함께 강조하며 TV 방송에 국가 문화산업의 후원역할을 부여함.

- 사회당 정권의 자크 랑 문화부 장관은 전통적 문화개념을 넘어 문화의 민주화를 이루고자 노력.

- 문화에 대한 법적 규정, 산업면에서의 표준화 증대, 문화의 경제성 등을 강조하며 미국 TV 산업에 대한 대항과 동시에 유럽 시장 내의 경쟁력 강화를 목표로 함.

- 이를 위해 프랑스 방송 대기업의 창설을 도모하고 프랑스 기업에 대한 우선적 지원을 추진했고, 이를 통해 유일한 문화채널 공영방송인 La SEPT의 창설이 가능.

▓ 2. 문화채널 및 프로그램에 대한 접근의 차이

○ 독일과 프랑스가 문화채널의 공동창설을 두고 보인 문화개념의 확대는 유네스코의 개념정의에 근거.

○ 그럼에도 불구하고 독일과 프랑스는 문화채널에 대한 접근에서도 차이를 보임.

- 일의 확대된 문화개념은 보도, 시사문제 해설 및 스포츠 분야까지 포함하며 생활방식과 밀접한 내용을 소개하는 형식을 선호.

- '주제가 있는 밤' 이란 제목 하에 테마를 정하고 그에 대한 집중적 소개를 통해 문화채널의 프로필 강화를 시도.

- 독일 방송은 저널리즘의 전통적 양식을 강조하며 언론의 주요기능을 사회적 대화로 봄.

- 반면 프랑스의 La SEPT는 확대된 문화개념이 콘서트, 연극, 공연 등의 기존의 전통적 예술 형식과 고급영화, 예술관련 교육프로그램, 역사, 청소년 문화 등의 모든 장르를 모두 포함해야한다고 주장.
- 또한 프랑스는 프로그램 제작 시 미학적 가치와 특정주제를 심도 깊이 다루는 영화 전통의 강조를 통해 저널리즘 형식과 정치적 관심사와 그 형식 자체를 거부함.

○ 민간방송 설립 허가로 인해 공영방송이 독점권을 상실하고 문화적 사명감을 상실하는 등 정체성의 위기를 맞게 됨.
- 이에 따라 프랑스 La SEPT 방송은 특정시청자들을 대상으로 수준 높은 프로그램을 제공한다는 사명감을 부여받고 설립됨.
- 반면 독일에게 있어 유럽 문화채널 창설의 의미는 개념상이 아닌 실용적, 실제적인 것으로 계획과 협력, 법적 선명성과 재정상의 조율 등이 우선시됨.

3. ARTE 설치를 둘러싼 이익집단 간 갈등

1) 프랑스 공영방송사와 정부 간 갈등

○ 프랑스는 내부적으로 재정에 대한 관심과 La SEPT의 생존이 중요.
- 프랑스 입장에서 아르떼의 설립은 TV와 영상산업분야의 유럽 차원의 공동협력을 도모한다는 외부적 목표와 더불어 국내 문화전문채널 La SEPT의 재정적 위기 극복을 위해 독일의 참여가 필수적으로 인식됨.
- La SEPT는 재정적으로 국가에 전적으로 의존하고 있었으며 정부가 독·불 공

동 프로젝트에 집중하자 그 예산은 점차 감소. 따라서 독일의 참여로 프랑스 정부가 지속적으로 예산을 지불할 것을 기대, 독일과의 협력을 환영.

– 그러나 아르떼를 위해 최초로 맺어진 재정분야 협약에서 정한 예산은 1989년 La SEPT 방송 예산의 두 배인 1억2천만 에퀴로 이는 오히려 초과지출을 의미.

– 독일의 여론은 파산에 직면한 프랑스의 엘리트 방송 구제를 위해 독일 재정이 사용됨을 비판했고 이에 아르떼 방송에 국내채널을 배분한 프랑스 정부는 추가 지출을 결정.

○ La SEPT는 독일의 시청권 확대 요구를 지지.

– 독일은 프랑스에 독 · 불 방송의 프랑스 내 방영지역의 확대를 요구했고, La SEPT 역시 프로그램을 위한 추가 채널을 요구하며 독일의 입장을 지지.

– 독일은 프랑스 정부가 국내 산업 진흥 전략으로 내세운 D2-MAC 방식의 보급 전략 역시 비판했고, 이에 La SEPT는 위성보급용 방송에서 벗어나 시청권 확대를 위한 새로운 기회를 얻게 될 것이라는 기대로 독일 입장지지.

– 그럼에도 불구하고 양국의 문화개념의 차이는 갈등으로 작용. La SEPT의 고유개념과 독일의 상이한 문화가 문제시됨.

○ 독 · 불 협력으로 La SEPT의 위상변화에 영향을 미치는 경우 프랑스 정부와 La SEPT 간 갈등.

– 아르떼 공동본사의 스트라스부르그 입지가 결정되자 La SEPT 파리 본사의 입지를 약화시킬 것이라는 우려가 대두.

– 본사의 역할에 대해서도 프랑스 정부는 역할 강화론을 주장한 반면 La SEPT는 본사의 기능 약화를 호소.

– 정부가 주식회사 형식의 운영형태를 주장하자 La SEPT는 독일과 함께 이익단

체 형식을 주장.

- 예산 편성에 있어서도 La SEPT는 본사보다 우위를 차지하려했으나, 정부와 정치가들은 본사의 지원을 우선시함.

○ La SEPT는 결국 정부를 설득하는데 성공.

- 미테랑 대통령의 자문위원이던 La SEPT의 클레망 사장의 영향력이 작용하여 La SEPT가 독·불 협상을 통해 힘을 얻을 수 있었음. 그러나 본사의 스트라스부르그 위치는 번복할 수 없었음.

- 1992년 정부가 아르떼 방송에 제5채널을 배분하려하자 La SEPT와의 마찰이 재기됨.

- 정부는 저조한 시청률을 근거로 La SEPT방송의 철저한 재검토를 요구하고 나섰으나 결국 아르떼를 5채널에 배분하는 것은 의회투표를 통해 거부됨.

2) 독일 공영방송사의 입장

○ 독일에서는 독·불 협력 문화채널 자체가 논란의 쟁점으로 대두.

- 독일은 프로젝트가 갖는 전 유럽적, 기술적, 문화적 사명 모두에 있어 회의적.

○ 독일에서 정부와 공영방송사 간 갈등은 3가지 측면에서 나타남.

- 첫째, 헌법이 규정한 방송사의 국가로부터의 독립성. 독일에서는 정부가 정치적 이유나 경쟁력을 이유로 방송사나 프로그램 편성에 간섭할 수 없음이 법으로 명시되어 있어서, 문화채널의 경우 정부가 공영방송사들에 참여를 강요할 수 있는가의 문제가 제기됨.

- 독일의 2대 공영방송인 ARD와 ZDF는 다른 입장을 밝힘. ZDF는 정부의 재정

후원을 근거로 문화채널 협력에 긍정적 반응을 보인 반면, ARD는 공영방송사
자체의 권한을 내세워 협력 불가론을 피력. 따라서 ARD 계열 제3방송사들의
합의 역시 난관.
- 둘째, 문화관련 외교정책에서 주정부들이 연방정부보다 우선권을 갖는 점.
- 셋째, 민영방송 허가와 함께 공영방송 존립의 문제와 독일방송체제 구조의 문
  제점들이 대두. 연방주의에 입각한 매스미디어 정책과 공영방송 시스템이 다양
  한 정책행위자를 참여하게 했고, 이들 간의 갈등 조정이 우선.

○ 결국 ARD와 ZDF는 문화채널 참여조건을 내세움.
- 프랑스 정부를 상대로 한 조건은 조직과 재정의 동등권 보장으로 독일 방송사
  들의 법적 권한 보장과 유럽의 다른 방송사들에 대한 참여 개방의 원칙을 요구.
- 독일 주정부에는 유럽 문화채널을 위해 방영되는 프로그램들이 87년 제정된
  방송협정이 규정하는 방송제한 범위에서 배제된다는 것과 재정보장을 요구.
- 프로그램 방영 비율 제한은 독일 공영방송사들이 국내 방송에 큰 지장을 받지
  않는 범위 내에서만 유럽 차원의 방송에 참여할 수 있다는 내용으로 이는 공영
  방송사들의 프로그램을 통제하려는 의도를 내포하는 것으로 봄.
- 더불어 유럽 문화채널 외에도 유럽의 다른 프로그램 참여보장을 위해 방송협정
  의 개정을 요구하기도 함.

3) 독일의 시청료 인상에 대한 갈등

○ 독일의 주지사 회의는 유럽 문화채널에 관한 재정 논의에서 시청료 인상 문제
  를 중점적으로 다룸.
- 주지사 11명 중 10명이 예산심의회의 권유로 1989년 1월 1일부터 시청료를 인상

하자고 했지만 바덴뷔르덴베르크 주의회의 압력을 받은 슈패트 주지사가 반대.

- 이를 근거로 다른 주지사 10명이 프랑스와의 문화채널 협상에서 퇴장하고 슈패트는 1990년 1월 1일부터 2.40마르크의 인상폭으로 인상한다는 절충안을 제시함.

- 시청료 인상분으로 1994년까지 문화채널에 들어가는 비용을 확충하기로 하고 다른 주정부들도 이를 수용. 시청료 인상 논쟁으로 인해 유럽문화채널이 1년 이상 지체됨.

- 그러나 방송사들은 위 시청료 인상으로 인한 이익금을 문화채널을 위한 재정에 사용하지 않고 1993년부터 또 다른 명목의 시청료 인상을 요구함.

- 독일통일로 인해 시청료 인상은 1992년 1월 1일로 앞당겨졌고 방송사들은 이로 인해 더 큰 재정적 이득을 얻음.

- 독일 방송사들이 아르떼 재정비용을 자사운영에 충당했다는 의혹도 있음.

○ 독일방송사들의 유럽문화채널에 대한 재정적 관심은 참여여부를 결정짓는 주요요소로 작용.

- 결국 ARD와 ZDF는 시청료를 통해 유럽문화채널의 재정을 반반씩 부담.

- 시청료 요구에 대한 방송사들의 반복적인 요구로 주지사 회의가 방송사 재정에 관여하게 만드는 구실을 제공하기도 함.

4) 독일의 연방정부와 주정부 간 갈등

○ 유럽문화채널에 관해 프랑스와 양국 간 국제조약 체결 권한에 있어 독일 연방정부와 주정부 간에 지속적인 마찰 발생.

- 기본법 제32항 3조는 "주정부가 법제정권을 가진 한 연방정부의 동의 하에 타

국과 문화부문 외교조약을 체결할 수 있다"고 명시함.

- 주정부들은 문화부문에 대한 우선권을 주장하며 방송 프로젝트 관할권과 조약 체결권을 요구.

- 연방정부는 유럽문화채널 본사가 스트라스부르그에 위치하므로 외국방송으로 간주하여 주정부들의 관할권 요구를 거부.[2]

- 연방정부와의 마찰을 원하지 않던 주정부들은 국제조약이 아닌 협약체결 수준에서 마무리하려 함. 협약 체결 시에는 연방정부의 승인이 필요 없지만 유럽문화채널의 독립성을 보장받기 위해서는 프랑스 방송법을 수정해야함.

- 공영방송사들은 독립성 보장을 위해 국제조약을 주장하고, 프랑스도 국내 방송법 개정은 거부.

○ 콜 총리와 드 메지에의 동독 정부가 통일 조약을 체결하자 주정부들에게는 독일 내 정치적 균형과 방송관할권의 확보가 중요해짐.

- 주정부들은 국제조약을 직접 체결하기로 결정했으며, 연방정부 역시 프랑스의 압력으로 주정부의 의견 수용.

5) 독일 주정부 간 갈등

○ 유럽문화채널에 대한 주정부의 관심은 이를 유럽연합 매스미디어 정책에 대한 주정부 차원의 독자 노선을 취할 수 있는 수단으로 간주했기 때문임.

- 그러나 독일 매스미디어 정책은 지역주의 정책으로 주정부들의 관심사가 우선.

---

2) 1957년의 린다우 조약은 연방정부와 주정부가 주정부만이 관할할 수 있는 부문을 정하고 외국과의 조약 체결권은 연방정부가 갖되, 이를 위해 주정부의 동의를 얻어야 함을 명시. 따라서 주정부들이 프랑스와 유럽문화채널에 관한 조약을 맺기 위해서는 린다우 조약을 파기해야 함.

- 슈패트는 매스미디어 정책에서 가장 큰 영향력을 행사하고 있었고 유럽 문화채널 설립 과정을 주도.
- 슈패트가 주지사로 있는 바덴뷔르템베르그는 초기부터 유럽 문화채널 설립 과정에서 주도적인 역할로 직접적인 경제이득을 기대. 본사의 위치를 스트라스부르그로 결정한 것도 바덴뷔르템베르그의 지리적 이점이 이유.

○ 다른 주지사들은 철저히 지역주의적 시각으로 유럽문화채널에 접근.
- 바이에른 주정부는 ARD를 대표해 유럽방송연맹 EBU가 제작하는 보도전문 채널인 '유로뉴스' 프로젝트에 참가 중이었으며 지역주의 정신에 입각해 유럽 문화채널 참여도 동의했으나 바이에른 의회는 이에 반대.
- 헤센주는 주정부들이 제작산업을 스스로 조정할 수 있는 권한과 예산을 요구했으나 이는 관철되지 못했고 헤센 주의회에서도 유럽문화채널은 공감을 얻지 못함.
- 베를린 자유방송(SFB)은 중 · 동유럽을 위한 지사의 베를린 설치를 요구하고 통일독일에서 베를린이 유럽의 중심이 되어야한다고 주장하며 프로그램 공급책으로서 아르테 독일지사의 참여를 반대.
- 또한 베를린은 1987년부터 베를린 지역 제작활성화를 위해 프랑스와 협상하던 베를린 문화채널 프로젝트를 우선시함.

6) 양국 여론의 반응

○ 독일의 언론은 유럽채널에 비판적 시각을 보임.
- 공영방송사의 입장에서 언론은 정치인들의 방송 프로그램 개입을 비난.
- 민영방송의 입장에서 언론은 유럽문화채널이 공영방송의 방영권과 입지강화에

미치는 영향을 우려.

- 독일 언론은 효율적 제작정책이 아닌 원칙에 입각한 방송사 운영이 독일에 필요하다고 주장하며 대중의 부정적 편견만 증대시켰고, 언론을 통한 문화계의 지원도 전무.

- 그러나 방송이 시작된 이후 독일 언론의 태도도 문화채널에 긍정적으로 변화.

○ 프랑스의 언론은 독·불 프로젝트를 통해 La SEPT의 제작 및 방송정책을 독일로 까지 확대할 수 있다는 기대로 일제히 호의적인 반응.

- 그러나 독·불 프로젝트에 관한 독일의 상이한 입장이 알려지고 저조한 아르떼의 시청률이 보도되면서 프랑스 언론들도 비판하기 시작.

Ⅲ. 쟁점과 합의점 모색

⁞⁞ 1. 프랑스 국내법과의 마찰

○ 독일 방송사들은 유럽문화채널 협력 조건으로 프랑스에 조직과 재정상의 동등권 보장, 유럽 내 타국에 대한 개방 및 독일 방송법 준수를 요구.

- 동등권 보장과 타국에 대한 개방에 대해서는 양국이 쉽게 합의.

- 그러나 프로그램 편성 자율권과 방송의 국가로부터의 독립성은 프랑스 국내 방송법과 대치되는 상황.

- 프랑스 방송법 수정이 그 적법성을 계속 발효하려면 독·불 방송법 특별 조약이 필요했고 이에 따라 1989년 프랑스의 양보로 양국 간 특별조약 체결 동의.

○ 1986년의 프랑스 방송법은 공영방송사의 모델을 두 가지로 정해놓고 있음.

- 첫째, 국영방송모델은 재정을 국가가 부담하고 국회와 정부기관 대표, 방송사와 언론, 문화계 대표들로 이루어진 이사회 구성, 프로그램 편성에 대한 총리의 허가 등이 필요.

- 프랑스 방송법은 유럽 내 국제위성방송 역시 국영방송으로 간주하여 외국방송사의 프랑스 국영방송 참여도 허가됨과 동시에 프랑스 방송법의 규제를 받게됨.

- 둘째는 CSA에 프로그램 내용, 제작율과 방영율 등을 포함한 프로그램 편성안의 제출 의무를 가짐. 독일은 CSA의 감독을 국가의 간접적 간섭으로 보고 이 모델도 거부.

○ 프랑스에서는 채널분배권이 유럽문화채널 실현에서 가장 중요한 문제.

- 방송법에 따라 CSA는 민영방송사들의 채널을 배분하고 프로그램 편성권까지 감독할 권리를 부여받음.

- 그러나 방송에 대한 국가의 모든 분야로부터의 독립을 요구한 독일의 입장은 프랑스의 채널분배법까지 재조정하도록 함.

- 또한 채널분배법이 재조정되더라도 이는 독·불 공동방송에만 적용되어야하는 문제점 발생.

- 국회의 거부가 분명해지자 결국 국내법을 초월한 국제조약이 대안으로 나타남. 유럽 문화채널에만 국내법을 초월할 수 있는 특권을 부여해서 프랑스 국회의 동의를 얻으려 함.

- 프랑스 정부는 독일의 연방정부와 주정부 간 국제조약에 대한 마찰에도 불구하고 독일을 끊임없이 설득시킴.

- 프랑스 상원은 1991년 5월 4일 양국조약을 독일법의 프랑스 내 이식이 아니라 각국의 국내법으로 자유로워지는 대안으로 보고 통과시킴. 그러나 하원에서는

사회당 의원만의 찬성으로 국제조약 체결에 동의함.

– 유럽채널과 같은 국영방송이 국가로부터 독립성을 유지하며 운영의 자율권을
갖는 것은 프랑스 방송계에서 일종의 혁신.

○ 프랑스국회의 국제조약 통과로 프로그램 편성권을 보장받자 독일은 ARTE-
GEIE 조약이 규정한 의무들에 관한 실행 준비에 들어감.

– 예를 들어 영화와 극장업 진흥을 위해 프랑스 방송법에 따라 프로그램의 시간
별 배분 등의 원칙을 준수하기로 함.

– 즉 독일의 방송 자율권 쟁취 요구는 프랑스 문화정책 자체의 거부라기보다는
국가의 간섭을 배제하기 위한 근본적 이유로 보임.

⠿ 2. 아르떼 본사의 법적 형태에 대한 논란

○ 스트라스부르그에 위치할 아르떼 본사의 형태에 각국 지사의 형태가 결정되므
로 본사의 법적 형태는 협상진행 과정상 중요.

– 양국은 유럽문화채널과 같은 국제방송사에 적용되는 어떠한 유럽 또는 국내법
도 없었기 때문에 적당한 기업형태를 찾기 위해 전략적으로 행동.

– 1988년 11월 4일 독일 주지사회의와 프랑스 문화장관은 프랑스 기업형태인 주
식회사 모델이 채택되었다는 공동성명 발표.

– 그러나 독일 방송사들은 프랑스의 주식회사 모델에 대한 수락을 철회.

○ 유럽경제이익연맹(GEIE: Groupement Européen d´Intérêt Economique)이
대안으로 제시되었고, 이에 독일은 GEIE 형태의 도입이 공동본사의 기능을

양국에 위치한 지사의 업무를 보조하는 협력단체 수준으로 제한할 의도.

- GEIE는 실권을 갖지 못하고 파트너 회사들의 성장을 위해 재정정책을 협의 발전시키는 임무를 갖고 연맹자체가 파트너가 될 수는 없음.

- 따라서 본사는 스스로의 이해관계를 발전시키지 못하고 지사들을 통해서만 존재하는 구조.

- GEIE는 유럽차원에서 유럽법에 따라 조직한 최초의 기업형태로 국제적 또는 다국적 기업들이 파트너 기업의 국내법에 종속되지 않도록 보호하기 위해 설립됨.

○ 독일은 GEIE 모델이 국내법의 간섭에서 벗어나 독립적으로 방송사의 기능을 수행하는 데 적합한 것으로 여김.

- 이를 통해 파트너 간 동등권과 본사와 지사 간의 병렬적 협력도 보장 가능해짐.

- 반면 독일은 GEIE 모델을 취하고 있는 AIRBUS 본사의 비용부담 증가와 재정 손실, 지사의 정치적 문제 등을 이유로 이 모델에 반대했었으나 국가의 개입이 의도된 프랑스의 주식회사 모델보다 나은 대안으로 판단.

- 결국 유럽문화채널의 본사의 역할은 조정기능에 제한된다는 한계를 갖게 됨.

○ 본사의 위치에 있어서도 행위자 간 갈등을 보임

- 슈패트는 바덴뷔르템베르그와 지리적으로 근접한 스트라스부르그에 아르떼 본사의 입지를 지지.

- 반면 La SEPT는 본사의 스트라스부르그 입지를 강하게 반대했고, 나아가 본사의 기능 약화와 지사의 역할 강화를 주장.

3. 인사문제

○ La SEPT의 영향력을 견제하려는 독일은 중앙 본사가 각국 지사에 맞서 본사 자체의 이익을 대변할 수 있도록 지사의 기능 분리를 요구.

– La SEPT의 반대에도 불구하고 결국 본사가 자체 프로그램 제작권을 갖게 되자 La SEPT는 본사와 지사의 직원들을 겸직시키는 방안 제시.

– 프랑스는 프로그램 국장의 역할이 명목상의 사장보다 중요하다고 생각하고 프랑스 후보를 옹립. 본사와 지사의 겸직을 통해 프랑스 정부의 영향력을 행사하려 함.

– 결국 아르떼 사장으로 독일 ZDF와 WDR 대표, La SEPT 대표가 임명되고, 프로그램 국장은 프랑스인이 맡게 되는 등, 인사정책으로 양국 지사의 균형을 모색했던 독일의 본사기능 강화전략은 실패하고 오히려 본사와 양 지사 간의 힘의 균형도 무너짐.

4. 프로그램 제작과 구성

○ 독일과 프랑스는 초기에 협력을 통해 전 유럽을 상대로 한 수준 높은 프로그램을 제작하고 기존 프로그램과 신규제작 프로그램을 분리 배급하려 함.

– 그러나 공동제작에 들어가는 과도한 예산부담으로 독일은 지난 프로그램들의 재방영권 구입을 위주로 함.

– 재방영에 비해 첫 방영율이 50% 미만으로 독일에서 아르떼는 재방영 전문 프로그램이라는 인식도 있음.

○ 방영 프로그램은 매년 총량을 정한 후 양국이 공급할 프로그램의 수와 시간을 배분하는 형식을 취함.

- La SEPT는 아르떼의 모든 음악 프로그램과, 대부분의 다큐멘터리 프로그램을 제공하는 반면, 독일은 강한 전통을 갖는 대부분의 TV 영화 프로그램을 제공.

○ 아르떼는 프로그램 구성을 위해 각국 시청자의 기호를 고려해야 하고, 국제방송으로서 재정적, 기술적, 언어적 부담도 감수해야 함.

- 아르떼의 프로그램 구성은 독일과 프랑스 간 절충의 결과로 방송의 독창성을 결정지을 요소로 '주제가 있는 밤', 정보와 뉴스 프로그램이 정해짐.

- 프랑스는 한 주제 하에 다양한 프로그램을 묶어 소개하는 '주제가 있는 밤'에 반대 입장을 보임. 프랑스는 프로그램 장르 구분이 뚜렷하고 방영시간도 일정한 고전적 프로그램 구성과 가능한 신제작물을 선호.

- 그러나 독일은 초기에는 재방영물 위주의 방영을 선호했으며 '주제가 있는 밤' 이야말로 신제작 프로그램과 기존 프로그램을 조화시키는 역할을 할 것이라 주장.

- 양국은 매주 3회 방송이라는 방영횟수에 대한 타협을 통해 합의점 찾음.

○ 뉴스 프로그램에서는 독·불 공동현안과 유럽통합 및 유럽의 시사문제들로 국내외 사건을 간단히 언급.

- 제작비가 높은 뉴스 프로그램과 정치 매거진 프로그램들은 모두 삭제되어 아르떼의 문화개념은 보도 중심적인 독일의 것보다는 프랑스의 것에 더 가까워짐.

5. 세금과 재정

○ 재정 문제로 인해 본사와 지사 간의 갈등 지속.

– 스트라스부르그 본사는 재정면에서 오히려 지사에 종속. 본사는 방영관련 기술비와 언어서비스 비용 등 15~20%를 차지하는 비용을 부담.

– 92년 기준 각국 지사는 아르떼 예산의 73%, 93년도에는 75%를 장악. 각국 지사는 아르떼 투자액의 사용처를 본사에 알리는 것을 거부.

– 각국 지사의 파트너들은 시청료와 국가지원금으로 운영됨.

– 바덴바덴에 위치한 아르떼 독일 지사는 각사의 공급율과 그에 따른 수익 및 시청료 수입의 적절한 배분을 감독. 아르떼 독일지사의 설립 초기 연간 수입은 2억 1천만 마르크인데, 그 중 독일 지사의 재정은 1억 8천 5백만 마르크로 충당되고 나머지는 방송사에 적립금으로 남음.

– 경제적 이유로 독일이 높은 재방영 비율을 보이는 것을 고려해 방영권 가격의 일괄 정책을 추진했으나 이는 오히려 프로그램의 질을 하락시키는 결과를 초래.

– 이로 인해 공급 프로그램의 개별가 평가가 대안으로 제시되었으나 방영권 구입, 작가, 배우, 제작자에 대한 저작권비, 방송사의 방영수익 등을 포함하는 가격산정이 어렵다는 이유로 실행되지 않음.

○ 본사가 스트라스부르그에 위치한다는 이유로 프랑스 세법 두 가지가 적용됨.

– 방송사의 시청료에 7%의 세금을 부과하는 프랑스 법에 따라 문화채널을 위한 독일 분담액 중 7%가 프랑스 국고로 들어감.

– 프랑스는 국내법의 예외조항을 두는 대신 문화채널에 대한 독일과 프랑스의 부가가치세를 다시 스트라스부르그 본사로 보내는 방안을 채택.

– 영화진흥세는 부가가치세와 달리 프랑스 지분에만 적용.

Ⅳ. 성과와 한계점: 한·중·일 공동채널에 주는 시사점

▦ 1. 아르떼 TV의 성과와 한계

○ 아르떼 TV는 독일과 프랑스의 문화협력 확대와 유럽 통합에 대한 적극적 지원 등의 외부적 목표 이외에 양국의 내부적 이해관계가 크게 작용하여 설립.

○ 아르떼 TV의 성과.
- 아르떼 TV는 독·불 문화협력을 통한 유럽 최초의 국제방송사로 유럽 공동의 정체성 증진을 목표로 한 문화전문 채널이라는 데 의의가 있음.
- 설립 초기 양국의 다양한 이해당사자 간 갈등과 독일 여론의 부정적 반응에도 불구하고 ARTE-GEIE 본사의 설립을 위해 양국이 국제조약을 체결하는 등의 양보와 타협이 아르떼 TV의 설립을 가능하게 함.
- 유럽연합의 방송법은 프로그램을 송출하는 국가의 방송법을 준수하도록 규정 하고 있는데 반해 독·불 조약은 국내법에서 자유로운 국제방송사의 설립을 가 능하게 함으로써 유럽 방송정책에 독창적인 기여를 함.
- 독일 방송사들의 독립성이 유럽 문화채널을 통해 국제적으로 전파되고, 독일 공영방송사 모델이 프랑스 국내법과 조화되는 계기 마련.

○ 아르떼 TV의 한계.
- 다양한 기여에도 불구하고 본사의 독립적 기능을 강화할 인사정책과 독자예산 의 부재 등은 여전히 문제.
- 또한 프로그램 구성상 유럽대중과는 동떨어진 엘리트적 모델이라는 비판과 함

께 유럽 공동 정체성 증진에 대한 기여여부는 여전히 논란.

– 제작진흥보다는 높은 재방영 비율로 또 하나의 추가적인 방송사 설립이라는 비판.

– 각국의 언어적, 문화적 차이 극복은 여전히 미진한 실정.

2. 한·중·일 공동채널에 주는 시사점

○ 장기간에 걸친 독·불 간 화해협력과 비교하여 한·중·일 3국의 협력은 시작
단계.

– 유럽통합의 구심점으로서의 독일과 프랑스인들과 한·중·일 3국의 국민감정
과는 크게 차이가 있으며 이를 극복하는 데는 상당 기간 예상됨.

– 동북아 지역협력과 갈등 극복을 위해 공동체 의식이 필요하나 과거청산 등의
문제점이 남아있음.

– 따라서 3국의 문화 분야 협력, 특히 공동 방송 프로그램 또는 방송채널을 통한
상대국에 대한 이해가 선행되어야 함.

– 한·중·일 3국의 경제적 경쟁상황으로 인해 유럽연합과 같이 경제분야를 통
한 공동체 형성은 아직 요원해 보이며 문화협력을 통한 신기능주의적 통합을
기대해 볼 수 있음.

– 3국 공동채널 설립 준비단계로 교환학생 프로그램 등의 다양한 교류협력 프로
젝트를 확대할 필요가 있으며 이를 통해 3국 프로그램의 문화할인율을 낮출 수
있는 계기 마련.

○ 문화적 배경과 언어문제.

– 독일과 프랑스가 기독교를 바탕으로 한 문화적 배경을 가졌듯이 한·중·일 3

국은 불교와 유교를 바탕으로 한 공동의 가치를 역사적으로 공유함.

- 그러나 언어적 측면에서는 한·중·일 공동채널 설립 시 중국의 높은 인구비율과 잠재적 시청대상률의 절대적 우위로 장기적 관점에서 한국어와 일본어가 중국어에 잠식될 가능성도 배제할 수는 없으므로 이를 극복할 프로그램 편성의 공정한 배분 규칙 등 대안 필요.

○ 현재 공동채널 설립을 위한 긍정적 외부환경이 조성되는 분위기에 있음.

- 특히 한·중·일 정상회담의 정례화를 비롯하여 최근 동북아 화해 분위기와 일본 하토야마 정부의 친 아시아 정책 및 과거사 청산 의지 등은 긍정적 신호로 볼 수 있음.

- 중국의 경제발전에 따라 한·중·일 3국의 소득격차도 감소 추세.

- 각국 정부는 산업성장 동력으로 문화산업 및 영상 콘텐츠 분야의 중요성을 강조.

- 다매체 환경과 방송통신 융합 등의 기술발전으로 문화콘텐츠 수요가 절대적으로 부족. 따라서 3국 공동 채널 설립을 통해 방송기술과 영상산업의 상호협력과 발전 및 아시아의 공동 가치를 추구하는 문화콘텐츠의 공급채널로서 기능.

○ 그러나 한·중·일 공동채널은 무엇보다도 아르떼 TV 설립 시 쟁점이 되었던 재정확보 문제, 인사(운영위원회)문제, 국내법과의 조화, 기구 설립(본사의 역할 및 구조), 프로그램의 성격, 제작 및 배분 등의 문제에 합의를 이루어야 함.

- 아르떼 TV의 경우 공영방송으로 프랑스 지사는 시청료와 국가의 일부 지원, 독일지사는 시청료만으로 재정을 충당하고 있으나 한·중·일 공동채널은 시청대상과 시청률을 우선 고려하여 공영 또는 민영채널을 결정하고 광고수익을 통한 운영 가능여부도 검토해야 함.

- 아르떼 TV의 경우 철저히 가치중심적 문화전문 채널로 소수의 엘리트 층만을 시청대상으로 삼아 공영방송의 역할을 하고 있지만 한 · 중 · 일 공동채널은 타 방송사 프로그램과의 차별성을 원칙으로 하되 논란이 될 수 있는 시청률 확보 문제를 해결하는 것도 중요.
- 전통적 문화예술공연이 주요 편성프로그램이 되면 낮은 시청률로 광고 판매나 상업 방송이 어려워지고 공영방송으로 운영되어야 할 가능성이 커지지만 Asia Song Festival(가칭)과 같은 한류와 대중문화의 접점을 찾을 수 있는 프로그램 편성 등의 대안으로 특별법 제정을 통해 각국정부의 지원을 통한 3국 민영 방송의 합작 투자 가능성도 있음.
- 공영채널 설립 시에는 한 · 중 · 일 3국이 1/3씩 공동 출자하는 방안을 고려하여 수신료, 국가 지원 및 스폰서십 등으로 운영재원 마련.

○ 아르떼의 예에서 보여주듯이 다양한 이해당사자간의 양보와 타협은 필수적.
- 특히 프랑스 미테랑 대통령과 독일의 콜 총리, 그리고 슈패트 주지사가 보여 준 정치적 리더십은 아르떼 설립의 원동력으로 작용했던 만큼 한국의 지도자들도 프랑스와 같은 정치적 결단력을 발휘하여 정책 이니셔티브를 가져야 함.
- 또한 프랑스의 La SEPT 설립과 같이 한 · 중 · 일 공동채널 협력 프로그램을 위한 사전적 준비 필요.

○ 현재 아르떼 설립 당시와는 기술 환경의 측면에서 상당한 발전과 변화가 있음.
- 정보 통신의 발달이 유럽의 경우보다 단기간에 동북아지역 협력 강화 구축에 기여할 것임.
- 현재와 같은 다매체, 다채널, 융합방송시대에는 콘텐츠의 절대 부족으로 제작 진흥에 더 큰 투자가 필요할 것으로 보임.

- 또한 프로그램 확보를 위한 재방영권 구입 문제와 관련하여 3국의 저작권법에 대한 이해와 조화도 필요.
- 저작권 측면에서는 선진체제를 갖춘 일본과 아직 불투명한 거래가 이루어지고 있는 중국과의 격차가 크지만 최근 중국에서도 국제저작권 교역센터를 설립(2009)하고 중국과의 저작권 거래를 장려하는 추세임.

○ 아르떼 본사의 위치가 유럽 공동채널의 주요 쟁점이었듯이 한중일 공동채널의 본사 위치에 대한 갈등도 예상.
- 프랑스의 지방도시인 스트라스부르그는 유럽의회가 위치한 상징적 의미를 갖는 동시에 지정학적으로 독일과의 국경에 위치해있으며 문화채널에 대한 독일 측 대표주창자인 슈패트가 주지사였던 지역.
- 결국 아르떼 독일 지사의 위치 역시 바덴바덴으로 스트라스부르그의 인접지역으로 결정.
- 이는 공동채널에 대한 이니셔티브가 장기적으로 지역경제 활성화에도 기여함을 보여줌.
- 한국이 이니셔티브를 갖기 위해 수도권보다는 한국의 주변부이자 지정학적 측면에서 한 · 중 · 일 3국의 중간지점에 위치한 제주에 본사를 위치시키는 방안도 가능.

○ 무엇보다도 일본과 중국의 협력이 필수적인 한 · 중 · 일 공동채널의 설립을 위해 3국간의 화해협력 강화가 다양한 정책분야별로 적극 추진되어야 할 것임.
- 공동채널 구상이 아직 초기단계에 있으므로 한 · 중 · 일 3국의 공동제작 프로그램을 확대하고 각국 공영방송에 일정 비율의 3국 공동 작품에 대한 방영시간을 할애하는 등의 우선적인 방안도 고려되어야 함.

3장 동아시아 지역연구

태국의 국내정치 구도의 평가와 향후 전망:
동아시아 협력의 전망을 중심으로

이병도(제주평화연구원 객원연구위원)

탁씬은 1994년 정계에 입문한 후 1998년 타이락타이당을 창당하고 2001년 총선에서 다수의석을 차지한 후 성공적인 정치경력을 살려 2005년 총선에서 승리하여 재집권에 성공함.

저소득층에게 복리를 증진시키는 이른바 '탁씬노믹스(Thaksinnomics)'를 통해 대중의 인기를 얻은 반면 왕실의 권위를 부정하는 발언과 정책으로 왕실과 군부로 구성된 지배층의 반대를 부름.

군부는 쿠데타를 통해 탁씬을 권좌에서 축출했지만 1년 3개월의 임시정부 후에 실시된 2007년 12월 총선에서 탁씬의 세력으로 구성된 국민의 힘당이 과반에 7석이 모자라는 233석을 차지하여 집권당이 됨.

노란 옷의 국민민주주의연대(People's Alliance for Democracy, PAD) 시위대는 대표적인 반(反)탁씬파로 남부와 방콕의 부유층, 군부, 사법부, 재계의 엘리트 등이고 탁씬을 지지하여 PAD 시위대와 곳곳에서 충돌하기도 했던 붉은 옷의 독재저항민주주의연합전선(National United Front of Democracy Against Dictatorship, UDD)은 북부와 방콕의 농민과 도시 빈민에 기반을 두고 있음.

여당은 동북부와 북부, 야당은 남부에 기반을 두고 있으며 태국 정치의 지역화 현상은 이미 1980년대 초부터 시작되어 왔으며, 특히 지난 2007년 12월 총선에서는 중선구제 하에서 여당이 남부에서 단 한 석도 얻지 못하는 지역화 심화가 나타남.

경제사회개발계획으로 인한 혜택과 이익의 대부분이 도시 중산층에게 돌아간 반면, 대부분 농촌에 거주하는 태국의 하층민들은 철저히 경제발전의 혜택으로부터 소외당했을 뿐만 아니라 태국정부는 수자원, 임산자원, 광물, 인력 등 농촌의 자원을 이용하여 도시민의 소득 향상에 지원함으로써 농촌인들에 대한 부담을 가중시켰음.

군부가 국왕을 호위한다는 점에서 태국의 징치가 선군정치의 전형이라고 할 수 있으며 이러한 권력구도에 김일성이 관심을 보였으며 클린턴 행정부시절 올브라이트 국무장관이 평양을 방문했을 때, 태국정치구도에 흥미를 보였다는 점에서 태국의 국왕과 군부의 권력구도에 대한 이해는 북한 시스템을 이해하는데 흥미로운 시사점을 제공할 수 있음.

태국의 정정불안은 아직도 진행중이며, 탁씬 세력과 반탁씬 세력이 양극으로 뚜렷하게 나뉘어져 서로 대립하는 정치적 갈등은 어떤 세력이 주도권을 잡더라도 앞으로도 지속될 것이라는 조짐으로 판단됨.

시위가 격화돼 유혈사태가 계속되면 국가화해와 질서유지를 위한다는 명목으로 군이 개입할 명분을 주게 되고, 군부쿠데타가 발생하면 이후에 어떤 인물로 어떤 정부가 구성될지 예측이 어려움.

2009-04-30

| 한국외국어대학교 교수

⁙ 1. 탁씬의 정치적 성과와 몰락: 2006년 9월 쿠데타

○ 태국정치에서 지도자의 리더십 부재는 태국정치에 있어 아킬레스건이었으나 탁씬이 집권한 후 태국 정치는 변화하기 시작했음.

- 탁씬은 경찰 부총경 출신으로 1987년 '친나왓 컴퓨터&커뮤니케이션 그룹' 을 설립하여 이동통신과 케이블TV 시장을 차례로 석권하면서 급성장하여 태국 최대의 정보통신 재벌로 억만장자가 된 최고경영자 출신으로 1994년 정계에 입문한 후 1998년 타이락타이당을 창당하고 2001년 총선에서 태국 선거사상 유례를 찾아 볼 수 없었던 의회 과반수에 근접하는 의석을 차지하면서 일약 최고의 정치인에 등극하였음 .

- 4년간의 재임기간의 성과를 활용하여 2005년 2월 총선에서도 타이락타이당은 압도적인 의석을 차지함으로써 탁씬은 태국 역사상 최초로 선거를 통해 재집권하는 총리가 되었음.

- 대외적으로 2003년 10월 방콕에서 아시아 · 태평양경제협력체(APEC) 정상회의를 성공리에 개최함으로써 태국을 동남아의 맹주(盟主)로 부각시키며 자신의 리더십을 과시하고 국내 문제에 있어서도 마약과 매춘 문제에 강력하게 대처함으로써 국제사회에서 국가 이미지를 쇄신하였음.

○ 포퓰리즘(popualism)에 가까운 대중영합주의와 기업경영철학을 정치에 접목시켜 국가를 이끄는 리더십을 보였는데 태국이 외환위기를 탈출하기 위해 실시한 4M 정책과 저소득층에게 복리를 증진시키는 이른바 '탁씬노믹스(Thaksinnomics)' 가 그 대표적인 사례라고 할 수 있음.

- 4M은 국가 경영에 꼭 필요한 인력(man), 물자(material), 자금(money), 관리(management)를 의미하는데, 탁씬 총리는 평상시 인적 자원을 중시하지만 위

기상황에서 국가의 관리를 우선시하여 관리경험이 풍부한 인사들을 중용하여 조직을 재정립함으로써 외환위기에 빠졌던 태국경제를 효과적으로 관리함.

- 탁씬의 경제정책으로 태국은 IMF 체제를 예정보다 2년 앞당겨 2003년 졸업했으며, 2003년-2005년간 경제성장률도 6.5%를 상회하고 2001년 4.9조 바트였던 국내총생산(GDP)이 2006년 7.1조 바트로 크게 증가했으며, 2003-2004년 동안 농촌 수입이 연 20% 가량씩 증가함에 따라 절대빈곤층이 크게 줄고 국민 생활 수준도 한 단계 상승함.

- 대중영합주의라는 야당의 비판을 받으면서도 탁씬은 20억 달러에 달하는 마을기금을 조성하여 농업과 가내수공업 등의 일차 산업을 육성하고, 농가에 필요한 자금을 저금리로 대출해 주는 제도를 도입하는 등 빈곤퇴치 운동 외에도 저소득 국민들에게 무상 의료서비스, 무상교육, 3년간 농가부채 동결, 500억 달러의 사회기반 시설 확충사업 등으로 경기상승을 이끌어 저소득층에게 구세주와 같은 인물로 자리매김하였음.

○ 왕실의 권위를 부정하는 탁씬의 발언과 정책은 지배층의 결집을 불렀고 동시에 왕실과 군부의 거부감을 사게 되어 탁씬의 리더십은 대중영합주의 정책과 급진적 정치개혁의 추진을 수행하는 독단적인 권위주의로 비판을 받아 중산층과 언론, 의회 등 보수 세력들의 반감을 사게 됨.

- 일반적으로 태국 지도자는 태국 정치에 다섯 개의 기둥인 국왕, 국민, 미디어, 의회, 군부의 지지를 얻어야 안정된 정치를 할 수 있다고 평가하는데 탁씬은 도시의 노동자와 저소득층을 제외하고 어느 분야에서도 신뢰받지 못했음.

- 탁신은 실제로 대부분의 언론을 자신의 손아귀에 넣기 위해 언론을 탄압하고, 2004년 초부터 빈번하게 발생한 남부 무슬림 지역의 유혈사태도 초강경으로 대응하여 국민의 불안감을 조성했고, 역대 어느 정권도 손대지 못한 마약 문제

를 해결하겠다고 약속했지만 해결 과정에서 관련자 2천여 명을 처형하여 인권 문제가 대두되기도 했음.

– 2006년 쿠데타의 직접적인 명분이 된 것은 탁씬의 부정부패라고 할 수 있음. 2001년 8월 태국의 반부패위원회로부터 재산공개 누락 혐의로 헌법재판소에 고소를 당해 순수성과 권위에 손상을 받았고, 2005년에 들어서 보건장관의 수뢰 혐의로 인한 구속, 부인의 소득세 탈루 의혹, 신공항 검색대 폭발물탐지장치 도입 수뢰 의혹 등 측근들의 부정부패사건들이 탁씬을 위기로 몰아갔으며, 특히 2006년 1월 주식을 매각하는 과정에서 소득세를 한 푼도 내지 않은 것은 탁씬 몰락의 직접적인 계기가 되었음.

– 탁씬의 부정부패에 대한 이미지는 기업을 다루듯이 국가를 다룬다고 비판하며 탁씬 총리가 기업인이 아닌 국가 정치 지도자로서 면모를 갖추지 못했을 뿐만 아니라, 국정과 개인사업의 경계가 분명치 않은 점에 대해 중산층에서 불만을 토로하기 시작함.

○ 태국 정치에서 흥미로운 점은 서민에 대한 정책은 제도권의 정당이 선거에 정강정책으로 내세울 수 없고 왕과 왕실만이 언급할 수 있는 독점공공재의 성격을 가졌음.

– 왕과 왕실만이 서민관련 정책을 통해 서민의 지지와 존경을 받을 수 있도록 하는 정치적 전통을 형성해온 결과이며 제도권 정당이 서민에 대한 정책을 발표하는 것은 왕과 왕실의 권위에 대한 도전으로 간주되었음.

○ 탁씬의 몰락은 그의 권위적이고 민중주의적인 요소들이 국가가 처한 경제적 위기를 현명하게 헤쳐 나가는데 일조했다면, 그러한 위기로부터 어느 정도 해방되자 국민들은 다시 탁씬의 리더십에 의문을 제기하기 시작하였고 정치권력

이 정도를 벗어나 경제권력에 예속되었을 때 발생하는 부패와 정치왜곡을 드러내자 2006년 9월 군부는 쿠데타를 일으켜 탁씬을 권좌에서 축출함.

⁝⁝⁝ 2. 태국의 최근 정치사태

○ 군부는 쿠데타를 통해 탁씬을 권좌에서 축출했지만 탁씬 세력이 총선에서 승리하자 반탁씬세력과 대결구도가 전개되면서 정치불안이 지속됨.

- 쿠데타 후 1년 3개월의 임시정부 후에 실시된 2007년 12월 총선에서 탁씬의 세력으로 구성된 국민의 힘당이 과반에 7석이 모자라는 233석을 차지하여 1당이 됨으로써 탁씬 세력의 부활을 알리고 도시노동자와 농민층에 탁씬의 지지기반이 상당함을 과시함.

- 국민의 힘당은 5개 중소정당을 포함하여 연합정부를 구성하였고 탁씬을 지지하던 싸막이 총리가 되었으나 정치적 불안은 지속됨.

- 태국 의회가 싸막 총리 및 7명의 각료에 대한 불신임 결의안을 부결시켰고, 이 같은 상황에서 반탁씬시위대는 싸막이 탁씬의 꼭두각시라며 싸막의 퇴진을 요구함.

- 세금포탈죄로 징역 2년 형을 선고 받은 탁씬이 8월 영국으로 망명하자 반탁씬시위가 격화되어 정부청사 점거, 국제공항 활주로 점거, 경찰서와 방송국에 대한 공격 등이 계속됨.

- 퇴진을 거부하던 싸막은 총리직을 맡은 이후에도 개인회사의 요리관련 프로그램을 돈을 받고 진행한 것에 대해 태국헌법 276조에 따라 헌법재판소로부터 유죄판결을 받고 총리직을 박탈당함.

- 10월 탁씬의 매제인 쏨차이가 수상에 취임하는 등 탁씬세력이 정치전면에 포진

함으로써 정치적 불안은 지속되었음.

○ 엘리트와 중산층이 지지기반인 민주주의국민연합(People's Alliance for Democracy, PAD)은 2006년 탁씬의 권력남용과 비리를 비판하며 대규모 거리 시위를 이끌었고 탁씬을 권좌에서 축출시킨 주역으로 정권교체에 중요한 역할을 담당했고, 최근의 폭력사태는 이러한 인위적인 정권 교체에 반발한 탁씬 지지 세력의 시위에서 비롯된 결과임.

- 2008년 5월부터 꾸준히 지속되어 온 PAD 주도의 반탁씬 시위는 11월 말 정부 종합청사, 공항 점거 등으로 이어지면서 12월 15일 결국 야당인 민주당 당수인 아피씻이 총리에 오르면서 일단락되는 듯 했으나 2008년 12월 총선에서 165석 (전체 의석 480석)을 차지하는 데 그쳤던 야당 민주당이 기존에 315석의 친(親) 탁씬계 연정에 가담했던 4개 군소 정당을 끌어들이면서 인위적으로 정권 교체에 성공하였음.

- 탁씬이 집권하던 2005년부터 이미 태국사회는 붉은 옷을 입은 친(親)탁씬파와 노란 옷을 입은 반(反)탁씬파로 분열되어 심각한 정치적 갈등이 지속되어 왔음.

- 노란 옷의 PAD 시위대는 대표적인 반(反)탁씬파로 남부와 방콕의 부유층, 군부, 사법부, 재계의 엘리트 등이고 탁씬을 지지하여 PAD 시위대와 곳곳에서 충돌하기도 했던 붉은 옷의 독재저항민주주의연합전선(National United Front of Democracy Against Dictatorship, UDD)은 북부와 방콕의 농민과 도시 빈민에 기반을 두고 있음.

○ 4년여 동안 지속된 정치적 갈등의 배경에는 전통적으로 권력을 행사해왔던 국왕의 파트너인 왕실과 군부와 탁신을 지지하는 신흥 시민권력으로 구성된 지지세력으로 대별되는 양계층간의 대결구도로 파악할수 있음.

- 태국의 정치구도는 친탁씬 대 반탁씬의 또는 친왕당 대 반왕당의 대결구도로 나눌 수 있지만 두 가지의 다른 구도가 친탁씬 그룹이 반왕당그룹과 그리고 반탁씬그룹이 친왕당 그룹과 일치하지 않는다는 점에서 계층간 갈등구도라 할 수 있음.

3. 태국 국내정정 불안의 구조적 요인

○ 빈번한 쿠데타가 가장 직접적인 정치불안의 원인

- 2006년 쿠데타는 1932년 입헌혁명 이후 19번째 쿠데타로 평균 4년에 한번 꼴로 군부 쿠데타가 발생한 것으로 태국은 쿠데타의 실험실이라는 오명을 얻고 있음.

- 1932년 입헌군주제로 바뀌는 과정을 주도한 세력이 바로 군부였으나, 군부세력은 그 이후 태국 정치를 좌지우지한 60년의 전통을 갖고 있음.

○ 군부에 대적할 수 있는 민간조직이 취약했고, 특히 민간조직 중 가장 강력하고 조직화되어 있는 관료체제마저 군부에 지배당해 왔음.

- 1992년 민간정부가 이어지면서 군의 정치개입을 차단하는 법적 장치들이 강화되었으나 군은 여전히 태국정치에서 중요한 세력으로 태국의 2개 TV방송국을 육군이 소유하거나 통제하고 있으며, 전기나 철도공사, 항공사도 군이 소유하고 있어 국영기업에 대한 영향력도 막강함. 태국의 육군사령관이 수도권 일대의 육군, 해군, 공군, 경찰 등 모든 부대를 지휘할 권한을 가진 지휘 체계도 쿠데타를 쉽게 모의할 수 있는 요인이 됨.

○ 정당정치의 발전에 정치문화적, 제도적, 행태적 제약이 존재함.

- 태국 헌정사 74년 동안 정당 활동이 허용된 시기는 불과 39년밖에 되지 않아 정당이 제 기능을 발휘할 수 없었으며 태국 정치문화의 가장 두드러진 특징인 권위주의적 정치문화는 인물을 중심으로 한 가치획득에 집착하게 하고, 참여형 정치문화를 갖게 하는데 부정적인 요인으로 작용하여 안정된 정당정치의 발전을 저해하고, 정당체계의 자연적인 형성보다는 인위적인 형성을 허용하는 중요한 원인이 되었음.

- 제도·구조적인 측면으로 태국의 정당체계는 정치체제나 선거제도와 상관없이 대부분의 기간 동안 다당제를 유지해 오면서 정당 내 파벌형성이나 정당 간 이합집산의 악순환을 반복해왔고 선거자금의 수요가 커지면서 타락선거, 금권선거 등의 부정선거 시비가 끊이질 않아 정당체계를 인위적으로 형성하는데 일조하였음.

- 행태적인 측면에서, 태국정당은 이념과 정책을 중심으로 형성되고 발전된 대중정당이 아니라 연분과 이해관계에 따른 후원−수혜관계를 기반으로 한 리더십 중심의 파벌집단을 형성하고 있기 때문에 정당의 조직구조 측면에서 볼 때 대부분의 정당이 파벌화 현상을 공통적으로 보여주며, 정책면에서 정당간의 차별성이 거의 나타나지 않고, 선거 때마다 많은 정당이 난립하는 가운데 과반수 정당 없이 연립정부를 구성함으로써 정치적 불안이 상존해 왔음.

○ 여당은 동북부와 북부, 야당은 남부에 기반을 둔 정치의 지역화 현상으로 국론이 분열됨.

- 지역화 현상은 이미 1980년대 초부터 시작되어 왔으며, 특히 지난 2007년 12월 총선에서는 중선거구제 하에서 여당이 남부에서 단 한 석도 얻지 못하는 지역화 심화가 나타났고 이러한 지역화 현상은 탁씬이 정치무대에 등장한 이후

탁씬 세력과 반탁씬 세력으로 양분됨으로써 더욱 고착화되는 경향을 보여주고 있음.

- 태국의 정치구도 중 가시적으로 드러나는 부분은 '붉은 옷'을 입은 탁씬 지지 세력은 분명한 정치세력으로 보이는 반면 '노란 옷'을 입은 PAD는 왕실이 배후에서 지원하고 있는 것으로 알려져 있으며 이 때문에 이들이 조직하고 주도하는 시위를 경찰이나 군이 적극적으로 제재하지 못하는 한계를 보이고 있음. PAD는 국민의 대표로 구성되는 의회의 의원 중 70%를 선출이 아니라 국왕이 임명해야 한다고 주장하는 점에서 정체성이 드러나고 있음.

○ 태국의 정치적 갈등이 정치지도자들의 권력투쟁의 문제가 아니라 사회경제적 상황에 대한 계층간 갈등의 양상이라는 점에서 전국화 양상을 보이고 있음.

- 빈민을 대상으로 하는 탁신의 경제정책이 여전히 대중의 호응을 얻고 있으며 이는 현재의 정치적 갈등이 외면적으로는 정체세력 간의 갈등처럼 보이지만, 실질적으로는 불균형과 관련된 경제·사회구조적 갈등으로 파악됨.

- 태국은 1961년부터 경제사회개발계획을 추진해 왔으나 지난 50여 년간 부유층과 빈곤층의 계층 간 격차는 지속적으로 증가되어 왔음. 빈곤지수를 볼 때 소득이나 다른 생산요소의 측면에서 빈곤층의 수가 감소하였으나 계층간 격차는 감소하지 않음. 2007년 기준으로 빈곤층(최저 10%)과 부유층(최고 10%)의 소득 격차가 2004년 22.5배에서 약 30배로 증가했고 토지소유에 있어서 상위 50위와 하위 50위의 격차는 291,607배에 달함.

- 지난 50년간 경제사회개발계획으로 인한 혜택의 대부분이 도시중산층에게 돌아간 반면, 농촌에 거주하는 태국의 하층민들은 철저히 경제발전의 혜택으로부터 소외되었고 태국정부는 값싼 농촌의 자원을 이용하여 도시민의 소득 향상을 지원함으로써 농민의 부담을 가중시켰음.

- 정부로부터 소외, 부패 관료들의 억압, 그리고 필요한 자원 접근성의 제한 등은 농민들로 하여금 정부정책에 등을 돌리도록 만들었지만 탁씬은 대중을 대상으로 하는 정책을 통해 빈곤퇴치에 일조를 함으로써 농민과 도시빈민의 절대적인 지지를 받았음.

4. 태국 국왕의 정치적 역할

○ 1946년 즉위한 뒤 63년간 태국을 통치해 온 푸미폰 국왕은 태국 국민들로부터 '살아 있는 부처'로 추앙받고 있고 입헌군주제인 태국에서 현 국왕은 상징적인 인물이면서 과거 군부 쿠데타 등 정정 불안 때마다 높은 도덕적 권위로 정국을 안정시켰음.

- 푸미폰 국왕의 재임기간 중 총 19차례의 쿠데타가 발생하였고 국왕은 쿠데타의 정당성을 나름대로 심판해 왔음.

- 1973년 민주화 시위 때 군사정부 사퇴를 이끌어 냈고, 1992년 쿠데타에서는 추인을 거부하여 민주세력의 손을 들어주었으며, 2006년 쿠데타도 묵시적으로 동의함으로써 탁씬의 축출을 이끌어 냈음.

○ 태국 국왕의 왕권은 태국 사회에서 부처의 모습으로 나타나는 '정의로운 왕'과 신의 존재로 비쳐지는 '카리스마적 존재'의 두 가지 기능을 담당하고 있음.

- 1932년 절대왕정이 붕괴된 후 법적으로 국왕은 정치적 권한은 없으나 현실정치에서 중요한 역할을 수행함.

- 1932년 입헌군주제 채택 이후 태국 국왕은 국가 통합의 구심점으로 존재하는 명목상 군주로서 통치는 할 수 없게 되어 있지만 헌법 제7조의 "국가가 위기에

처했을 때 국왕이 결단을 내릴 수 있다"는 애매한 조항에 근거해 국왕의 정치 개입 근거로 활용될 소지가 있음. 국왕은 군림하되 통치하지 않기 때문에 정치에 직접 관여하지는 않지만 국가가 위기해 처했다고 판단될 때는 직접 개입할 수도 있기 때문에 국왕이 현실정치에 개입할 여지가 있음.

○ 태국의 정치에서 왕권을 수호하는 세력으로는 기득권을 향유해온 군부의 지도 세력과 세습재벌로 구성되어있음.

– 태국에서 국왕은 원래부터 정치적 영향력이 있었던 것은 아니며 1932년 절대 왕정체제를 무너뜨린 군부(軍部)는 자신의 정통성을 세우려고 국왕과 공존공생의 길을 걸어 왔음. 1957년 싸릿 군사정권은 국가통합과 국민동원을 위해 불교와 국왕을 태국 사회의 구심점으로 삼았고, 국왕은 경제사회적으로 빈곤한 자나 혜택을 받지 못한 자들을 위해 헌신함으로써 국민들에게 자비로운 부처의 모습으로 비추는데 노력해 왔음.

– 군부가 국왕을 호위한다는 점에서 태국의 정치가 선군정치의 전형이라고 할 수 있으며 이러한 권력구도에 김정일이 관심을 보였으며 클린턴 행정부시절 올브라이트 국무장관이 평양을 방문했을 때, 태국정치구도에 흥미를 보였다는 점에서 태국의 국왕과 군부의 권력구도에 대한 이해는 북한 시스템을 이해하는데 흥미로운 시사점을 제공할 수 있음.

○ 태국에서 국왕의 존재는 국민 여론의 극단적인 분열이나 국가위기 상황에 있어서 국가통합을 이룩하는데 중요한 역할을 담당하고 있음은 부인할 수 없지만 국왕의 권위주의적인 요소들은 태국의 민주주의 발전이라는 측면에서 볼 때 역기능으로 작용하고 있음.

– 국왕에 대한 헌금으로 마련된 Royal Fund를 이용하여 일반인들에 대한 영농

지원사업이나 사방사업과 같은 Royal Project를 운영하고 있는데 기금의 규모와 운영에 대해서는 잘 알려져 있지 않음. 한편 태국에서 국왕과 왕실에 대한 비판은 실정법으로 징역형에 처할 수 있도록 법을 규정하고 있음.

5. 전 망

○ 2008년 11월부터 계속되어 온 정치적 혼란과 폭력 사태는 태국사회에 적지 않은 상처를 남겼고 특히 4월 시위는 탁씬파의 불만이 전혀 해소되지 않은 채 표면적으로 강제 봉합됐기 때문에 태국의 정정불안은 아직도 진행중이며, 탁씬 세력과 반탁씬 세력이 양극으로 뚜렷하게 나뉘어져 서로 대립하는 정치적 갈등은 어떤 세력이 주도권을 잡더라도 앞으로도 지속될 것이라는 조짐으로 판단됨.

- 향후의 태국의 정국을 전망해 보면, 먼저 아피씻 총리가 의회를 해산하고 조기 총선을 실시하여 유권자들로부터 정치적 검증을 받을 경우 반정부시위를 잠재울 수 있고 태국 정정에 대한 불안감은 줄어들 것으로 보이지만, 탁씬지지 세력은 인구 밀집 지역인 북동부와 북부지방에서 강력한 지지기반을 가지고 있어 총선을 실시할 경우 친탁씬 세력이 승리하여 집권할 것으로 예상됨.

- 친탁씬 세력이 재집권할 경우 PAD 주도의 반정부 시위가 다시 재개될 가능성이 높고 PAD의 최종 목표는 탁씬 축출에 이어 잔존세력의 와해를 목표로 하고 있기 때문에 정국불안의 가능성은 상존하고 있음.

○ 시위가 격화돼 유혈사태가 계속되면 국가화해와 질서유지를 위한다는 명목으로 군이 개입할 명분을 주게 되고, 군부쿠데타가 발생하면 이후에 어떤 인물로

어떤 정부가 구성될지 예측이 어려움. 지난 시위 해산 이후 친탁씬 세력은 향후의 목표를 거리 시위가 아닌 '지하시위' 를 목표로 하고 있어 반대측에 대한 테러가 빈번하게 발생할 것으로 예상됨.

○ 정국 혼란이 가중되어 해결책이 없는 상황에서 국왕의 개입이 예상되지만, 어떤 형태로든 국왕이 개입하면 현 정부에 득이 되지 않을 것으로 판단됨. 최근 몇 년간 지속되어 온 태국의 정국 불안의 본질적인 원인 중 하나가 노쇠한 국왕과 입헌군주제를 둘러싼 의견 대립이라고 보는 시각이 있으므로 과거처럼 '군부 대(對) 민주화 세력' 의 구도가 아니라, 탁씬 전(前) 총리 세력의 목표가 바로 왕실에 도전하는 것이며, 국왕의 사후 왕정을 인정하지 않겠다는 의도라고 판단됨.

○ 태국의 정치구도의 문제는 국왕의 사후 후계자 문제, 그리고 향후의 정국과도 연관성을 가지고 있음.
– 와치라롱콘 왕세자는 사생활 문제와 좋지 않은 행실로 인해 국민들의 절대적인 지지를 받지 못하고 있고, 씨린턴 공주는 현 짝끄리 왕조에 여왕이 한 번도 없었기 때문에 승계가 부담스러우며, 미혼이어서 차기 후계가 문제가 되고 있음.
– 왕세자의 지지자들이 경찰, 공군, 해군인 반면, 공주의 지지자들이 육군이라는 점도 국왕의 사후 권력쟁탈로 이어져 정국의 불안정을 일으키는 요인이 될 수 있음. 따라서 수용키 어려운 인물이 왕위를 계승할 경우 왕과 왕실의 권위가 급속히 무너지거나 혹은 왕실을 다시 상징적 위치로 격하시키거나, 그렇지 않으면 입헌군주제를 넘어 공화제로의 체제 변화를 시도할 수도 있음.

○ 큰 변수가 없는 한 현재의 상태에서는 군부 및 왕실, 그리고 탁씬 간에 모종의

타협, 혹은 탁씬과 다른 정치세력의 변화만이 가장 좋은 해결책이 될 수 있을 것으로 보이며 현 정부는 국민다수가 정신적으로는 국왕을 지지하지만 현실 정치에선 서민보호와 경제발전을 내세운 탁씬의 정책에 대한 향수를 갖는 국민이 과반수를 넘는다는 것이 중요한 변수로 파악됨.

○ 아세안 초기에는 태국의 위상이 상대적으로 높은 평가를 받았으나 최근의 국내정치의 불안정으로 인해 아세안 내에서 태국의 위상은 정상회담을 개최할 수 없을 정도로 취약한 평가를 받고 있으며 한편으로는 아세안이 미얀마 문제를 해결하지 못하는 상황에서 아세안 자체의 위상이 흔들리고 있음.

최근 태국의 정치상황전개

일자	사건
2006년 1월 23일	탁씬 일가 '친(Shin) 코퍼레이션' 싱가포르 투자회사에 19억 달러에 매각, 세금(소득세)미납으로 반 탁씬 시위 격화
2006년 2월 24일	탁씬 총리, 의회해산 뒤 4월 2일 총선 실시 발표
2006년 2월 27일	야3당, 탁씬이 개헌 중립내각구성안 거부하자 총선 불참선언
2006년 3월 14일	반 탁씬 시위대 10만 명 정부청사 주변에 결집
2006년 4월 2일	야당이 불참한 가운데 총선 실시, 타이락타이당 승리
2006년 4월 4일	차기 정부에서 총리직 맡지 않겠다고 발표
2006년 5월 8일	헌법재판소 총선 무효선언 및 재선거 판결
2006년 5월 23일	탁씬 총리 공식업무 복귀, 10월 15일 재선거 실시 발표
2006년 9월 19일	군부쿠데타 발생
2007년 5월 30일	헌법재판소, 민주당 제외한 타이락타이당 등 4개 정당 해체 판결
2007년 8월 14일	대법원 탁씬 부부에게 체포영장 발부
2007년 8월 19일	신헌법 국민투표 통과
2007년 12월 23일	총선 실시, 탁씬계 신당 국민의 힘당 최다의석 확보
2008년 1월 19일	국민의 힘당 중심 연립정부 구성 발표(6개 정당)
2008년 1월 22일	탁씬 측근 용웃 티야파이랏 하원의장 선임
2008년 1월 28일	탁씬 측근 싸막 쑨터라웻리 총리 선임
2008년 2월 28일	탁씬 귀국
2008년 5월 25일	시민사회단체 '국민민주주의연대(PAD)' 반정부 시위 시작
2008년 7월 31일	탁씬 부인 세금포탈죄로 징역 3년 형
2008년 8월 11일	탁씬 부부 영국으로 도피, 망명 신청, 대법원 탁씬에게 2년 형 선고
2008년 8월 26일	PAD시위대 정부청사 난입
2008년 10월 1일	대법원, 싸막 총리에게 총리직 박탈 선고
2008년 10월 5일	쏨차이(탁씬 매제) 총리직 이양
2008년 11월 26일	반 탁씬 세력 방콕 공항 점거
2008년 12월 2일	헌법재판소 연립정부 구성 3개 정당에 대해 해체 및 3당 간부 60명에 대해 5년간 정치활동 금지 판결
2008년 12월 15일	아피씻 민주당 당수가 총리직에 선출(4개 군소정당과 연립정부 구성)
2009년 4월 5일	탁씬 지지세력 정부청사 점거
2009년 4월 14일	탁씬 지지세력 시위대 해산

일본 민주당의 외교안보정책 구상과 대한반도 정책 전망

박영준(제주평화연구원 객원연구위원)

올 7월 21일 시즈오카 현지사 선거에서 민주당 후보가 당선되고 뒤이은 동경도의회 의원선거에서도 민주당이 54석을 얻어 다수당으로 부상하자 일본의 자민당은 정치적 지지세력의 이탈을 실감하고 아소 타로(麻生太郞) 수상이 2009년 7월 21일 중의원 해산 및 8월 30일 중의원 총선거 실시를 공표하여 일본정국의 변혁에 대한 기대감이 국내외에서 증가하고 있다.

본 정책포럼 보고서는 일본 민주당이 단독 혹은 연립의 형태로 정권을 잡을 경우를 전제로 하여 일본의 주요 대내외 정책이 어떻게 전개될 것인가를 민주당의 기존 정책적 입장 및 공약 등을 통해 검토하고, 그러한 정책이 한반도 및 동북아에 미칠 영향은 어떠한 것인가를 분석하여 정책대안을 모색하는 것을 목표로 하고 있다.

외교정책에 있어서 자민당은 미일동맹의 강화에 중점을 두는 반면 민주당은 미국에 대한 대등성을 강조하며 이와 병행하여 아시아 국가와의 협력관계 강화를 강조한다는 점에서 차이가 있으며, 역사문제에 있어서도 야스쿠니 신사의 A급 전범의 분사 또는 독립추도 시설의 설치 그리고 영토갈등에 있어서도 신중하면서 유연한 입장을 취한다는 점에서 차별성을 나타내고 있다. 인적으로도 하토야마 유키오(鳩山由紀夫) 민주당 대표는 동아시아 공동체 구상을 발표하며 동아시아 공동통화 구상과 같은 다자협력에 적극적인 자세로 임하고 있다.

대외정책에 있어서 기존 집권당인 자민당과 비교할 때, 민주당의 대외정책의 차별성에도 불구하고 커티스 교수와 같은 일본외교정책 전문가들은 이 두 정당의 차이는 토요타와 닛산의 차이 정도라고 언급하면서 차별성 보다는 유사성에 더 무게를 두는 분석이 제기되고 있다.

민주당의 한반도 정책 구상은 자민당에 비해서 전향적인 면이 존재하는 것이 사실이나 현실적으로 정치인과 전문관료들 사이의 주도권 다툼과 이에 대한 해소 가능성, 미국과 러시아를 포함한 동아시아 대외정세의 변화, 하토야마 당수의 지도력 등과 같은 제약 요인에 의해서 민주당의 외교안보 구상의 전개에 한계가 있는 것도 사실이다. 제약사항에도 불구하고 민주당이 집권할 경우 자민당에 비해 보다 안정적인 한일관계의 구축이 가능할 것으로 전망된다. 이런 낙관적 요소들을 활용하여 동아시아 공동체 구상과 동북아시아 비핵지대구상 등과 같은 긍정적 사안에 대해 우리가 적극적으로 대응하는 것이 필요하다.

- 이 글은 일본 중의원 투표 이전인 2009년 8월 19일에 발표되었음 -

| 국방대학교 교수

⁝⁝ 1. 들어가는 말

○ 본 소고는 일본 민주당이 단독 혹은 연립의 형태로 정권을 잡을 경우를 전제로 하여 주요 대내외 정책은 어떻게 전개될 것인가를 민주당의 기존 정책적 입장 및 공약 등을 통해 검토하고, 그러한 정책이 한반도 및 동북아에 미칠 영향은 어떠할 것인가를 분석하고자 함.

○ 아소 타로(麻生太郞) 수상이 자민당 지지도의 급감에 직면하여 2009년 7월 21일 중의원 해산 및 8월 30일 총선거 실시를 공표.

○ 2009년 8월, 중의원 의석 분포 상황.
- 자민당 303석, 공명당 31석, 민주당 112석, 사민당 7석, 국민신당 5석.
- 제1야당인 민주당이 승리하기 위해서는 과반수인 240석 확보를 위해 기존의석의 2배 이상을 획득하고, 자민당이 연립여당인 공명당의 30여석을 합하더라도 기존의석에서 100석 가까이 잃고 210석 미만의 의석을 확보하는 상황이 되어야 함.

○ 최근 일본 정치의 흐름이나 여론조사 결과 등을 종합할 때 이번 중의원 총선거에서 야당인 민주당이 다수당이 되거나 과반수 의석을 차지하여 기존의 자민·공명 연립여당의 지배체제를 끝내고, 민주당 주도의 연립 혹은 단독의 형태로 정권을 잡을 가능성이 높아짐.
- 이럴 경우 일본 정국은 1996년 이래 지속되어온 자민당 주도의 정치에서 민주당 주도하에 전환되게 됨.
- 보다 장기적 관점에서 1955년 이래 지속되어온 55년 체제, 즉 보수·혁신 대립

구도에서 벗어나 자민·민주당 간 보수 양당제가 정착될 가능성이 농후해짐.

2. 일본 정치의 구조와 최근의 변화

가. 일본 정치와 정당의 구조

○ 일본은 양원 체제하의 의원내각제 정치구조를 갖고 있음.

– 참의원(參議院, 참원으로 약칭)은 총 242의석으로 구성되며 의원 임기는 6년으로 3년 마다 과반수를 선출.

– 중의원(衆議院, 중원으로 약칭)은 총 480의석으로 의원 임기 4년이지만 수상의 정치적 판단에 따라 중도 해산 가능.

– 1996년 이후 소선거구제와 비례대표의 병립제를 실시.

– 참의원과 중의원 간의 관계는 미묘한 측면이 많으나, 중의원을 통과하여 참의원에서 부결된 법안이라 할지라도 다시 중의원에서 다수로 가결되면 법안으로 성립되는 헌법 조항이 있어 중의원이 정치적 책임과 권한을 보다 많이 갖는 것으로 이해됨.

○ 주요 정당은 자민당, 공명당, 민주당, 사민당, 공산당, 국민신당.

– 현재 연립을 맺고 있는 자민당과 공명당이 보수진영이라고 한다면 사민당과 공산당이 진보진영으로 분류될 수 있음.

– 민주당은 자민당에서 이탈한 세력, 구사회당 및 민주사회당계열로 형성된 정당으로 중도보수 및 중도좌파를 망라한 정치세력의 성격을 가짐.

○ 2001-2006년간 자민당의 고이즈미 주니치로(小泉純一郎) 수상 집권시기에는 성역 없는 구조 개혁의 슬로건을 제창하여 국민적 인기를 모았음.

- 그 결과 자민당에 대한 국민적 지지도가 상대적으로 높아, 2004년 7월, 참의원 선거 결과 자민당 115석, 민주당 82석, 공명 24석, 공산 9석, 사민 5석을 차지함.

- 2005년 9월, 중의원 선거 결과도 자민당 압승으로, 선거결과는 자민당 296석(종전 246석), 민주당 113석(종전 176석), 공명당 34석, 공산당 9석, 사민당 6석 등으로 분포함.

나. 일본 정치의 최근 변화

○ 2006년 9월, 고이즈미 사임 이후 자민당 내에서 아베 신조(安倍晉三, 06.9-), 후쿠다 야스오(福田康夫, 07.9-), 아소 타로(麻生太郎, 08.9-) 수상이 연이어 집권하는 기간에 자민당에 대한 국민적 지지도는 떨어지고, 상대적으로 민주당에 대한 기대감이 높아지는 현상이 전개됨.

- 2007년 8월, 참의원 선거 결과, 참의원 내에서 민주당이 제1당으로 부상하여 의석 분포가 민주당 112석, 자민당 84석, 공명당 20석, 공산당 7, 사민낭 5, 국민신당 4 등으로 바뀜.

- 중의원은 2005년 9월 총선 이후 자민당이 연립 대상인 공명당과 제휴를 통해 2/3를 넘는 다수 의석을 점하고 있지만, 참의원은 야당인 민주당이 제1당이 되는 현상 발생.

- 이로 인해 자민당이 주도하는 주요 법률안이 민주당 다수인 참의원에서 부결되어 다시 중의원에서 가결되는 현상이 나타나면서, 소위 네지레(ねじれ) 국회(비틀린 또는 꼬인 국회)현상으로 정치의 불안정이 장기화됨.

○ 일반 민심의 자민당 이탈, 그리고 이에 따른 민주당에의 기대감 증가는 2007
년 8월 참의원 선거 이후에도 지속적으로 나타나고 있음.

- 2008년 10월, 아사히신문 여론조사에 따르면 정당 지지율에 있어서 자민당
32%에 비해 민주당은 23%의 지지를 얻었음.

- 중원 선거 시 지지 정당에 있어서는 자민당 33%에 반해 민주당은 43%를 얻
었음.

- 바람직한 정권의 형태에 대해서 자민당 중심이라는 의견이 34%임에 반해 민주
당 중심이라는 의견은 40%를 차지함.

- 전통적 자민당 지지층은 확인되지만, 자민당 이외 민주당에 대한 기대가 증가함.

○ 2009년 지방선거에서 이변이 발생.

- 2009년 7월 5일 시즈오카현 지사 선거에서 민주당 후보가 당선.

- 2009년 7월 12일 동경도 의회 의원 선거(총원 127석)에서 자민당 38석(종전 48
석), 민주당 54석(종전 34석)으로 민주당이 제1당으로 부상함.

- 올해 들어와서도 도시 지역과 농촌 지역 공히 표심이 자민당 이탈, 민주당 경사
현상을 보여주고 있음.

다. 자민당 약화, 민주당 지지도 증가의 요인

○ 장기적 트렌드로서는 자민당 장기집권과 세습정치, 정경유착 등 기존 정치적
관행에 대한 국민들의 기대감 약화를 지적하는 의견 존재.

○ 2005년 이후 자민당 이탈이 급격히 증가한 요인으로는 고이즈미의 뒤를 이은
아베(2006년 9월), 후쿠다(2007년 9월), 아소(2008년 9월) 수상이 공통적으로

1년 미만의 임기를 지내는 정치적 불안정 속에서 강력한 리더십을 보여주지 못했고, 고이즈미처럼 국민을 결집시키고 기대감을 자아내게 하는 비전을 제시하지 못한 점이 지적됨.

– 일본 사회에는 고이즈미의 신자유주의적 성격을 갖는 개혁정책 결과 종신고용제 붕괴, 소득격차 확대, 양극화 심화, 빈곤층 증가, 중산층 위기의식 고조 등의 특징이 나타났음.

– 자민당 정권은 이러한 국민들의 실생활과 유리되어 "자유와 번영의 호" 구축, 지속적 경제성장 추진 등 거대담론 중시.

○ 상대적으로 민주당은 격차시정, 어린이 수당 신설, 국회의원 세습제 제한 등의 국민 실생활 중심의 슬로건을 제시하여 지지도를 결집시키는 데 성공함.

– 2007년 1월 20일 아사히 신문사 여론조사에 따르면 "자민당의 경제성장과 민주당의 격차시정, 어느 것이 우선되어야 하는가?"라는 질문에 대하여 경제성장에 30% 그리고 격차시정에 45%가 지지를 보냄.

– 여론 조사에 나타난 이러한 흐름이 이번 중의원 총선거에서도 이어질 것으로 보임.

⠿ 3. 민주당의 정책 성향

가. 일본 민주당 역사 및 의원구성

○ 일본 민주당은 앞에서 설명한 바와 같이 자민당 이탈 세력, 민주사회당계열 등으로 중도보수 및 중도좌파를 망라한 정치세력으로 그 역사와 구성을 살펴볼

필요가 있음.

- 1993년 하토야먀 유키오, 간 나오토, 오카다 카스야 등 자민당 이탈.

- 1994년 사민당(구 사회당) 출신 영입.

- 1996년 간 나오토, 하토야마 유키오 등 민주당 창당.

- 1998년 민정당 합류.

- 2003년 오자와 당수의 자유당과 통합.

- 주요 계파는 오자와 그룹 50명 전후, 하토야마 그룹 30명 전후, 구 민사당 그룹 25명, 구 사회당 그룹 20명 전후, 간 나오토 그룹 20명 전후, 마에하라 그룹 20명 전후, 하타 그룹 10명 전후로 구성되어 있음.

나. 민주당 지도부 성향

○ 2005년 9월부터 2006년 4월까지 당대표를 지낸 마에하라 세이시(前原誠司, 당시 43세)는 현실주의자로 평가됨.

- 교토대학 법학부, 마쓰시타 정경숙 출신으로 자위대의 평화유지활동 참가 및 다국적군 참가 지지함.

- 2005년 12월 미국 및 중국 방문시 중국 군사 위협론을 주장함.

- 헌법 제9조 2항의 개정에 적극적 입장을 보이며 자위권의 명기를 주장하며 "1,000 해리 이외 지역도 일본이 책임을 져야한다"고 주장함.

○ 2006년 4월 – 2009년 5월까지 대표를 지낸 오자와 이치로(小澤一郎)는 자민당 출신으로 보통국가론의 기획자로 알려져 있음.

- 게이오대학 출신으로, 다나카 가쿠에이(田中角榮) 문하생으로 알려짐.

- 1993년 『일본개조계획』집필하여 보통국가론 주창.

- 2003년 자유당 당수로서 민주당과 통합을 주도함.
- 미국과의 대등한 파트너십 구축을 강조하며 종전 대미외교는 추수주의로 비판함.
- 아프간 전쟁은 미국이 국제사회와의 합의 없이 미국이 단독으로 개시하였으므로, 일본의 평화와 안전에 관계없는 지역에 일본이 미국을 지원하여 부대 파견 및 공동작전을 실시할 수 없다고 주장함.
- 2007년 8월 주일 미국대사에게 테러대책특별조치법 연장에 대한 반대의 입장을 표명함.
- 2009년 2월 주일 미군에 대해서는 미국 제7함대만으로 충분하기 때문에 일본에 실전부대 배치가 불필요하다는 입장을 표명.
- 다만 일본의 자위대가 유엔의 지휘를 받는 경우에는 무력행사를 수반하는 활동에 참가가 가능하다는 입장을 표명함.
- 이에 반해서 중국과의 협력관계를 강조하여, 매년 민주당 주도하에 중국 방문단 인솔하여 의원 외교를 주도함.
- 일본의 제2차 세계대전 문제와 관련해서는 야스쿠니 신사에서 A급 전범 분사 주장함.

○ 2009년 5월에 취임한 현직 대표인 하토야마 유키오(鳩山由紀夫, 1947-)는 자민당 의원으로 활동하다가 민주당에 참여함.
- 동경대 공학부를 졸업하고 스탠포드대학 공학박사를 취득한 독특한 경력을 가지고 있음.
- 조부가 하토야마 이치로 수상이며, 부친이 외상을 역임하고, 동생이 자민당 거물의원인 정치 명문가 출신으로 다원화된 대외관계를 지지하며 외교이념으로 우애를 강조함.

- 미국을 포함한 동아시아 공동체 구상이 지론으로 2009년 6월 5일 이명박 대통령을 면담한 자리에서 동아시아 공동체 구상을 표명하고 이에 대한 구체적 대안으로 아시아 공동통화 구상을 제시함.
- 독도와 같은 지역 내 영토갈등 등은 2국간 교섭으로는 해결 불가능하다고 판단하고, 지역적 통합 추진하면서 해결책을 모색하는 것이 바람직하다는 의견을 피력함.

○ 2009년 5월에 취임한 오카다 가츠야(岡田克也) 간사장은 민주당의 유력인사로 평가됨.
- 동경대를 졸업한 통산성 관료 출신으로 민주당 전 대표 역임.
- 민주당 핵군축 의원추진연맹 회장으로 동북아 비핵지대화 구상 주창.
- 2009년 7월 일본 영주 외국인에게 참정권 부여해야 한다는 주장하는 등 주변국에 대하여 전향적 입장을 표명함.

다. 분야별 정책성향: 2001-2009년간 주요 정책과 법안에 대한 입장

○ 외교정책에 있어서 자민당은 미일동맹 강화에 중점을 두는 반면 민주당은 미국에 대한 대등성 강조, 아시아와의 협력관계 강화를 주장함.

○ 방위정책에 관하여 자민당은 보통국가화 노선으로 대변되는 우경화 노선을 취하는 반면 민주당은 공격에 대응하는 의미의 전수방위 원칙을 강조함.

○ 경제정책에 있어서 자민당은 경제성장 노선을 강조하는 한편 민주당은 격차시정과 분배 균형을 강조함.

○ 역사문제, 영토문제, 야스쿠니 문제에 있어서 민주당은 야스쿠니 신사의 A급
　전범 분사 또는 독립 추도시설의 설치를 주장하고 있는 한편 북방영토 및 독도
　등의 영토문제에 있어서는 원칙적으로 일본 고유 영토로 주장하지만, 다만 독
　도에 대해서는 신중한 관리가 필요하다고 주장함.

○ 주요 외교안보 정책과 법률안에 대한 자민당과 민주당 입장은 아래의 표에서
　같이 비교할 수 있음

	자민당	민주당
2001년 테러대책특별조치법 연장 (아프간 전쟁 지원)	연장 찬성	반대
2003년 이라크 부흥지원특별조치법	연장 찬성	반대
07.4 해양기본법, 해양구축물안전수역설정법	초당파 공동입법	초당파 공동입법
08.1 보급지원법		반대
국제평화협력활동 기본법	공동발의	공동발의
08.5 우주기본법	공동제출	공동제출
09.4 해적대처법안		주체 해상보안청 요구 국회 사전승인
08.4 주일미군주둔경비 일본측 부담 연장 특별협정		반대
08.6 지구온난화	2020년까지 8% 삭감	2020년까지 25% 삭감
09.5 방위성설치법 개정안	찬성	찬성
09.6 해적대처법	찬성	부분 반대

○ 미국의 대테러 전쟁관련 지원법안, 해외파병 활동 등에 대해 자민당과 대립하
　고 있음.

- 2001년 10월 테러대책특별조치법에 대하여 민주당은 성립 및 연장 반대함.

- 그 근거로 오자와 당수는 2007년 8월 아프간 전쟁은 국제사회와 합의 없이 미

국이 단독으로 개시한 전쟁으로 일본의 평화와 안전에 관계없는 지역에서 일본이 미국과 공동으로 작전할 수 없다는 입장을 표명함.

- 이라크 부흥지원특별조치법, 보급지원법에 대하여 민주당은 반대를 표명함.
- 2008년 4월 주일미군 주둔경비 일본측 부담분 연장 특별협정에 대해서도 민주당은 반대를 표명함.
- 2009년 6월 해적대처법, 소말리아 해상에서 외국 선박 보호 가능건에 대하여 민주당은 국회 사전 승인 및 해상보안청 주체 기관을 요구.

○ 개헌에 관해서 민주당은 자민당에 비해 상대적으로 신중론을 피력함.

- 2007년 8월 아사히신문과 동경대학이 공동으로 참의원 당선자를 대상으로 진행한 의식조사 결과 자민당 내 개헌찬성파가 91%임에 반해 민주당 내 개헌찬성파는 29%에 불과하고 개헌반대파는 41%에 달함.
- 2005년 10월 민주당 헌법조사회 헌법 제언에서 ①국민주권사회, ②인권보장, 환경권 중시, ③평화창조국가, ④분권국가, ⑤전통과 문화의 존중을 발표함.

○ 일본의 국가이익과 관련된 법안, 대외적 지위 향상 등과 관련된 정책에 대해서는 자민당과 동일한 입장.

- 2007년 4월 해양기본법과 해양구축물안전수역설정법을 통해 해양정책본부 설치, 해양기본계획 수립, 배타적 경제수역 내 일본 권한 강화, 해양주권 강화 및 해양정책 체계 수립 목표를 설정.
- 2008년 5월 우주기본법에서는 우주의 평화적 이용원칙을 수정하여 방위목적, 안전보장을 위해서도 우주개발이 가능하도록 하고 우주개발전략본부 설치와 정찰위성 도입을 가능하게 함.
- 국제평화협력활동 기본법은 유엔 결의에 따라 국회 사전 승인을 거쳐 비전투지

역에 자위대원 파견을 명시함.

- 2009년 5월 방위성설치법 개정안에서는 방위성 내 참사관 제도 폐지, 간부회
의 설치, 방위상 보좌관 3인 신설을 명시함.

○ 자민당과 민주당의 일련의 정책에 대하여 컬럼비아 대학 제럴드 커티스 교수
는 두 정당의 차이를 토요타와 닛산의 차이 정도라고 언급함.

⠿ 4. 민주당의 총선거 공약 분석: 외교안보 분야 중심

○ 2009년 7월 23일 민주당은 2009년판 정책자료집 발간하고, 7월 27일에 정권
공약 매니페스토를 발표했으나 언론발표 후 비판이 이어짐. 비판에 직면한 민
주당은 8월 11일에 수정한 매니페스토 확정판을 발표함.

가. 국내정치

○ 정책결정시스템의 재조정
- 수상 직속의 국가전략국 설치하여 국가의 비전 및 예산 골격 결정과 예산편성
기능을 재무성에서 수상관저로 이관하여 정책결정의 핵심을 관료에서 정치인
으로 이관하고자 함.
- 민주당 100인의 국회의원을 정부 각료, 부대신, 정무관 등으로 각 부처로 파견,
관료 주도가 아닌 정치가 주도의 정책결정시스템 구축함.
- 각료위원회를 설치하여 종전의 사무차관회의를 대체함으로써 정치인 출신의
각료들이 주요부서 간 의견 교환 및 정책조정 주체가 됨.

- 정치가 세습 제한제도를 통해 동일 선거구에서 3촌 이내 친족 입후보 인정하지
  않음.
- 낙하산 인사 폐지.
- 중의원 정수 80석 삭감.
- 중앙정부와 지방정부 간 협의기구 설치.

○ 경제정책
- 어린이 수당 창설, 중학생 이하 어린이 1인당 월 2만6천 엔 지급안 발표로 중산
  층 지지 증가.
- 고속도로 무료화, 가솔린 세금 잠정세율 철폐, 소비세 4년간 인상 동결.
- 중소기업 법인세율 인하 11%
- 지구온난화 대책 추진 약속

○ 사회정책
- 국공립 고교 수업료 무상화 제안
- 국민연금, 샐러리맨 연금 일원화
- 의사의 수 증대 방안 마련
- 지방 주권의 강화 약속

나. 외교 및 안보정책

○ 자민당의 대미 추종외교를 비판하고, 미국과의 대등한 파트너십 구축을 위해
  미군재편과 주일미군기지 협상 재검토 추진.
- 오키나와 후텐마 기지를 조속한 시일 내에 해외 혹은 다른 지역으로 이전하도

　　록 추진.

－ 인도양 급유지원활동은 당분간 유지.

－ 미일지위협정을 개정.

－ 미일 FTA 협정 체결 교섭 추진.

○ 핵폐기에는 적극적 의견 개진.

－ NPT체제의 유지 강화, 인도 등의 NPT 가입 촉구, 동북아시아 비핵지대 구상,
　 컷오프조약 조기 실현, CTBT 조기발효 등 주장.

○ 자위권 행사는 전수방위(專守防衛)에 한정함.

－ 아소 수상이 조직하여 2009년 1월에 발표한 「안전보장과 방위력에 관한 간담
　 회」의 최종 보고서 평가 절하.

－ 대규모 테러, 대규모 자연재해 등 위기관리 체제 구축 위해 정보수집 체제 강
　 화, 위기관리청 신설 추진.

○ 지구온난화 대책

－ 온실효과가스를 2020년까지 1990년 대비 25% 삭감 목표.

○ 동아시아 공동체 구축에 있어서 동아시아 공동통화 실현을 위해 통상, 금융,
　 에너지, 환경, 재해구원, 감염증 대책 등 분야에서 아시아태평양 지역협력 강
　 화 도모.

○ 하토야마 대표는 아시아 경제통합과 집단적 안전보장제도를 확립하는 것이 일
　 본 헌법의 이상인 평화주의와 국제협조주의를 실천하는 길이라고 강조.

⠿ 5. 민주당의 한반도 정책 구상

○ 일본의 한반도 정책은 민주당의 동아시아 공동체 구상, 동북아시아 비핵지대 구상과 연동되고 있음

– 오카다와 하토야마의 동북아시아 비핵지대화 구상은 일본, 한국, 북한을 비핵지대 국가로 규정, 핵무기의 실험, 보유, 사용을 금지하도록 함.

– 동시에 중국, 미국, 러시아 등 핵보유국에 대해 비핵지대 국가에 대해 선제 핵 사용 금지를 명시한 6개국 간 조약 체결 주장.

가. 대한(對韓) 정책 이슈

○ 민주당은 자민당에 비해서 한반도 문제에 대한 관심이 강함.

– 오자와 이치로 전 당수는 한국인 연구자를 비서로 채용한 바 있음.

– 하토야마 당수도 2009년 6월 방한하여 이명박 대통령과 회담.

– 민주당 내 마에하라 전 대표가 회장으로 활동하는 한반도정책연구 의원모임에는 나가시마 아키히사 의원 등이 포함.

– 동아시아 공동체 구상 및 동북아시아 비핵지대 구상의 대상으로 한국을 보고 있음.

○ 2009년 7월 31일 오카다 간사장은 일본의 역사 교과서 문제는 검정제도에 의해서 운영되기 때문에 이에 대해 정부가 세세하게 관여할 수 없다는 입장을 밝힘.

○ 야스쿠니 신사에 대해서는 독자적 추도시설 설치가 바람직하다는 입장을 표

명함.

○ 영주 외국인의 지방참정권 문제에 관하여 1998년 민주당이 외국인들의 지방 참정권 문제를 당 기본정책으로 명기하고 오카다 간사장은 일본 내 영주 외국 인에게 참정권을 부여한다는 기본 입장을 유지하고 있음.

○ 2009년 7월 31일 오카다 간사장은 독도를 북방영토와 더불어 일본 고유영토 로 규정하고 독도 문제는 양국 정부가 현명하게 관리해야 한다고 밝힘.

나. 대북(對北) 정책 이슈

○ 원칙적으로 북한의 핵보유는 용인할 수 없다는 입장을 밝히고 유엔 안보리 결의에 의거하여 대북 화물선 검사 실시 등 단호한 조치를 이행해야한다고 주장함.

○ 일본인 납치자 문제와 북한핵 및 미사일 문제 해결 이전 일북 간 국교정상화는 허락할 수 없다는 입장을 취함.
- 민주당은 대북 현안 해결에 있어 중국을 보다 활용하는 정책을 구사하려고 함.
- 오자와 전 대표가 중국과의 네트워크를 강화해왔다는 점에서 공산당과 정당 간 협의기구를 구축하려고 함.
- 민주당이 집권한다면 표면적으로는 대북 강경정책이 주도하겠지만, 내부적으 로는 중국을 활용한 대북 압박 및 설득 정책이 병행될 가능성이 큼.

⁖ 6. 한국 외교안보정책에의 시사점

○ 민주당이 정권을 잡는다 하더라도 외교안보 정책을 현재 제시하고 있는 구상에 따라 실현할 수 있는지는 다음과 같은 여러 변수들의 영향력에 따라 결정될 것임.

– 민주당 정치인의 관료 장악력과 정치인과 관료사이의 갈등 해소능력 여부.

– 민주당이 집권하게 될 경우 일본 정치사상 가장 강력한 제1야당이 될 자민당과의 정책대립.

– 미국과 러시아를 포함한 동아시아 대외 정세 변화.

– 하토야마 당수의 정치력과 리더십 여부.

○ 이런 제약사항을 염두에 두어야 하지만 민주당이 집권할 경우 대한반도 정책은 자민당에 비해 보다 안정적 한일관계 구축이 가능해질 것으로 전망됨.

– 민주당은 원칙적으로 독도문제 관리로 표현되는 영토문제, 야스쿠니 불참배, 대체시설 건립, 무라야마 담화 계승과 같은 역사문제에 대해서도 자민당에 비해 신중하고 주변국 입장을 배려하는 특징을 보여줌.

– 당 대표 및 소속 의원들도 한국에 관심이 많고 친화적인 인물들이 다수 포진.

– 동아시아 공동체 구상, 동북아시아 비핵지대 구상 등 동아시아에 대한 전략적 접근 자세도 긍정적으로 평가됨.

○ 이러한 낙관적인 요소들을 잘 활용하여 우리가 추구하는 국가이익과 동아시아 질서에 대한 비전을 실현하기 위한 자산으로서 대일관계를 활용하는 전략적 안목이 필요함.

– 우리의 국가이익은 미래지향적인 한미동맹을 주축으로 안정적인 한일관계, 한

중관계 등을 구축하여 외교, 경제 등의 국가위상을 강화하는 것임.

– 특히 일본은 북한 핵문제의 평화적 해결, 동아시아 역내의 다자간 경제 및 안보 협력 확대, 국제 질서상 우리의 국가위상 강화를 위해 협력이 필요한 대상.

– 따라서 일본의 새로운 민주당 정권과 정상 간, 정치지도자 간, 경제단체, 언론인 및 학자 사이 등의 다양한 협의채널을 구축, 활성화할 필요.

– 양국 간 갈등관계를 미연에 방지하고, 북한 핵문제의 평화적 해결 및 북한의 평화적 개혁개방을 위한 방책을 강구해야 함.

– 동아시아 지역의 협력 확대를 위한 방안을 강구하는 선제적, 적극적 대일정책 수립이 필요.

○ 민주당 집권 시 주도적 대일관계의 구체적 방안으로 다음과 같이 예시할 수 있음.

– 2010년 경술국치 100년을 맞이하는 시점에서 한일 간 과거사를 극복하고 양국 간 문제를 대화와 협의를 통해 해결한다는 원칙 적극적으로 표명.

– 나아가 양국 간 및 역내 다자 협력확대를 통해 동아시아 평화질서 구축을 위해 공동 노력한다는 정상 간 공동 성명 등을 준비, 제안할 수 있음.

– 이렇게 한일이 주도하는 공동성명에 중국 및 북한의 참가를 요청할 수도 있음.

○ 민주당이 제창하는 동북아시아 비핵지대 구상을 전향적으로 검토해야 함.

– 민주당 정권 장악 이후에 이 구상을 정식으로 제안할 가능성이 크다는 점에서 이에 대한 적극적 검토가 필요함.

– 거듭된 북한의 핵실험에도 불구하고 그에 대한 대응으로 우리가 핵무장을 하는 것은 매우 어려운 선택이 될 것.

– NPT체제 이탈의 위험성, 한미원자력 협정 폐기로 인한 에너지 자원 유입 두절,

한반도 비핵화 선언의 불이행으로 인한 국제사회의 비난을 감수해야 하는 등 감내하기 힘든 비용이 수반될 것임.

– 이명박 대통령의 8.15 연설에서도 한반도 비핵화 선언 유지를 표명하였다는 점에서 우리가 주도적으로 북한 및 일본을 포함한 비핵지대 구상을 표명하고, 이에 따른 북한의 핵 폐기, 그리고 이 지역에 대한 미국, 중국, 러시아 등의 선제 핵 불사용 선언을 일본과 공동으로 촉구할 필요가 있음.

– 미국의 핵우산과 병행하는 동북아 비핵지대 구상의 가능성을 모색할 필요가 있음.

▒ 참고문헌

小澤一郎, 『小澤主義』(集英社, 2006)

岡田克也, 「アジアの中の日本としての安全保障政策を構築しなければならない」
　　　　『世界』 2009.7

鳩山由紀夫, 友愛외교 관련 논문 『VOICE』 2009.9
　　　　「나의 정치철학」 『동아일보』 2009.8.10

鳩山由紀夫, 「わが政?構想：猛獸小?をどう使う」 『文芸春秋』 2009.7

民主黨, 「政權政策の基本方針:政策マグナカルタ」 (2006.12)

民主黨, 『民主黨 政策集: Index 2009』 (2009.7.23) 민주당 홈페이지

民主黨, 『政權交代:民主黨の政權政策: Manifesto』 (2009.8.11)
　　　　www.dpj.or.jp 『朝日新聞』

박철희, 「일본 민주당 집권하면 외교정책 바뀔까」 『중앙일보』 09.8.6

Gerald Curtis, 「視點:09 衆院選」 『新聞』 09.7.28.

중국의 소수민족문제와 동아시아 평화의 전망

주장환(한신대학교 교수)

중국에서는 2008년의 시짱(西藏 ,티벳), 2009년의 신장(新疆) 지역 등의 소수민족 관련 분쟁이 발생하고 있으며 중국정부의 대응 또한 매우 강경한 상황이다. 본 보고서는 중국의 소수 민족 분쟁의 발생 원인과 이것이 동아시아 평화에 주는 함의를 살펴보고자 한다.

중국 소수민족 관련 분쟁의 원인을 내인론과 외인론으로 나누어 살펴보면 내인론은 중국 내부의 모순으로 인한 소수민족관련 분쟁의 원인을 말하는 것으로 역사구족 원인과 국내개혁정책의 영향으로 볼 수 있다. 외부 환경에서부터 기인하는 원인에 대한 외인론적 원인은 국제환경적 요인과 조직적 요인으로 나누어 볼 수 있다.

다민족국가에서의 소수민족 정책은 극단적인 형태의 민족말살정책에서부터 소수민족의 정체성을 상실시키고 지배민족에 흡수시키는 동화정책, 전통문화를 유지하면서 일정한 수준의 민족적 정체성을 유지시켜 나가는 융화정책 그리고 각 민족들의 합의하에 연방체제로 공존하는 다원주의 정책 등으로 나눌 수 있다. 현재 중국 정부의 소수민족 정책은 '융화' 내지 '자치'를 강조하는 한 방향과 '동화' 내지 '통합'을 강조하는 다른 한 방향으로 구성되고 있다. 융화와 통합의 정책방향은 시기에 따라 변해 왔는데 민족융화 정책 시기(1949-1957), 민족동화 정책 시기(1958-1976), 민족융화 정책 시기(1977-1995), 민족동화/융화 양면 정책 시기(1996-현재)로 나눌 수 있다.

향후 중국 정부는 소수민족 관련 분쟁에 대해 양면정책으로 대응할 가능성이 높다. 즉 물리적인 독립 및 분리주의 기도에 대해서는 단호하고 철저하게 봉쇄하되, 순응자 및 민족에 대해서는 파격적인 유화정책을 펴갈 것이다.

⁞⁞⁞▶ 1. 들어가며

○ 현재 중국에서는 2008년의 시짱(西藏, 티벳), 2009년의 신쟝(新疆) 지역 등의 소수민족 관련 분쟁이 발생하고 있음.

○ 역사적으로 주요한 소수민족 분쟁으로는 1959년 시짱 독립 운동, 1989년 5월 우루무치 소요 사건, 1996년 우루무치 테러 사건, 1997년 베이징 시단 폭발사건, 2008년 3·14 시짱 사건, 2008년 중국 남방항공 CZ6901 폭파기도 사건, 2009년 7·5 우루무치 사건 등이 있음. 〈표 1〉 참조.

[표 1] 중국 주요 소수민족 분쟁 상황

시기(년)	관련 민족	내용	비고
1959	짱	독립 시위	달라이 라마 인도 망명, 자치구
1980	위구르	독립 시위	
1989	짱	독립 시위	달라이 라마 노벨 평화상 수상, 자치구
1989	위구르	독립 시위	자치구
1993	짱	독립 시위	자치구
1996	짱	폭탄 테러	자치구
1996	위구르	폭탄 테러	자치구
1996	위구르	대인 테러	자치구
1997	위구르	폭탄 테러	베이징
2007	위구르	테러훈련기지 공격	2007
2008	위구르	테러분자 사살	자치구
2008	위구르	폭탄 테러	상하이
2008	위구르	폭탄 테러	쿤밍
2008	짱	독립 시위	자치구
2009	위구르	독립 시위	자치구

○ 중국의 소수민족 분쟁에 대하여 중국정부의 대응 또한 매우 강경한 상황임.

- 일례로 2007년 1월에 중국 공안이 파미르고원 산악지대에서 동투르키스탄 이
  슬람운동(ETIM) 테러훈련기지 급습해 테러분자 18명 사살하고 17명 체포하기
  도 함.

○ 중국의 소수민족 분쟁에 대한 현 상황을 고려하여 본 보고서에서는 중국의
  소수 민족 분쟁의 발생 원인과 이것이 동아시아 평화에 주는 함의를 살펴보
  고자 함.

- 본 보고서는 구체적으로 중국의 소수민족이 현황과 당국의 정책이라는 '내인
  (內因)론' 과 주변지역과의 연계 가능성 등 '외인(外因)론' 의 각도에서 접근하고
  자 함.

- 마지막으로 이러한 중국 소수민족 관련 분쟁이 동아시아 평화와 한반도에 던지
  는 함의를 살펴봄.

- 본 보고서에서 지칭하는 민족 관련 분쟁이란 한족과 다른 소수민족 간의 갈등
  이 표면화되어 폭력사태로 발전한 것임.

2. 중국 소수민족의 현황과 분쟁 발생 원인

가. 중국 소수민족의 현황[1]

○ 중국 소수민족은 2000년 현재 1억 6백 43만 명으로 전체 중국 인구의 8.41%
  를 차지했고, 전반적으로 상승추세에 있음. 〈표 2〉 참조.

---

1) 이 부분은 2009년 9월 27일 발표된 중국 정부의 〈中國的民族政策與各民族共同繁榮發展〉백서의 내용을 근거로 작성
   함. (http://politics.people.com.cn/GB/1026/10126896.html)

[표 2] 중국 소수 민족의 인구 수 변화

조사연도(년)	인구수(만 명)	전체에서의 비중(%)
1953	3,532	6.06
1964	4,002	5.76
1985	6,730	6.68
2000	10,643	8.41

[표 3] 인구 1백만 이상 중국 소수민족 현황

구분	민족명	거주지역	인구수(명)
1	쫭(壯)	광시(廣西), 윈난(雲南), 광둥(廣東)	16,178,811
2	만(滿)	랴오닝(遼寧), 허베이(河北), 헤이룽장(黑龍江), 지린(吉林), 네이멍구(內蒙古), 베이징(北京)	10,682,262
3	후이(回)	닝샤(寧夏), 간쑤(甘肅), 허난(河南), 신장(新疆), 칭하이(靑海), 윈난, 허베이, 산둥(山東), 안후이(安徽), 랴오닝, 베이징, 네이멍구, 톈진(天津), 헤이룽장, 산시(陝西), 구이저우(貴州), 지린, 쟝쑤(江蘇), 쓰촨(四川)	9,816,805
4	먀오(苗)	구이저우, 후난(湖南), 윈난, 광시(廣西), 충칭(重慶), 후베이(湖北),쓰촨	8,940,116
5	웨이우얼(維吾爾)	신장	8,399,393
6	투쟈(土家)	후난(湖南), 후베이, 충칭, 구이저우	8,028,133
7		윈난, 쓰촨, 구이저우	7,762,272
8	멍구(蒙古)	네이멍구, 랴오닝, 지린, 허베이, 헤이룽장, 신장	5,813,947
9	짱(藏)	시짱(西藏), 쓰촨, 칭하이, 간쑤(甘肅), 윈난	5,416,021
10	부이(布衣)	구이저우	2,971,460
11		구이저우, 후난, 광시	2,960,293
12	야오(瑤)	광시, 후난, 윈난, 광둥	2,637,421
13	차오셴(朝鮮)	지린, 헤이룽장, 랴오닝	1,923,842
14	바이(白)	윈난, 구이저우, 후난	1,858,063
15	하니(哈尼)	윈난	1,439,673
16	하사커(哈薩克)	신장	1,250,458
17	리(黎)	하이난(海南)	1,247,814
18		윈난	1,158,989

○ 중국에는 현재 모두 55개 소수민족이 존재함.

– 전체 소수민족의 약 70%가 서부의 12개 성, 자치구, 직할시에 거주함.

– 전체 소수민족의 약 60%가 국경 인접 성, 자치구에 거주함.

– 2000년 인구센서스 결과에 따르면, 55개 소수민족 중 1백만 명 이상의 인구인 민족은 총 18개임. 〈표 3〉 참조.

○ 소수민족은 중국에서 낙후지역에 분포한 관계로 대부분이 경제적으로 수준이 낮다고 할 수 있음.

○ 구체적으로 시짱과 신장 지역은 2008년 기준으로 국내총생산액이 각각 342.19와 3523.16억 위안으로 전체 31개 성, 자치구 중 31위와 26위를 차지함[2]

나. 중국 소수민족관련 분쟁의 원인

○ 중국 소수민족 관련 분쟁의 원인을 내인론과 외인론으로 나누어 살펴보면 다음과 같음.

(1) 내인론[3]

○ 내인론은 중국 내부의 모순으로 인한 소수민족관련 분쟁의 원인을 가리킴. 주요하게는 다음과 같은 측면에서 접근할 수 있음.

---

2) 國家統計局, "地域生産總値", 『中國統計年鑒2008』(www.stats.gov.cn/tjsj/ndsj/2008/indexch.htm)
3) 이하는 이동률, ‘소수민족의 분리주의 운동: 시짱과 신장을 중심으로’, 『전환기의 중국사회 II: 발전과 위기의 정치경제』(서울: 오름, 2004), pp.301-342의 내용을 중심으로 재구성함.

1) 역사 및 구조적 원인

○ 이른바 소수민족의 분리주의는 민족 및 종교적 정체성과 관련하여 역사적 뿌리를 가지고 있음.

○ 특히 농경민족과 오랜 기간 갈등과 충돌을 빚어온 유목민족 출신의 소수민족들은 한때 중국을 위협하는 등 협력 보다는 경쟁 관계를 유지해왔다고 할 수 있음.

○ 중국의 지배집단인 한족과 소수민족 양측 모두는 서로에 대해 일정한 편견과 거부감을 가지고 있다고 할 수 있음.

○ 구조적으로는 특히 다른 지역과 달리 민족적, 종교적 정체성과 일체성이 현저한 시짱과 신쟝 지역은 여타 지역에 비해 한족과의 이질성이 강함.

○ 시짱의 짱족은 대부분 불교신자들이고 2000년 기준으로 약 92.8%가 이들이 차지하고 있음.

○ 신쟝의 위구르족은 인종적으로 터키-이란계이며 대부분이 이슬람교도들임.

2) 국내개혁정책의 영향

○ 전반적으로 중국의 국가통합의 기제와 수단이 약화되었음.

○ 사회주의 이데올로기와 중앙집권적 계획경제체제의 약화 내지 와해로 인해 통합보다는 분리 내지 자치에 대한 요구에 대한 적절한 구조적 제어 기제와 수단

이 현저히 약화됨.

○ 개혁정책으로 인해 지역 분권화와 더불어 연해지역 우선 발전정책으로 인해 지역 간 불균형의 심화로 인해 중국내 소수민족 주요 거주지역인 서부지역의 저발전 상태가 출현했고, 고착화되어 가고 있는 상태임.

(2) 외인론

○ 상술한 내인론에 근거한 중국 소수민족 관련 분쟁의 원인에 대한 해석을 배경적 차원에서 그 설득력을 가짐.

○ 앞에서 설명한 내인론적인 원인은 중국의 55개 소수민족 모두에게 공통으로 적용되는 것이어서, 왜 과연 특정 소수민족의 독립 기도 내지 운동이 더 활발한지에 대한 부분에 대해서는 답하지 못하는 한계가 있음.

○ 따라서 이러한 내인론과 더불어 외부 환경에서부터 기인하는 원인에 대한 분석이 필요하고, 주요 외인론적 원인은 다음과 같음.

1) 국제환경적 원인
○ 냉전종식 후 국제사회 전반에 일고 있는 세계화와 지방화 그리고 정보통신 혁명 등으로 인한 전통적 국민국가 체제의 약화.

○ 냉전 종식과 더불어 발생한 세계 각 지역에서의 민족분규와 종교 갈등의 급증.

○ 구 소련 연방의 해체로 인한 중국 주변 지역에서의 신생독립국의 출현에 중국 내의 소수민족들이 고무되는 현상이 나타남.

2) 조직적 원인

○ 중국 외부에 소수민족과 관련한 조직의 존재 여부

- 중국 외부에 종교 또는 종족적 차원에서 독립을 추구하는 조직이 존재할 경우 해당 소수민족의 분리주의 경향이 강하다고 볼 수 있음.

○ 실례로, 시짱의 경우 1959년 달라이 라마의 인도 망명 이후 성립된 망명정부를 중심으로 독립 운동이 진행되고 있음.

○ 1989년 달라이 라마의 노벨 평화상 수상은 시짱 문제의 국제화를 촉진시키는 계기로 작용하여 시짱 문제를 대표적인 중국 소수문제 분쟁으로 세간에 인식시킴.

○ 신쟝의 경우에도, 1991년 말 구 소련 연방 붕괴 이후 독립한 카자흐스탄, 키르기스스탄, 우즈베키스탄 중 중앙아시아 국가들이 위구르 족과 같은 터키계 이슬람 민족이 주도권을 장악하고 있는 지역이기 때문에 인접 동일 민족 세력과의 연대는 이 지역 분리운동에 물질적 토대로 작용하고 있음.

○ 중국 내 소수 민족과 동일 정체성 국가의 존재 뿐만 아니라 동일 정체성 국제 무장 조직의 존재도 신쟝 위구르 지역의 분리주의 운동에 물질적 토대로 작용하고 있음.

○ 실례로 1990년대에 결성된 동투르키스탄 이슬람 운동(ETIM), 동투르키스탄

해방기구(ETLO) 등 조직은 이슬람 무장조직인 탈레반과 이미 오랫동안 조직적 연계를 맺어왔음.

○ 2009년 발생한 7 · 5 우루무치 사건을 계기로 다른 이슬람 무장조직인 알 카에다 역시 위구르 분리주의 운동을 지지하고 나섬[4].

3. 중국 정부의 대응과 향후 전망

가. 중국 정부 대응의 특징

(1) 중국 정부의 소수민족 정책 변화

○ 중국의 소수민족정책은 민족평등, 민족구역자치, 분리불가, 통일전선의 원칙으로 구성됨.

○ 중국의 소수민족정책은 현재 네이멍구, 신쟝, 시짱, 광시, 닝샤 등 5개의 성급 자치구를 비롯 챠오셴족 자치주를 비롯한 30여개의 자치주, 1,300여개의 민족향에서 구체화되고 있음 .

○ 앞에서 설명한 바와 같이 중국의 소수민족 정책은 '융화' 내지 '자치'를 강조하는 방향과 '동화' 내지 '통합'을 강조하는 다른 한 방향으로 구성됨[5].

4) 김영미, "중국, 알 카에다의 '피의 보복' 부르다", 시사IN 97호(2009. 7. 21) .
5) 박병광, "중국소수민족정책의 형성과 전개: 민족동화와 융화의 변주곡에 관하여", 국제정치논총 제40집 4호, 2000; 이희옥, "티베크 자치문제의 지속과 변화: 3 · 14 사건 분석을 위한 시론", 중국학연구 제45집, 2008.

○ 이러한 두 가지 종류의 현존 소수민족 정책 중 중간 범위의 두 개념을 조합한
  것이라고 판단됨.

○ 다민족국가에서의 소수민족 정책은 극단적인 형태의 민족말살정책에서부터
  소수민족의 정체성을 상실시키고 지배민족에 흡수시키는 동화정책, 전통문화
  를 유지하면서 일정한 수준의 민족적 정체성을 유지시켜 나가는 융화정책 그
  리고 각 민족들의 합의하에 연방체제로 공존하는 다원주의 정책 등으로 나눌
  수 있음. 〈그림 1〉 참조.

[그림 1] 소수민족정책의 유형

소수민족정체성 인정여부		수단의 폭력성	
		고	저
	고	말살	융화
	저	동화	다원주의

자료출처: 박병광, "중국소수민족정책의 형성과 전개: 민족동화와 화의 변주곡에 관하여", 국제정치논총 제40집 4호, 2000, p. 426의 내용을 필자가 수정함

○ 일견 상호 대립되는 개념들의 조합으로 보이지만 정체성과 폭력성이라는 두
  가지 측면을 고려하여 어느 측면에 더 강조점을 두느냐에 따라 전반적인 정책
  의 성격이 변화함.

– 융화 내지 자치를 강조할 때는 상대적으로 평화적인 수단이 사용되며 동화 내
  지 통합을 강조할 때는 상대적으로 폭력적인 수단이 사용됨.

○ 이를 시기별로 적용하면 다음과 같음[6].

---

6) 이하의 내용은 박병광(2000), 이희옥(2008)을 중심으로 재구성함.

1) 민족융화 정책 시기(1949-1957)

○ 건국 초기 중국의 최대 관심사는 전체 국토의 60%에 달하는 소수민족 거주지역의 영토적 통합이었음.

○ 따라서 소수민족의 자율성과 문화적 다양성을 인정하고 각 민족지역의 실정을 고려하는 정책을 시행함.

○ 그 대표적인 것들로는 소수민족간부 양성정책, 차별적 토지개혁, 민족구역자치정책 등이 있음.

2) 민족동화 정책 시기(1958-1976)

○ 대약진운동, 문화대혁명 등 급진적 국내정책과 중-인, 중-소 분쟁 등의 영향으로 인한 변경지역에 대한 정치 및 사상적 통합의 필요성 등으로 소수민족 정책 역시 동화와 통합을 중시하는 좌편향을 띄기 시작함.

○ 대약진 운동 시기 '민족융합론'이 제기되고, 문화대혁명 시기에는 '계급투쟁론'이 제기됨.

○ 이러한 정책의 수단으로 이전의 소수민족의 정체성에 대한 적극적 인정 태도를 '지방 민족주의'로 규정하는 등 사상적 좌편향 하에서 강제적인 한족의 언어와 문화 습득, 숙청, 노동개조 등이 활용됨.

○ 따라서 이 시기에는 근거 없는 민족 융합에 대한 확신과 민족 모순의 특수성을 중요시 하지 않는 계급 투쟁론에 입각한 사실상의 강제동화 정책 시기라고 할

수 있음.

3) 민족융화 정책 시기(1977-1995)

○ 개혁개방 정책의 시행과 더불어 소수민족지역의 자원에 대한 효율적 이용과 소수민족의 자발적 참여가 매우 중요해짐.

○ 이러한 측면에서 소수민족정책에 있어서 정체성을 인정하고, 수단의 측면에서도 매우 온건한 민족융화정책이 다시 시행됨.

○ 이러한 정책은 소수민족에게는 1가구 1자녀 정책에 대한 예외 적용을 핵심으로 하는 인구정책, 소수민족의 종교 등 문화에 대한 존중을 핵심으로 하는 종교정책, 소수민족 지역에 대한 각종 특혜 및 우대를 기본으로 하는 경제정책 등으로 구체화 됨.

4) 민족동화/융화 양면 정책 시기(1996-)

○ 개혁개방 이후 실시되던 유화적인 민족융화정책은 1996년 소수민족 분리주의 운동이 지하운동에서 반 합법 내지 공개적으로 중국 공산당을 공격하는 사건이 발생함.

○ 1996년에 중앙아시아의 위구르 독립운동 조직 '민족연합혁명전선'의 우루무치에서의 버스 테러와 동년 신장정치협상회의 부주석의 피습사건이 있었음.

○ 이에 따라 중국은 분리주의 운동에 대해서는 강력한 조치를 동반한 탄압을 진행하는 등 정치, 문화적 차원에서 강력한 한족 동화정책을 시행함.

○ 실례로, 원래 존재하던 이 성 정부 급으로의 격상 등을 통한 공권력의 강화와, 2002년부터 시짱 지역에 한족중심의 교육을 강화시키고 있고, 2001년에는 우루무치에서 카슈카르를 잇는 1,500km의 남 신장 철도 개통, 2006년에는 칭짱 철도를 개통시켜서 한족문화의 소수민족 지역의 이입을 가속화함.

○ 다른 한편으로는 경제적 차원에서 소수민족 지역의 발전을 적극적으로 지원하면서 융화정책을 펴나감.

○ 실례로, 1994년부터 2000년까지 약 31억 6천만 위안을 투입하여 716개의 프로젝트를 진행하여 시짱 지역의 경제 진작에 노력함.

나. 향후 전망

○ 향후 중국 정부는 소수민족 관련 분쟁에 대해 양면정책으로 대응할 가능성이 높음. 즉 물리적인 독립 및 분리주의 기도에 대해서는 단호하고 철저하게 봉쇄하되, 순응자 및 민족에 대해서는 파격적인 유화정책을 펴갈 것임[7].

○ 실제로 국제정세의 변화 가능성은 존재하지만, 물리적 독립 및 분리운동을 벌이고 있는 국내 조직과 결부된 국외 조직에 대한 타격을 목적으로 이들의 지원 세력으로 알려진 탈레반 섬멸을 목적으로 미국이 주도하는 아프가니스탄 전투에 개입할 가능성이 존재함.[8]

---

7) 주장환, "우루무지 7·5사건의 성격과 중국정부의 대응전망", 코리아연구원 현안진단 제148호(2009.7.17)
   (http://knsi.org/knsi/kor/center/view.php?no=9466&c=1&m=8)
8) 김영미, "중국, 알 카에다의 '피의 보복' 부르다", 시사IN 97호(2009.7.21)
   (www.sisain.co.kr/news/articleView?dixno=4890)

○ 그러나 중국 정부가 현재의 사회경제 정책 기조 즉 불균형 발전 기조를 지속하는 한 사회 전반적인 소득 및 지역격차의 확대 과정에서 소수민족은 그 핵심적 위치를 차지하고 있어서, 소수민족 분쟁의 발생 가능성은 상존한다고 판단됨.

○ 더구나 국내적으로 중국 중앙 정부 차원의 지원 능력의 한계가 드러나고 있고, 국제적으로도 중앙아시아의 평화가 절대적으로 중국에 필요한 만큼 다수가 이슬람 교도인 이들 지역 국가들과의 불편한 관계에 부담을 느껴서, 이들 지역 내 분리주의 운동 조직 타격에 대해 소극적일 가능성 역시 높음.

○ 따라서 국내적인 소수민족 분쟁 가능성의 상존 내지 강화와 국제적인 중국의 소극적 태도 등으로 인해 향후 중국의 소수민족 관련 분쟁은 빈번해질 가능성이 높음.

○ 특히 국외에 물리적 거점이 있는 시짱과 신쟝 지역의 분쟁 가능성이 제일 높다고 판단됨.

4. 결론

가. 중국 소수민족문제와 동아시아 평화

○ 중국 소수민족문제는 중국 국내외 모순이 교차하는 지점에 위치하고 있음.

○ 중국 소수민족 문제는 중국 국내 문제이지만, 언제든지 국제문제화 될 수 있는

소지를 안고 있다는 의미임.

○ 이런 측면에서 특히 중국과 인접하고 있는 동아시아 지역에 미치는 영향을 크다고 할 수 있음.

○ 즉 역사, 문화, 종교, 지리적으로 인접해 있는 국가들과의 관계가 중국 내 소수민족 분쟁으로 부침을 가질 수 있음.

○ 중국은 따라서 국내적인 소수민족 문제 해결에 노력해야 함과 동시에 국제 및 지역 차원에서 소수민족 문제가 극대화되지 않도록 해야하는 부담감을 가지고 있음.

○ 특히 만약 소수민족 문제가 국제 및 지역화된다면 현재 중국이 추구하고 있는 '평화발전', '조화세계' 등 레토릭으로 치장되고 있기는 하지만 지역 패권국 추진 전략에 상당한 차질을 빚을 수 있음.

○ 현재로서는 중국의 서부 지역 즉 시짱과 신쟝의 소수민족 문제가 백열화될 가능성이 큰 바 중앙 및 서남 아시아와 지역 평화에 상호영향을 미치는 정도가 클 것으로 예상됨.

○ 그러나 이슬람권 국가들이 다수 포진되어 있는 동남아시아 및 동일 민족이 국가적 실체를 구성하고 있는 멍구 및 차오셴족 역시 향후 분쟁 발발 가능성 역시 상대적으로 높다고 할 수 있음.

○ 이 역시 동아시아 지역 평화 유지에 부정적 영향을 미칠 수 있음.

나. 중국 소수민족 문제가 한반도에의 함의

○ 중국 소수민족 문제의 분쟁화 가능성은 역사적으로 봤을 때 동일 문화, 인종, 역사 등을 가진 국가 혹은 물리적 실체의 존재 여부와 매우 깊은 관련이 있음.

○ 이런 측면에서 봤을 때 북한 및 남한의 존재 등으로 차오셴 족은 소수민족 분쟁 가능성이 상대적으로 높다고 할 수 있음.

○ 특히 차오셴족은 〈표 3〉에서도 알 수 있듯이 약 2백만 여 명의 인구를 가진 중국 내 13번째 그 수가 많은 소수민족이며, 역사, 문화적으로 그 정체성이 매우 높은 상태임.

○ 또한 대부분이 랴오닝, 지린, 헤이룽쟝 등 동북 지역에 거주하는 특성 역시 분쟁 가능성을 높게 판단할 수 있는 근거가 됨.

○ 현재 북한 및 남한과 중국이 간헐적으로 겪고 있는 역사 및 영토 분쟁 역시 이 지역의 갈등 가능성을 높게 만들 요소로 작용하고 있음.

○ 현재까지 중국은 이 지역의 소수민족 분쟁 가능성에 대해 공식적으로 언급하고 있지 않지만, '진흥동북', '동북공정' 등의 예로 봤을 때 사전 예방 조치 차원에서의 인식을 가지고 있는 것으로도 평가할 수 있음.

○ 문제는 이러한 차오셴 지역에 대한 중국내 소수민족 분쟁 발생이 남북한에 미
  치는 영향을 어떻게 평가할 것인가에 대한 공식이 아직 존재하지 않는 상황임.

○ 따라서 국가적 차원의 접근보다는 사회 영역에서의 긴밀한 관계 구축을 통한
  교류 및 정체성의 강화 등의 조치를 통해 향후 발생 가능한 분쟁에 대한 대비
  를 하는 것이 타당한 것으로 판단됨.

○ 물론 국가적 차원에서 예를 들면 역사 및 영토 문제 해결을 위한 남북한 그리
  고 중국 정부 차원의 공동 기구 설립 등을 추진하는 것 역시 고려해볼만 함.

일본 민주당의 독도정책에 관한 분석

최장근(제주평화연구원 객원연구위원)

　이번에 새로이 정권을 수립한 일본의 민주당 중심의 정부는 종래 자민당정부의 친미편중 외교정책과는 달리 대아시아중시 외교정책을 적극적으로 추진하려고 하고 있음.

　민주당 중심의 신정부는 민주당, 사민당, 국민신당으로 구성된 연립정부로서 중도 우파에서 중도 좌파에 이르기까지 다양한 이념을 가진 집단으로 구성되어 있음.

　민주당 중심의 신정부에서 실질적인 권력자는 오자와 이치로 민주당 간사장, 하토야마 유키오 수상, 오카다 카츠야 외무대신이라고 할 수 있는데, 특히 오자와 간사장과 하토야마 수상은 독도의 영유권을 주장하는 일본영토론자로서의 입장을 취하고 있지 않음. 하지만 민주당내에는 무력으로 〈죽도〉를 침탈당했기 때문에 일본이 무력으로 〈죽도〉를 점령해야한다는 입장을 갖고 있는 구성원도 존재함.

　민주당 중심의 신정부는 대아시아 중시정책을 추진하여 동아시아공동체구성을 의도하고 있기 때문에 이전 자민당정부와 달리 독도영유권을 적극적으로 주장하여 한일관계를 최악으로 모는 일은 없을 것으로 판단됨.

　그렇다고 해서 민주당 중심의 신정부에서는 절대로 독도문제로 양국간의 관계가 악화시키는 일은 없을 것이라고 판단하는 것도 오산임. 왜냐하면 일본은 의원내각제로서 국민여론을 중시하는 경향이 있기 때문에 여론의 향방에 따라 정권에서 물러나야 하는 상황이 언제든지 연출될 수 있음. 여전히 자민당을 비롯한 우익성향의 여론이 일본사회 전반에 뿌리 깊게 존재하기 때문에 방심할 수 있는 상황이 아님.

　한국정부 입장에서는 독도가 역사적으로나 국제법적으로 한국영토라는 것은 의심에 여지가 없기 때문에 독도의 실효적 지배를 강화하는 일에 절대로 일본의 눈치를 살펴서는 안됨. 영토주권행사를 분명히 해야함. 따라서 누가 보더라도 독도가 한국영토라는 것을 쉽게 알 수 있도록 선착장 및 방파제 시설의 확충과 더불어 상주인원의 증가, 자유로운 왕래 등 실효적 지배를 강화해야함.

2009-10-15

1. 민주당정부의 대외정책 기조의 전환

○ 종래 자민당은 「죽도」[1]가 역사적으로나 국제법적으로 일본영토라는 방침을 분명히 밝히고 있음.

− 한일관계에 있어서도 외교 전략상의 필요에 응하여 적극적으로 한국에 대해 영유권을 주장해왔음.

− 최근에 들어와서는 외무성은 과거보다 더 적극적으로 「죽도」가 일본영토라는 정책을 강화했고 이는 외무성홈페이지를 확대보완한 점으로도 알 수 있음.

○ 이번 일본의 중의원 선거에서 민주당이 480석 중 308석을 차지하여 55년체제(자민당 중심의 정당체제)를 완전히 종식시키고 민주당정부를 조각했고 민주당정부는 종래의 자민당정부와 다른 정책기조를 구상하고 있는 듯함.

− 과거 2006년 8월 11일 하토야마 유키오(鳩山 由紀夫) 민주당 간사장은 자민당정부에 대해 「(정부가) 중국과 한국의 이야기를 듣는 것이 이상하다」라고 하는 것은 「편협한 내셔널리즘」적인 발상임.[2]

− 또한 2009년 2월 24일 민주당 하토야마 간사장(5월 16일 대표취임)은 「미국 추종외교에서 국제협조노선으로 전환하여 '아시아태평양공동체' 실현을 국가의 새로운 목표로 삼고 있다.」고 했음.[3] 이는 한국과 중국과의 역사문제를 해결하겠다는 의향이 내포되어 있다고 보겠음.

− 이처럼 민주당은 자민당의 친미일관정책의 문제점을 제기하여 친아시아정책으

---

1) 일본에서는 독도를 「竹島」라고 쓰고 「다케시마」라고 읽음. 본고에서는 편의상 일본의 호칭으로서 「죽도」라고 표기함.
2) 「鳩山由紀夫御をもっとよく知りたい人のための資料集【簡略版】」, 2009/05/18, era-tsushin.at.webry.info/200905/article_88.html
3) 「鳩山由紀夫御をもっとよく知りたい人のための資料集【簡略版】」, 『エラ通信のチラシの裏』, 2009/05/18, era-tsushin.at.webry.info/200905/article_88.html

로 전환하려고 함. 민주당정부의 정책전환에 있어서 한중, 한일관계의 중요성
을 강조하고 있음.

– 특히 한일관계의 개선에 있어서는 역사인식문제, 과거청산문제를 비롯해서 영
토문제에 있어서도 전향적인 입장을 취하지 않고는 불가능할 것임.

○ 하토야마 수상은 한국을 방문하여 시간적 여유를 가지고 서서히 문제를 해결
해보겠다는 입장을 표명했음.

– 「당연히 한국과 일본 간에는 여러 가지 현안들이 있습니다. 저는 이 신정부가
'똑바로 역사' 라는 것을 직시할 수 있는 의미를 가지고 있는 정권이라고 말씀
드렸습니다. 그러나 취임한 지가 3주가 되지 않았습니다. 따라서 모든 것을 해
결할 수 있는 것은 아닙니다. 시간적인 유예도 시간적인 여유도 주셨으면 하고
부탁을 드리면서 미래지향적으로 일·한 관계를 더욱더 양호하게 하는 것」이
라고 하였음[4]

○ 본 연구에서는 이상과 같은 문제제기로 민주당의 독도정책에 관해서 고찰하려
고 함.

– 과거 자민당정부의 독도정책에 있어서 내셔널리즘적인 입장을 버리고 전향적
이고 적극적으로 독도문제를 객관적이고 본질적으로 해결할 수 있을까 하는 문
제임.

– 이를 검토함에 있어서 먼저 민주당정부의 권력 중심에 있는 하토야마 수상과
오자와 이치로(小澤一郞) 간사장의 「죽도문제」인식, 그리고 민주당의원들의
「죽도문제」인식 실태, 외무성의 「죽도문제」에 대한 기본입장의 변경여부에 관

---

4) 「[디카] 한-일 정상 회담 및 공동기자회견」, 2009-10-09, 『NEWS-A』, http://www.newsa.co.kr/news/service/article/
mess_01.asp?P_Index=5586&flag

해 순차적으로 고찰하려고 함.

2. 민주당정부 주요 실세의 독도 인식

가. 하토야마 수상의 「죽도문제」 인식

○ 하토야마 수상이 야당시절 기회가 있을 때마다 독도영유권에 대한 자신을 생각을 피력하였음. 이를 통해 하토야마 수상의 독도영유권 인식에 대해 고찰해보기로 함.

- 2006년 4월 21일 야당의 민주당 간사장 하토야마는 「죽도문제로 한국과 충돌하게 되면 납치문제에 악영향을 미친다.」[5]라고 하여 북일 간의 납치문제를 해결하게 위해서는 「죽도문제」로 한일 양국이 부딪혀서는 안 된다고 했음.

- 이는 「납치문제」가 더 중요한 과제이고, 「죽도문제」에 대해서는 일본에 유리하게 해결해야할 중요한 과제라는 인식은 없었음.

○ 2006년 5월 4일 민주당 간사장 하토야마가 한국을 방문하여 「독도문제는 일본의 외교적 실패」 「일본측이 역사를 바르게 이해해야한다」라고 했음.[6]

- 하토야마는 독도가 역사적으로 일본영토라고 할 수 없다는 인식을 갖고 있다고 하겠음. 역사적으로 일본영토로서 근원이 없거나 부족한 독도에 대해 영유권을 주장하는 것은 「자민당정부의 외교적 실패」라는 주장임.

---

5) 「鳩山由紀夫御をもっとよく知りたい人のための資料集【簡略版】」, 『エラ通信のチラシの裏』, 2009/05/18, era-tsushin.at.webry.info/200905/article_88.html

6) 「鳩山由紀夫御をもっとよく知りたい人のための資料集【簡略版】」, 『エラ通信のチラシの裏』, 2009/05/18, era-tsushin.at.webry.info/200905/article_88.html

- 개인적으로 다른 생각이 있다고 하더라도 민주당 간사장의 입장에 있으면서 독도는 일본영토가 아니라고 공개적으로 말할 수는 없는 입장이며 국가이익과 관계되는 사안에 대해 국가이익을 대변하는 정치인으로서 선거에서 국민의 지지를 얻어야 하는 상황에서 여론을 의식하지 않을 수 없음. 이렇게 볼 때, 하토야마 수상은 야당 시절부터 독도는 일본영토가 아니라는 인식을 개인적으로 다소 갖고 있었다는 것을 알 수 있음.

○ 2006년 5월 5일, 반기문 외무부장관이 「노무현 대통령이 '독도담화'를 통해 일본의 각성을 촉구했다고 전했을 때, 민주당 간사장이었던 하토야마는 '생각해보겠음.'라고 말했다.」고 함.[7]
- 민주당 간사장은 노무현 대통령이 일본이 독도영유권 주장은 주권침해라고 한 것에 대해 직접적으로 반대하지 않았음. 이를 긍정적으로 받아들였다는 점을 보더라도 독도가 반드시 일본영토라고 할 수 없다는 입장을 취하고 있음을 알 수 있음.

나. 오자와 간사장의 「죽도문제」 인식

○ 오자와 이치로는 민주당 대표를 지낸바 있는 민주당의 사실상의 최고실력자임. 현재 오자와 이치로는 민주당의 간사장으로 오자와의 「죽도문제」에 대한 인식을 살펴볼 필요가 있음.[8]

---

7) 「鳩山由紀夫御をもっとよく知りたい人のための資料集【簡略版】」, 『エラ通信のチラシの裏』, 2009/05/18, era-tsushin.at.webry.info/200905/article_88.html
8) 「竹島は日本の領土と思っている」小沢代表発言ネットで噛みつかれる」, 『J-CASTニュース』 2008年11月07日18時41分, http://news.liverdoor.com/article/detail/3894153/(2009년 9월 10일 검색) 이하 오자와 관련 내용은 모두 본 기사에서 인용한 것임.

○ 일본의 국민여론 중에는 「민주당이 정권을 잡으면 한국에 융화(融和)되지 않을까 우려하는 무리도 있음. 이에 대해 오자와는 오히려 일본이 지금까지 자기주장을 하지 않았지만, 나는 현재도 한국, 중국, 미국의 수상들에게 할 말은 다 하고 있습니다. 서로 간에 의견을 나누어서 결론을 내면 그 결론을 존중해야한다.」라고 하여 과거에 할 말은 반드시 해왔고 앞으로도 할 말은 할 것이라는 입장을 밝혔음. 하지만 오자와는 일부 국민들의 우려에 대해 한국에 「융화」되는 것이 아니라 「대화」를 통해 할 말을 하는 입장이라고 밝혔음.

○ 오자와의 독도영유권문제에 대한 생각을 고찰할 필요가 있음.

– 민주당 대표시절 오자와는 2008년 11월 3일 일본 도요(東洋)대학의 축제에서 생방송으로 진행되는 「1만인의 네티즌회견」에 출연하여 「죽도문제」에 대해 「나는 죽도는 일본영토라고 생각합니다. 단지 한국은 한국대로 그것을 한국영토라고 주장하여 실효적 지배를 하고 있지요. 현실적으로 일본의 주장을 가지고 분명하게 한국과 마주 앉아서 대화를 해야할 것임.」라고 언급했음.

– 이에 대해 일부 일본여론(네티즌)으로부터 「(외무성 홈페이지에) 죽도는 역사적 사실로 보나, 국제법상으로 보나 분명한 일본영토이고」, 「한국에 의한 죽도 점거는 국제법상 아무런 근거도 없으면서 불법점거를 하고 있다.」라고 해놓고, 「왜 일본영토라고 분명하게 말하지 않는가?」라고 비판을 받고 있음.[9]

– 이를 보면 일본 국민들이 「죽도」가 역사적으로나 국제법적으로 일본영토라는 인식을 갖게 된 것은 외무성 홈페이지의 영향이 매우 컸다는 사실을 알 수 있음. 사실 일본 국민들은 일본 외무성이 제작한 홈페이지에 「죽도가 일본영토」

---

9) 「韓国、中国、アメリカの首脳にズケズケ言っています」, 오자와 대표가 2008년 11월 3일 투고 동영상 사이트 「ニコニコ動画」의 생방송 「1만인 네티즌 회견」에 출연하여 네트즌들이 보낸 질문에 답했다. 회견장은 축제가 열리고 있던 東洋大学에서 사회의 질문에 대답했음.

라는 정부정책을 그대로 믿고 「죽도」가 일본영토라는 것을 믿고 있는 듯하지만 사실 일본정부의 주장은 전략적인 것으로 독도문제의 본질과는 상당히 다르다는 사실을 일본국민들이 알 리가 없음.

○ 일본국회 속기록을 보면,[10] 1951년 9월의 대일평화조약 체결과 그 이후 일본정부 요인과 국회의원 들 사이의 대화내용 중에 독도가 역사적으로나 국제법적으로 일본영토로서 권원이 약하다는 사실을 밝히고 있음.[11]

– 민주당정부는 동아시아공동체를 실현하겠다는 의지를 갖고 있다면, 이전의 자민당정부와는 달리 국익보다는 동아시아, 더 나아가서 세계 전체의 안정과 번영을 위한 보편적인 가치에 입각한 정책을 세워야할 것임.

– 민주당 대표시절 오자와는 2008년 7월 15일 기자회견에서 일본정부가 「중학교의 신학습지도요령해설서」에 「죽도가 일본영토」라고 명기한 것에 대해 「사실상 한국이 실력지배를 하고 있지 않는가? 지금까지 한국의 실효적 지배를 방치해놓고 지금와서 우리영토라고 한들 무슨 소용이 있겠는가?」[12] 「서로가 역사적으로 분명하게 검증한 후에 소속을 결정해야 되지 않을까?」라고 언급했음.[13]

– 오자와는 「죽도에 대해 일한 양국에서는 서로 생각이 다른 부분이 있음. 철저히 대화를 통해 확인을 해야 함. 대화를 피하면서 교과서에 게재한다, 하지 않는다고 하는 것은 옳은 방법이 아니다.」라고 했음.[14] 즉 오자와의 입장은 「죽도문제」

---

10) 동북아역사재단, 『일본국회독도관련기록모음집(1948-1976)』 제1부, 동북아역사재단, 2009.

11) 곽진오, 『국회속기록을 통해본 독도의 영유권』, 동북아역사재단이 개최한 「연구총서를 위해 독도관련 연구회」 프로시딩 참조.

12) 「"いずれどっちかに決めなきゃいかんでしょう"と以前に発言」〈朝日新聞〉 2008년 7월 16일의 내용임.

13) 〈朝日新聞〉 2008년 7월 16일

14) 「民主・小沢氏 "日韓で話を"」, 〈日経〉, 2008년 7월 16일, 「小沢の売国発言 竹島問題(投稿者: 一丹人)」, http://www.rondan.co.jp/html/mail/0807/080716-19.html

의 본질을 제대로 파악하지 않고 내셔널리즘적인 입장에서 교과서에 게재하여 한일관계를 악화시킨 것은 옳은 방법이 아니라는 것임.

○ 오자와의 이러한 발언 속에는 한국이 실효적으로 점유하고 있기 때문에 국제법적으로 보면 일본이 영유권을 주장한다고 해서 일본영토가 되는 것이 아니고, 한일 간에 감정만 나쁘게 하여 오히려 문제해결에 도움이 되지 않는다는 입장일 것임. 그것보다는 먼저 양국이 마주 앉아서 역사적 사실관계를 분명히 하는 것이 중요하다는 것임.

○ 오자와가 독도의 역사를 몰라서 자민당정부를 비난하는 것은 아닐 것임.
– 우선적으로 한국이 실효적 지배를 하고 있는 것은 그 나름의 정당한 역사적 권원을 갖고 있다는 사실을 인정하고 있다는 입장으로 해석할 수 있을 것임.
– 정당정치로 정권을 창출한 민주당정부로서 국민들의 지지를 무시하고 「죽도는 일본영토가 아니다.」라고 대놓고 말하지는 못할 것임. 독도를 연구하는 한 역사가(나이토 세이츄)는 역사적으로 보면 「죽도는 일본영토로서 권원이 부족하다」는 말을 끊임없이 하면서도 절대로 「독도는 일본영토가 아니다.」라는 말은 하지 않았음. 오자와도 이 정도의 입장이라면 아마 그 역사가와 동일한 생각이 아닐까 함.

○ 독도가 역사적 권원으로 일본영토가 될 수 없다는 사실은 한일 양국의 역사학자들에 의해 이미 수많은 선행연구에서 밝혀져 있음. 그럼에도 불구하고 「역사적으로 검증해봐야 안다」고 하는 오자와의 발언은 이미 선행연구에 의해 밝혀져 독도가 역사적으로 일본영토가 아니라는 사실을 알고 있다는 것임.

○ 오자와의 이번 발언에 대해 「일본영토론자」들은 오자와의 태도를 비난하고 나
섰음.

– 「한국정부가 신학습지도요령(중학교)의 '죽도문제'에 대해 일본의 주장이 마음
에 들지 않으면 먼저 일본에 이의를 제기하는 것이 옳았음. 이의제기도 하지 않
고 있다가 교과서에 게재하지 말라고 하는 것은 절차가 잘못되었음. 즉 '절차가
잘못된 것'은 한국정부이지, 일본정부가 아니다.」 「교과서에 게재하지 말라고
하는 쪽은 한국정부이고, 오자와의 논리에서는 말을 꺼낸 한국정부가 비판받아
야하는데, 오자와가 한국정부를 비판하지 않고 일본정부를 비판하는 것은 무슨
이유일까?」라고 했음.

– 「오자와는 한국정부가 국제사법재판소에서 해결하자는 일본정부의 제의를 피
하고 있음. 이처럼 '도망 다니는 도둑 국가'로 불리고 있다는 사실을 알고는 있
는지?」라고 했음.

– 「역사의 진실을 젊은 국민에게 가르치는 것은 일본정부의 당연한 의무이며 오
자와와 한국정부는 일본이 한국의 식민지라고 오해하고 있는 것일까?」라고 했
음.

– 「오자와는 역사 검증이 필요하다고 말하지만, 우선 오자와 자신이 한국인 여성
비서의 말만 듣지 말고, 외무성홈페이지[15]나 '1905년 이전 한국문서나 지도에
독도의 표기가 없다'고 하는 외무성의 주장을 뒷받침하는 아래 사이트[16]를 읽고
공부할 필요가 있다.」라고 했음.

– 이 오자와 비판자는 「죽도」가 일본영토라는 것을 전제로 논리를 펼치고 있는
입장이기에 절대로 오자와의 발언을 이해할 수 없을 것으로 판단됨.

---

15) 外務省, 〈竹島問題: 竹島の領有権に関する我が国の一貫した立場〉, http://www.mofa.go.jp/
mofaj/area/takeshma/

16) 「竹島·韓国主張を否定」 2007년 2월 22일, http://bog.livedoor.jp/the_raght/archives/51347628.html

○ 외무성홈페이지와 고지도나 고문헌에 독도가 없다고 하는 사이트는 독도의 역사를 왜곡하는 「사이트」임. 일본역사를 연구하는 일본인 학자 중에 독도가 한국영토라고 하는 학자는 많지만, 일본영토라고 논증하는 학자는 한 명도 없다는 사실을 알아야 할 것임. 이들 「사이트」는 「일본영토론자」들에 의해 왜곡된 사이트임을 알아야할 것임.

○ 일부 일본여론에서 오자와에 대한 인식은 「오자와 민주당 대표는 죽도반환보다도 재일의 참정권에 더 열심이다.」[17] 「일본정부의 입장은 외무성 홈페이지에 죽도는 일본영토이라고 명쾌히 주장되고 있다.」라고 하여 민주당 대표 오자와 이치로(전 대표)를 매국노라고 비난했음.[18] 이를 비난한 「독도영토론자」의 「죽도문제」인식은 외무성 홈페이지의 영향을 받고 있다는 사실을 알 수 있음.

○ 이 이외도 많은 여론이 다양하게 오자와의 태도를 공격하고 있음.

– 예를 들면, 「일본정부는 자국의 헌법, 국제법에 의거하여 지나칠 정도로 조심스럽다.」 「한국은 교섭의 테이블에도 앉지도 않은 채 무조건 자신의 영토라고 주장함. 이런 한국 태도는 신사적 대응이 아니다. 이명박 대통령은 이처럼 모욕적인 행위로 지지율을 올리는 소재로 삼고 있다.」[19]

– 「이 발언을 그대로 해석하면 오자와 대표는 죽도를 일본영토가 아니라는 결론을 내리고 있음.[20] 또한 「일본이 수십 년간 공식적으로 국제재판을 계속적으로 신청

---

17) 「竹島返還よりも在日の参政権に熱心な小沢民主党代表？」, 2008년 2월 23일, http://mikitogo.at.webry.info/200802/article_18.html

18) 「新学習指導要領の竹島問題」, http://www.rondan.co.jp/html/mail/0807/080714-22.html

19) 「見逃していた！小沢民主党代表：竹島問題」, http://jiji-bibouroku.blog.so-net.ne.jp/2008-07-17-2

20) 「竹島は日本の領土と思っている」, 「小沢代表発言ネットで噛みつかれる」, 「J-CASTニュース」 2008年11月07日18時41分, http://news.livedoor.com/archives/detail/3891453/(2009년 9월 10일 검색)

해온 것도 모르는가?」「민주당에는 한국의 정치요인들을 만나서 죽도문제로 공격하는 의원은 한명도 없었다.」[21]「처음부터 일본영토임에도 불구하고 '일본영토라고 생각하고 있다' 라고 할 정도이니까.」「일본영토라고 생각하는데, 사실관계를 조사해보니 한국영토였다, 라는 식으로 전혀 관심이 없는 것 같다.」「조금이라도 무언가 해보겠다는 의지가 없다는 것이겠지요」라고 비판하기도 함.[22]

○ 오자와는 독도가 일본영토라고 하는 영유권론자들으로부터 혹독한 비난을 받고 있는 입장임.

− 이와 같은 입장을 취하고 있는 오자와는 원래 자민당 출신임에도 불구하고 이전 자민당정부 요인들과 다른 정치적 이념을 갖고 있는 동아시아 보편적 가치를 추구함과 동시에 동아시아공동체 실현을 구상하고 있는 민주당의원 출신이라고 평가할 수 있겠음.

⠿ 3. 민주당의원의 「죽도문제」 인식에 대한 각양각색

가. 민주당의원의 이념의 다양성

○ 민주당은 1998년에 창당되었음.[23] 대표 하토야마, 대표대행 오자와, 간 나오토(菅直人), 고시이시 아즈마(興石東), 간사장 오카다 카츠야(岡田克也), 참의원 의원단회장 고시이시로 내정되었음.

---

21) 「ニコニコ動画」의 코멘트란의 멘트.
22) 「2ちゃんねる」의 멘트.
23) 1998년 4월 원내 회파인「民主友愛太陽国民連合」（民友連）에 참가했던 구민주당 · 민정당 · 신당우애 · 민주개혁연합가 합류하여 결성됨.

- 당초 민주당은 1996년 9월 신당사키가케에서 탈퇴한 간 나오토, 하토야마 등이 중심이 되어 민주당을 결성했음.
- 1998년 3월에는 호소가와(細川護熙)가 정권전략회의의장으로서 주도하여 민정당·신당우애·민주개혁연합 등이 민주당에 합류하여 기존의 참여 정당은 해산하고 그해 4월 간 나오토를 초대 당대표로 선임하여 새로운 민주당으로 재결성하는 형식을 취했음.

○ 민주당은 다양한 계파가 모여서 만든 정당으로 정치이념적으로는 「중도좌파 사회자유주의」라고 표방하고 있으나,[24] 2006년 4월 14일 민주당의 하토야마는 보수 중도와의 연대를 시사한 바 있는 것처럼,[25] 민주당 내에서는 사회민주주의나 보수주의 등 보수, 중도, 좌파까지 다양한 입장을 취하는 정치인들이 있어서 당내에 대립에 생길 수 있는 소지를 항상 안고 있음.
- 당내에는 공산당과 사민당이 주장하는 것처럼, 종군위안부문제를 둘러싸고 「위안부(일본인제외)」 대신에 「전시성적강제피해자」라는 호칭을 바꾸자고 하는 그룹(오자와)과 이 법안에 반대하는 「위안부문제와 난징(남경)사건의 진실을 검증하는 모임」라는 의원연맹(前原誠司)의 그룹으로 나눠져 있음.
- 당내 주류파로서 「재일한국인을 비롯한 영주외국인주민의 법적지위향상을 추진하는 의원연맹」 (하토야마 유키오·오카다 카츠야)이라는 찬성그룹과 「영주외국인의 지방참정권을 신중하게 생각하는 연구회」라고 하여 반대하는 그룹이 대립하고 있음.[26]

---

24) 「ウィキペディア (Wikipedia) 」, Democratic Party of Japan, "EPJ"
25) 「鳩山由紀夫をもっとよく知りたい人のための資料集【簡略版】」, 「エラ通信のチラシの裏」, 209/05/18, era-tsushin.at.webry.info/200905/articlr_88.html
26) 보수·중도우파인 자민당에 대해 일반적으로 리버럴 중도좌파정당이라고 하지만, 보수적인 의원도 포함되어 있음. 또 사회민주주의적인 정책을 주장하는 의원도 포함되어 있지만, 鳩山由紀夫는 「좌파는 민주당의 이념이 아니다」라고 부정했음.

나. 「죽도문제」에 대한 민주당의 기본입장

○ 민주당의 입장은 「죽도는 일본고유의 영토임」이라는 입장을 취하고 있지만 하토야마 수상과 오자와 간사장의 개인적인 입장으로서는 반드시 민주당의 입장과 동일하다고 볼 수는 없음.

– 민주당(광보 대변인)은 오자와가 언급에 대해, 「 '~라고 생각함. ~라고 하는 것은' 오자와 대표의 특유의 말버릇임. 일본정부도 마찬가지임. 죽도는 일본고유의 영토라고 말하고 있습니다. 그러니까 오해할 필요는 없다고 생각합니다.」라고 대답했음.[27]

○ 민주당은 현재 일본정부가 '일본의 고유영토' 라고 하면서 방관하고 있는 것과 마찬가지로 오자와 간사장도 민주당의 방침도 자민당처럼 죽도가 일본영토라는 입장에는 변함이 없다고 대변했음.

– 사실 「일본국회의 속기록」을 보면, 외무성 관계자들 중에는 독도가 역사적으로 일본영토가 될 만한 권원이 그렇게 많지 않다는 것을 잘 알고 있음. 이런 인식은 오자와도 마찬가지일 것임.

– 일본정부도 한국에 대해 강력하게 영유권을 주장하지 못하는 이유가 바로 여기에 있을 것이지만 자민당정부에서는 2005년 한국이 독도주변의 해저지명을 국제수로기구에 등재하려고 했을 때, 자민당정부가 측량선을 파견하여 저지했던 것을 보면 오자와보다 더 독도 영유권에 강한 집착을 갖고 있는 외무성 관료나 자민당 정치인들이 많았다는 것을 알 수 있음.

---

27) <J-CASTニュース>(종래의 메스컴과 달리 유니크한 시점으로 비즈니스나 메디아에 관한 다양한 기사를 발신하고 있음. 독도투고의 코멘트 란도 충실히 하고 있음)가 취재한 것임.

- 오자와도 일본의 국익을 담당하는 정치인의 한 사람으로서 죽도가 일본영토라는 입장을 포기하지는 않았다고 하더라도, 다른 정치인들에 비하면 그다지 영유권 주장을 적극적으로 하지 않는 그룹에 속한다고 할 수 있겠음.
- 민주당 내에는 하토야마 수상과 오자와 간사장과 같은 소극적인 영유권론자도 있는가 하면, 적극적인 영유권론자도 존재한다고 볼 수 있음.

다. 「일본영토론」의 적극론자

○ 민주당 의원 중에는 독도가 역사적으로나 국제법적으로 일본영토라는 것을 전제로 한국이 무력으로 점령하고 있다고 한 것에 대해 적극적인 무력공격으로 대응해야한다고 주장하는 의원도 있음.
- 「TV 아사히(朝日)」의 토론 프로에 나온 민주당 니시하라(西村) 의원은 「죽도문제」에 대해 「한국이 무력으로 죽도를 점령한다면 일본도 무력으로 대항해야한다」라고 발언을 했음.
- 일본헌법에는 무력침략을 금지하고 있기 때문에 현실적으로는 불가능한 일이지만 현역의 국회의원이 공개적인 장소에서 발언한 것만으로도 주목할 가치가 있음.[28]

○ 이에 대한 국민여론의 반응 중에는 「일본정부는 죽도는 일본영토라는 인식. 일본영토인 이상, 일본에서 보면 한국이 군대를 동원하여 무력으로 일본령을 점

---

28)「さきほどテレビ朝日の討論番組のなかで竹島問題に触れ民主党 の西村議員が、韓国が...」
(ID非公開さん), http://detail.chiebukuro.yahoo.co.jp/qa/question_detail/q143584694(2009년 9월 10일 검색), 본 내용은 「2009년 3월 28일」 기사임. 네티즌(ID非公開さん)의 대답 중 일본에서 뽑은 「가장 훌륭한 대답」으로 선택된 것이라고 함.

령하고 있는 형태임.

– 극단적인 경우에는 "초기 단계에 한국이 군사력을 행사했을 시점에서 전쟁이 일어나도 전혀 이상하지 않았지만 한국의 무력행사에 대해 일본은 입으로만 항의하는데 그쳤기 때문에 현재의 상황이 되었고 자위대가 출동하지 않았기 때문에 무력충돌이 없을 뿐이다. 하지만 한국으로부터 먼저 무력으로 점령당하고 있는 이상 일단은 자위대를 발동할 조건은 되므로 자위대를 출동하는 데는 신중을 기해야하지만 자위대에 의한 실력행사는 선택 가능한 방법 중의 하나이다」라는 견해도 있음.

– 이런 여론은 1952년 1월 이승만 대통령이 평화선을 선언하였을 때 일본 자위대[29]가 출동하지 않았기 때문에 한국이 무력으로 점령을 하고 있다고 함.

– 사실 이때는 SCAPIN 677호에 의해 독도가 일본영토에서 제외되어 한국영토로 조치되어 한국어민들이 어업을 종사하는 어로지가 되어 있었고 최종적으로는 대일평화조약에서 전승국인 연합국이 독도의 지위를 결정하게 되어있을 시점이었음.

– 당시 연합국이 독도를 일본영토에서 제외해서 한국이 실효적으로 점유를 하게 되었는데, 일본이 무력으로 공격할 수 있는 지위에 있지 않았음. 그런데 연합국은 한국이 실효적으로 점유하고 있는 독도에 대해 묵인하고 최종적인 결정에서 일본영토로 결정하지 않았음. 이러한 견해는 독도의 지위를 제대로 인식하지 못한 잘못된 견해라고 할 수 있음. 이처럼 독도 영유권론자들의 대부분은 독도의 본질을 제대로 알지 못한 데서 오는 오해라고 할 수 있음.

---

29) 1950년 7월 8일 경찰예비대 창설, 1952년 8월 안보청 개설, 그해 10월 경찰예비대 개편 준군사적 조직으로 함. 1954년 7월 1일 자위대 법이 국회에 통과되었음. 최장근, 『일본정치와 사회, 그리고 영토』 학사원, 2004, pp169-170.

라. 「일본영토론」의 신중론자

○ 민주당의원 중에는 하토야마 수상, 오자와 간사장과 같이 독도가 일본영토라고 주장하는 데는 신중을 기해야한다는 의원도 있음.

- 2005년 2월 시마네현이 「죽도의 날」의 조례를 제정한 것에 대해 반대한 의원이 있었음.[30]

- 시마네현의원 고무로 쥬메이(小室壽明)는 현의회에서 「국가와 국가 간의 이해관계가 선명하게 충돌하는 영토문제는 우선 국가의 책임이므로 외교노력에 의해 해결되어야한다. 각의결정에서 북방영토의 날을 제정하여 널리 국민여론을 환기시키고 있는 것처럼, 죽도문제도 국가가 책임을 가지고 개발하고 외교노력을 기울여야할 것이다. 그래서 작년 2월 현의회 이후 죽도의 날 조례제정을 국가에 요구했고 이러한 자세를 관철시켜야할 것이다」 「죽도의 날 제정이 아니더라도, 당장 시급한 많은 현안이 많다고 하는 현민들이 적지 않다.」라는 발언을 했는데,[31] 이는 사실 죽도의 영토주권을 포기해야한다는 발언은 아니라 단지 현의회의 소관이 아니라는 주장임.

○ 고무로 의원은 지사는 물론이고 조례 제안자도 한국의 입장을 전적으로 무시하고 일방적으로 조례를 제정하는 것은 올바른 선택이 아니며 죽도가 일본영토라는 것은 분명하지만 한일관계의 중요성으로 보더라도 죽도문제로 양국관계를 악화해서는 안 된다는 신중한 입장을 취하고 있음. 이번 시마네현의 「죽도의 날」조례제정은 한일관계를 악화시킨 요인으로 보고 올바르지 못한

---

30) 「(再揭)「竹島の日」制定に反対した民主黨。しかも...：イザ!」, http://kuro-neko.iza.ne/jp/blog/entry/930856/
31) "竹島의 날" 기념식전에서 민주당, 사민당, 공산당은 아무런 연설도 하지 않았음, 당초 민주당은 「죽도의 날」 제정 자체를 반대한 유일한 정당임. http://kuro-neko.iza.ne/jp/blog/entry/930856/. 당시의 민주당 현의원 · 小室寿明는 島根1구 · 차기 중의원선거에서 민주당 공인후보자임.

선택이라고 비난하고 있음.[32]

- 고무로 의원의 조례제정 반대에 대해 국가의
  영토보다 더 중요한 일은 없으며 그가 '일본해'
  라는 명칭을 '동해'라는 명칭과 병용해야한다
  고 주장하는 등 한국의 입장을 대변하고 있다
  고 비난하는 여론이 있음.[33]

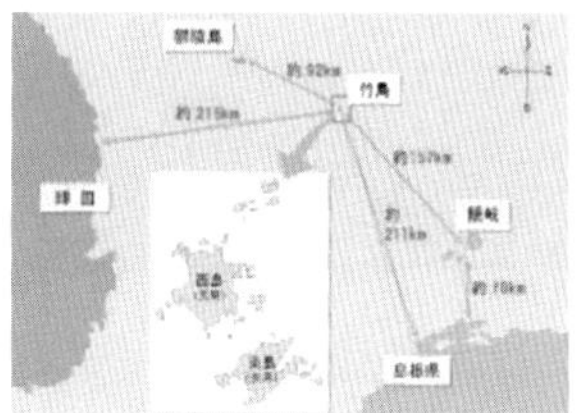

○ 민주당의원들 중에는 신중하지 않게 독도문제로 소리를 내어 한일관계의 악화
   를 우려하는 부류들이 있는 것 같음. 「죽도는 일본의 고유영토가 아니다」라는
   견해가 아니다. 이들의 「죽도문제」인식은 민주당의 「죽도는 일본의 고유영토」
   라고하는 기본방침과 상반되지 않다는 것임.

⁙ 4. 외무성 기본방침의 수정가능성 유무

가. 외무성의 「죽도문제」 인식

○ 과거 자민당정부에서 「죽도문제」에 대한 외무성기본방침으로 「죽도는 역사
   적인 사실에 입각하여 국제법상 분명히 일본이 고유영토」이고, 「한국이 아무

---

32) "竹島の日条例　賛成". 「平成17年 (현의회) 第４０４回定例会 (第４日目)」 2005.06.29,
   http://dbs.pref.shimane.jp/dsweb

33) "竹島の日条例　賛成". 「平成17年 (현의회) 第４０４回定例会 (第４日目)」 2005.06.29,
   http://dbs.pref.shimane.jp/dsweb

런 법적인 근거없이 불법점거를 하고 있다.」라고 하는 입장을 분명히 밝히고 있음.[34)]

– 외무성홈페이지에 「죽도문제」라는 항목을 두어 「죽도를 이해하는 10가지 포인트」라는 제목으로 일본국민은 물론이고, 일본어판, 영어판, 한국어판, 아라비아판, 중국어판, 프랑스판, 독일판, 포르투갈판, 러시아판, 스페인판 등 10개국의 언어로 표기하여 세계 각국의 여론을 환기시키려고 하고 있음.

– 일본국민에 대해서는 「한국의 출입국 수속을 밟고 죽도에 들어가는 것을 자제하라.」고 협조를 촉구하고 있음. 그 이유는 한국의 출입국을 통하여 입도하는 것은 일본국민이 한국측의 관할권에 복종했다거나, 죽도에 대한 한국의 영유권을 인정했다고 하는 오인을 받을 수 있다는 주장임.

– 위의 지도는 자민당정부에서 작성한 일본외무성 홈페이지에 「죽도문제」라는 항목에 게재된 지도인데 서로 동등한 입장에서 같은 거리와 위치에서 본 지도를 작성해야함에도 불구하고 일본입장만 부각시켜서 외형상 일본영토로 인식되도록 작성한 것임.

– 방법적으로는 일본본토를 중심으로 작성하고 있음. 양국 국민이 거주하는 울릉도와 오키섬이 존재하는 한 본토간의 거리는 그다지 중요하지 않음. 그럼에도 불구하고 본토간의 거리를 강조하여 일본이 한국보다 10리가 더 가깝기 때문에 일본영토라는 것을 의도적으로 표기하고 있음. 게다가 거리적으로 울릉도와 독도는 서로 보이는 거리이지만, 오키도와 독도는 서로 볼 수 없음. 이러한 내용은 아무데도 포함되어 있지 않음.

○ 이처럼 일본외무성은 지금까지 독도문제의 본질을 일본국민에게 알리려고 하지 않고 「죽도가 일본영토」라는 일본의 입장만 홍보해왔음.

---

34) 「竹島問題」, http://www.mofa.go.jp/mofaj/area/takeshima/

- 일본국민은 독도의 본질을 알지 못한 채 「죽도가 일본영토」라는 것만 알고 있음. 이것이 바로 독도문제로 한일관계를 악화시키는 최대 요인임.
- 독도문제에 있어서 근본적 원인은 일본외무성에 있기 때문에 일본외무성이 변하지 않는 한 한일관계의 협력관계를 구축할 수 없을 것이며, 동아시아에 있어서 신뢰를 바탕으로 하는 동아시아공동체 구상도 구호로 그칠 가능성이 높음.
- 민주당 정부가 변하려면 외무성홈페이지의 「죽도문제」를 공정한 내용으로 수정해야함. 그렇지 않는다면 민주당정부도 전 자민당정부와 별반 차이 없는 정부가 되고 말 것임에 분명함.

나. 고등학교학습지도요령 해설서의 게재문제

○ 사실 민주당 내에는 구사회당 출신의 좌파, 보수세력 등 다양한 이념을 가진 구성원이 공존하고 있음.
- 민주당의 기본방침은 「죽도는 일본의 고유영토」라는 방침을 세우고 있음. 게다가 자민당은 물론이고, 영토문제에 관심을 갖고 있는 국민여론의 대다수는 독도가 일본영토라는 인식을 갖고 있음.
- 자민당은 반드시 「죽도문제를 명확히 종전처럼 일본영토로 명기할 것을 요구할 것임.」 그런데 하토야마는 우애정신으로 한일관계를 개선하려고 하고 있어서 「죽도문제」로 한일관계를 훼손하고 싶지 않을 것임. 하토야마 수상과 오자와 간사장은 독도문제로 양국관계가 악화되는 것을 견제하고 있음.

○ 하토야마 수상은 향후 한국과의 관계를 개선하기 위해서라도 양국관계의 아킬레스 근에 해당하는 독도문제를 회피하려고 할 것임.
- 하토야마 정부는 2009년 금년 「고교신학습지도요령(高校新學習指導要領)해설

서」를 발표할 예정에 있음. 이때에 독도문제가 어떻게 처리될 것인가에 대해 한일 양국 모두에게 관심이 집중되어 있음.

- 올해는 한일합병 100년째라서 한국 국민은 일본의 역사인식에 더욱 민감해져 있는 상황임. 이때에 「죽도가 일본영토」라는 기본입장을 가지고 있는 민주당 소속의 하토야마가 독도문제를 어떻게 피하여 가느냐가 문제임. 만약 종래 자민당정부처럼 국제사회의 보편성을 무시하고 국익만을 대변하려고 한다면 독도가 일본영토라는 입장을 취할 것이고, 공동번영이라는 국제사회의 보편성을 택한다면 일부 여론의 반대에도 불구하고 독도문제를 회피하게 될 것임.

- 하토야마정부가 「고교신학습지도요령해설서」에 독도문제를 게재하게 될 경우에는 한국이 반드시 시정을 요구하게 되고 하토야마정부도 한일관계의 개선노력에 있어서 신뢰를 잃게 될 것임. 역시 일본인으로서의 한계를 극복하지 못했다는 평가와 더불어 그의 동아시아공동체 구상은 물론이고 한국, 중국 등 해외로부터 하토야마정부를 불신함으로 해서 민주당정부의 정치생명도 한계에 다다를 것임.[35)]

5. 민주당정부의 독도문제 대응의 전망

○ 이상과 같이 과거 독도정책에 적극적이었던 자민당정부에서 정권을 이어받은 민주당정부의 향후 독도정책에 대해 고찰해보았음. 그 특징을 정리하면 다음과 같음.

---

35) 「鳩山政権に期待感＝竹島問題で対立懸念も－韓国」, 「ソウル時事」200년 8월 31일.
http://www.jiji.com/jc/zc?k=200908/2009083101161

○ 첫째, 민주당의 공식적인 견해로서 「죽도는 일본영토」라는 방침을 세우고 있음.

– 민주당정부의 실세인 하토야마 수상과 오자와 이치로 간사장, 그리고 일부 민주당 의원이 일본의 「죽도」영유권 주장은 신중을 기해야한다는 입장을 취하고 있지만 민주당의 일부 의원의 입장으로 일본정부의 정책으로 전환될 수 있는 간단한 문제가 아님.

– 하토야마 수상과 오자와 간사장의 개인차원의 인식이 정책전반에 적극적으로 반영되는 것도 사실상 불가능함. 다만 스스로 종래 자민당정부처럼 적극적으로 영유권을 주장하여 한일관계를 최악의 상황으로 몰아넣는 그러한 정책을 피할 수 있을 것으로 보임.

○ 둘째, 이미 자민당정부에서 교육된 국민 여론과 자민당 등의 야당들의 입장을 무시할 수 없을 것임.

– 자민당은 종래처럼 죽도가 역사적으로나 국제법적으로 일본영토라는 입장을 취하고 있음. 일본의 경우는 의원내각제로서 자민당의 경우 6년까지 총리직을 수행할 수 있도록 되어있는데, 일본총리의 평균 재임기간은 도중에 사퇴하게 되어 1년 반 정도밖에 되지 않았음.

– 이처럼 국민여론을 가늠하는 총리의 지지율은 매우 중요함. 국민여론이 정권을 심판하기 때문에 일본은 정책결정 시 국민여론을 매우 중시하는 경향이 있음.

○ 셋째, 하토야마 수상과 오자와 간사장의 인식이 그대로 민주당정부의 정책으로 결정되기는 쉬운 일이 아닐 것임.

– 하토야마 수상과 오자와 간사장은 개인적인 견해로서 역사적으로 보면 죽도가 반드시 일본영토라고 할 수 없다는 입장을 다소 갖고 있는 듯함. 그러나 민주당 의원들 중에는 자민당의원들처럼 적극적인 영유권론자들도 있고, 오자와 간사

장이나 하토야마 수상과 같은 소극적인 의원들도 있음.

○ 넷째, 외무성홈페이지에 표기되어 있는 「죽도문제」에 대한 외무성의 입장을
  변경하는 것은 쉬운 일은 아님.
- 자민당정부에서는 오랫동안 정책입안 시 그 분야의 전문인 관료의 입장을 중시
  해왔음. 민주당정부가 관료주의를 청산한다고 소리를 높이고 있지만, 국익을
  대변하고 있는 외무성홈페이지에 표기되어 있는 「죽도문제」에 대해 종래의 경
  향을 무시하고 적극적으로 내용수정을 지시할 정도로 관료의 업무를 간섭할 수
  없을 것임.

○ 다섯째, 결국 하토야마정부에서는 재일 한국인 등의 영주외국인에 대한 지방
  참정권 부여 문제, 현재 중단된 상태인 자유무역협정(FTA) 협상 재개, 북핵문
  제, 동아시아공동체 구성 등에 대해서는 적극적으로 정책을 추진할 것으로 전
  망됨.
- 하토야마 민주당정부는 독도문제를 거론하지 않는 것이 이들 정책시행에 도움
  이 되므로 스스로 한일관계를 냉각시키는 적극적인 독도정책은 자행하지 않을
  것으로 예상됨.

중국의 동북아전략과 대한반도정책

김강일(중국 연변대학 동북아연구원장)

중국의 대한반도정책을 논의하려면 우선 방법론적 차원에서 그들의 동북아전략의 목표를 이론분석의 座標로 설정하고 나아가서 그것으로 중국 국가이익에 가장 부합되는 한반도의 理想狀態를 논증해야 할 것이다. 이러한 理想常態는 중국이 전략적으로 추구할 수 있는 대한반도정책의 근거이다.

중국은 발전공간의 확장, 지역적 경쟁력의 구축, 동북지역 경제 활성화 등 문제들을 동북아지역의 협력체의 구축으로 해결하려 하는 바 그 동북아지역 전략의 기본적인 목표는 동북아지역 각국의 협력에 설정되어 있다. 따라서 그들의 동북아지역 전략목표의 실현에 적극적인 역할을 감당할 수 있는 한반도의 理想狀態를 추구해야 할 것이다. 중국에게 있어서 한반도의 가장 이상적인 상태는 협력적인 통일된 한반도이다.

모든 전략이 그렇듯이 그에 따른 정책이란 복잡한 국제관계에 대한 선택으로 이루어진다. 중국의 대한반도정책이란 그들이 추구하고 있는 동북아전략 목표에로의 접근을 실현케 하는 한반도 理想狀態의 구축이라고 할 수 있지만 한반도의 대중국정책도 그 정책선택의 중요한 전제로 작용할 것이다. 만일 통일한반도가 중국과 대립적인 외교정책을 형성한다고 할 때 중국의 대한반도정책도 대립적인 방향으로 선회할 가능성이 있으며 그들이 설정한 동북아전략의 목표의 수정도 가능하다. 즉 한국도 중국의 정책선택을 이루게끔 하는 동북아지역 전략목표를 설정할 필요가 있다는 것이다.

중국과 한반도는 사실상 서로 윈윈할 수 있는 이익구도를 지니고 있다. 동북아지역 각국의 발전은 결국 이 지역 협력체의 구축으로 이루어질 수밖에 없다는 시각에서 중국과 한반도지간의 이익구도를 더욱 명확히 인식하고 미래 협력관계 구축의 기반을 형성해야 할 것이다. 한국은 통일과정에서의 중국의 적극적인 역할을 기대할 수 있고, 중국은 한반도와의 협력으로 제반 경제시스템의 활성화를 기대할 수 있는 것만큼 중국과 한반도는 모두 윈윈구도의 구축을 목표로 하는 정책적 선택을 해야할 것이다.

1. 들어가는 말: 중국의 대한반도정책을 이해하는데 있어서의 방법론문제

○ 근래에 들어서서 중국의 급부상은 세계의 주목을 받고 있음. 따라서 중국이 추구하고 있는 전략목표에 대해 많은 학자들은 나름대로의 해석을 하고 있으며 내심으로 경계의 방어선을 형성하고 있음. 특히 한국의 경우, 중국과 북한과의 특수 관계라는 배경으로 인해 중국이 추구하고 있는 전략적인 목표에 대해 부정적으로만 인식하는 경향이 있음. 중국이 동북아지역에서의 패권을 노리고 있으며 또 한반도에 대한 지배권을 형성하려 한다는 식의 인식들이 바로 그것임.

○ 중국의 대한반도정책의 전략적인 의도를 마냥 호의적으로만 볼 수는 없으나, 그것에 대한 판독은 반드시 객관적으로 이루어져야 함. 다른 나라들의 일체행위를 마냥 위협적으로만 생각할 경우 그 나라의 전략적 의도에 대한 분석은 필연적으로 색안경효과를 나타낼 것이며 따라서 객관적인 답안을 구해낼 수 없을 것임.

○ 방법논적으로 중국의 대한반도정책을 이해하려면 이론 분석의 參考系가 필요함. 현실주의적 시각에서 본다면, 방법논적으로 중국과 한반도의 利害關係를 제시해야만 중국이 과연 어떠한 대한반도정책을 펴낼 것인지 하는 문제를 풀이할 수 있음. 다른 측면으로 중국이 동북아지역에서 과연 어떠한 전략을 펴고 있고 또 어떠한 전략적인 목표를 달성하려 하는가 하는 문제를 풀어야만 대한반도정책의 근거인 參考系를 설정할 수 있게 될 것임. 즉 중국이 추구하고 있

는 동북아전략의 목표는 중국과 한반도 간에 형성될 수 있는 利害구도의 근거로 제시될 수 있다는 것임. 만일 중국의 대동북아전략이 동북아지역의 협력을 최고의 목표로 설정되어 있다면 중국은 한반도와의 긴밀한 협력을 바랄 것이고, 반대로 공격적인 외교로 동북아지역에서의 패권을 추구한다면 한반도의 긴장상태를 지속적으로 이용할 필요성을 느끼게 되므로 하여 북한이라는 전략적인 완충지대를 고수할 것임.

○ 현시대 國際行爲範式의 변화를 해독하는 것도 중국의 대한반도정책을 이해할 수 있는 중요한 방법론적인 참고계임. 현재의 한국과 중국의 학계를 살펴보면 많은 관점들에서 냉전시대의 인식의 틀을 감지해 낼 수 있는데 특징적으로 다른 나라들의 전략목표와 일체행위들을 모두 충돌이라는 틀 속에서 이해하고 있음. 예를 들면 중국의 학계에서는 미국의 일체행위를 모두 중국을 포위하고 억제하려는 전략에서 비롯된 행위로 판독하는 경향이 있음. 한국학계의 중국의 행위에 대한 인식도 이러한 경향을 나타내고 있음. 예를 들면 중조무역이 고작 27억 달러를 넘어섰는데 한국의 학계에서는 이미 북한이 중국의 경제적인 종속국으로 된다는 식의 논의가 상당히 진행된 상태이며 심지어 중국이 북한을 동북제4성을 만들려 한다는 주장도 일정한 영향력을 형성하고 있음. 중국인들의 시각속의 미국은 마냥 공격적이고 한국인들 시각속의 중국은 마냥 의심스럽기만 한 존재인 것임. 이러한 시각들은 현시대의 行爲範式을 제대로 판독하지 못하였기에 나타나는 현상들임. 탈냉전 이후 세계의 가장 뚜렷한 특징은 공격적이고 충돌을 지향하는 行爲範式에서 벗어나 협력을 지향하는 行爲範式을 형성하고 있는 것이라고 인정됨. 인류가 스스로 만들어 놓은 세계적인 경제시스템과 우리들이 살고 있는 유일한 지구가 더 이상 충돌을 감수해 낼 수 없다는 인식의 결과라고도 볼 수 있음. 즉 세계적인 경제협력의 흐름으로 인해

세계는 충돌을 피하고 협력을 추구해야 할 시대가 도래 했다는 것임. 이러한 시각에서 중국의 대한반도정책을 판독하면 새로운 결론도 가능함.

○ 본문은 중국의 동북아전략의 목표로 그들의 대한반도정책의 參考系를 만드는 동시에 중국이 안고 있는 문제점들의 해결에 있어서의 한반도의 중요한 의미를 강조하려 함. 아울러 이러한 논의를 통해 중국과 한반도는 사실상 지대한 이익구도를 형성할 가능성이 있으며 또 윈윈구도의 창출만이 그 모두에게 유리한 발전방향이라는 점을 제시하려 함.

⁞⁞⁞ 2. 중국의 동북아전략 기조

○ 중국의 동북아전략의 기조를 판독하려면 우선 중국이 직면하였고 또 반드시 풀어야만 할 문제점들을 이해해야 할 것임. 문제가 없으면 전략도 없다는 시각에서 본다면 중국도 동북아지역에서 반드시 풀어야 할 문제점들을 상당히 안고 있음으로 하여 소위 동북아전략이라고 이르는 그것이 형성되고 있는 것임.

○ 중국의 동북아 지역에서 안고 있는 문제점들은 세 개의 측면으로 이해할 수 있으며 그 해결책은 동북아지역에서의 협력에 있다고 인정 됨.

- 첫째는 區域性적 경쟁력의 구축과 발전공간의 확장임. 중국은 미래 경제적 발전에서의 구역적 경쟁력의 중요성을 충분히 이해하고 있음. 현재의 발전상황에서 중국도 미래 최대의 경쟁자는 미국일 것이라고 인식하고 있는데 미국과의 경쟁의 기반은 구역적인 경쟁력의 형성에 있다고 인정함과 동시에 미국이 공제하고 있는 유럽과 북미자유무역체와 경쟁을 하려면 반드시 구역적 경쟁력을 형

성해야 한다고 인식하고 있음. 구역적인 경쟁력의 형성은 또한 중국의 발전공간[1]의 확장을 의미함. 중국이라는 거대한 시스템이 원활히 움직이고 또 새로운 발전의 발판을 마련하려면 상당한 발전공간을 필수적으로 요구하게 됨. 미래 중국의 한 단계 높은 발전을 이룩케 할 수 있는 중요한 발전공간은 동북아지역이라고 인정됨.

- 둘째는 동북, 북부지역의 경제 활성화와 동남아지역과 동북아지역에서의 균형 잡힌 발전구도의 창출임. 개혁개방 이후 중국은 세계의 주목을 받을 만한 거대한 발전을 이룩하였지만 동시에 지역적 불균형이라는 문제점을 안고 있음. 중국의 발전은 연해지역을 핵으로 한 동남부지역 발전공간에서 이룩된 만큼 발전규모, 자본, 기술 등이 모두 이 지역에 집중되어 있음. 이러한 상황은 제반 시스템의 불균형화를 조성하고 있는데 서부, 북부, 동북부 지역들의 제반 경제 계통에서의 지위의 지속적인 하락을 초래하고 있음. 특히 원래 중국의 공업중추로 간주 되었던 동북지역의 경제가 장기적인 침체상태를 보이고 있는데 그 주된 원인은 동북지역의 개방도 부족에 있음. 만일 동북아지역에서 다국적인 협력관계가 형성된다고 하면 동북지역 경제 활성화, 발전공간의 확보라는 多重利益을 거둘 수 있을 것임. 더욱 중요한 것은 동남아지역과의 거대한 역동관계의 형성으로 새로운 발전의 틀을 만들 수 있다는 점임.

- 셋째는 동북아지역에서의 안보문제임. 중국의 안보에 커다란 영향을 미치는 요소로는 미국의 동북아지역에 대한 공제, 한반도의 분열 상태와 불안한 정세, 일본의 우경화 경향 등을 꼽을 수 있음. 이러한 문제점들의 핵심은 한반도의 분열과 불안한 정세임. 미국의 공제전략과 일본의 우경화도 한반도의 분열이라는 배경으로 형성되고 있는 만큼 한반도문제가 동북아지역 일체 문제점들의 핵심

---

1) 발전공간이란 한 개 나라의 활동영역을 가리킨다. 이러한 영역은 다른 나라 혹은 다른 지역과의 원활한 교류에서 이루어지는데 그 효과는 교류의 활성화에서 나타낸다고 할 수 있다.

으로 지목되는 것임. 만일 한반도의 정세가 해빙되어 동북아지역 협력의 환경을 마련해 줄 수 있다면 미국의 동북아지역 공제전략은 그 기반을 상실하게 될 것이며 일본도 지역협력의 필요성으로 인해 더 이상 우경화를 고집할 수 할 수 없을 것임.

○ 중국의 동북아전략의 기조는 또한 세계적인 行爲範式의 변화라는 틀 속에서 이해해야 할 것임. 만일 세계가 냉전시대의 충돌을 기반으로 한 行爲範式을 형성하였다면 중국의 동북아전략의 기조도 충돌을 지향할 수밖에 없을 것임. 즉 충돌을 기반으로 한 行爲範式이란 적대적인 대상국을 설정하고 있을뿐더러 관념적으로 대방을 견제하거나 소멸하는 것이 자기가 생존할 수 있는 길이라는 점을 명확히 인식하고 있기에 서로간의 전략적인 기조도 적대적관계라는 틀 속에서 형성될 수밖에 없다는 것임. 냉전시대, 중국과 한국, 중국과 일본 등 관계가 바로 이러한 것들임.

- 국제사회의 행위범식이란 국제사회가 認同하는 행위의 법칙 혹은 일정한 규범으로 형성된 행위의 틀을 두고 이름.[2]

- 현시대 行爲範式의 형성은 두 개 측면의 효과로 나타나고 있음. 그 하나는 아무

---

2) 인류역사상 여러 가지 형태의 行爲範式을 형성하였었다. 본문의 분석의 편리를 위해 강대국들의 行爲範式을 간단히 살펴 본다. 강대국들의 行爲範式은 주요케 고대의 弱肉强食의 行爲範式, 근대의 植民掠奪의 行爲範式과 현대의 控制協力의 行爲範式으로 나누어 볼 수 있다. 고대의 弱肉强食의 行爲範式은 세계적인 유대관계가 형성되지 않았고 또 더욱 깊은 유대관계가 필요치 않았던 국가지간 관계의 산물이다. 말 그대로 弱肉强食의 行爲範式이란 행위자의 행위를 규범 할 수 있는 국제적인 환경이 없었기에 힘 있는 자가 힘없는 자를 먹어버리는 행위방식이다. 지금까지 광활한 영토를 자랑하고 있는 국가들은 모두 이러한 行爲範式에서의 승리자들인 것이다. 근대에 들어서서 세계 각국의 유대관계가 깊어짐에 따라 弱肉强食의 行爲範式이 더 이상 통하지 않게 되었다. 하지만 자본주의 발전에 필수적인 자원과 시장의 확보를 위한 行爲模式이 형성 되었는데 그것이 바로 植民掠奪이다. 植民掠奪이라고 이르는 行爲範式은 약자를 통치와 약탈의 대상으로 삼았을 뿐 그것을 삼켜버리는 弱肉强食의 行爲範式과는 많은 구별을 지닌다. 제2차 세계대전 이후, 세계는 전례 없는 국가주권의 시대를 맞이하게 되었는데 명확한 주권, 영토, 국민 등 관념들을 형성하였으며 따라서 강대국들의 약소국에 대한 行爲範式은 控制協力으로 전환하게 되었다. 즉 세계적인 경제적 유대관계와 행위규범의 형성으로 인해 강대국들이 마음대로 약소국을 삼키거나 지배하는 역사는 종식되었다는 것이다. 따라서 강대국들의 行爲範式도 커다란 변화를 일으켰는데 주요케 이유가 충분한 간섭, 공제와 상응한 협력으로 나타나고 있다.

리 강대한 국가라고 해도 그들의 전략적 목표의 설정은 현시대 行爲範式의 규범 안에서 이루어져야 한다는 것임. 예를 들면 아프간과 이라크에서 미국은 전례가 없던 수모를 당하고 있는데 그 이유는 현시대 行爲範式의 규범을 제대로 판독하지 못한데 있음. 미국정부는 이러한 전쟁이 명분이 있는가 혹은 없는가 하는 국제사회와 국내 정치세력의 압력을 받아야만 했고 또 민간인을 학살해서는 안 되고 심지어 포로를 학대해도 안 된다는 식의 새로운 행위규범에 시달려야만 했음. 이라크전쟁과 아프간전쟁은 막강한 군사력을 자랑하고 있는 미국이 새로운 國際行爲範式 앞에 무릎을 꾼 사례로 기록될 수 있을 것임. 다른 하나는 세계적인 경제적 유대관계의 형성은 각국으로 하여금 대립, 대항을 피하고 협력을 지향하는 전략적인 기조를 선택하게 되었음. 물론 대립과 대항은 종종 나타나고 있는 일이지만 총체적으로 보면 협력을 추구하는 윈윈구도의 창출을 전략적인 목표로 설정한다는 것임.

○ 현시대 國際行爲範式의 형성에서 세계적인 경제유대관계가 결정적인 작용을 일으켰음은 물론임. 이러한 경제시스템은 또한 각국의 외교정책이 공공연한 공격적인 형태를 지닐 수 없는 이유로 작용함.

○ 동북아에서 중국이 직면한 문제점과 國際行爲範式의 변화는 중국으로 하여금 동북아에서의 가장 유리하고 또 합리한 전략적인 목표를 추구하게 할 것임. 중국으로 두고 말하면 가장 큰 국가이익을 창출해 낼 수 있는 동북아지역 전략의 목표는 동북아지역 국제적 협력체의 구축임. 만일 동북아지역에서 국제적인 협력체를 구축한다면 중국은 동북3성과 북부지역 경제 활성화, 발전공간의 확장과 구역경쟁력의 확보, 동남아와 동북아지역에서의 역동관계 구축, 동북아지역에서의 안보위협 제거 등등의 실리를 챙기게 될 것임. 요컨대, 중

국은 동북아지역에서 대립과 충돌이 아닌 협력의 지향으로 그 전략적 기조를 형성할 것이며 또 이러한 전략적인 기조는 상당한 기간에서 큰 변화를 보이지 않을 것임.

▦ 3. 중국의 동북아전략 틀 속에서의 한반도의 이상적 상태

○ 등소평은 개혁개방초기 세계는 중국의 발전에 필수적인 戰略機遇期를 제공해 주고 있는데 적어도 50년이 될 것이라고 내다 봤었는데 세계적인 行爲範式의 변화는 중국에게 더욱 긴 戰略機遇期를 형성해 줄 가능성이 큼. 현재 중국은 지역적인 안정과 평화를 추구하는 외교정책을 펴 나가고 있는데 그것은 戰略機遇期를 적극적으로 이용해 중국의 거대한 발전을 이룩하려는 대전략의 일환이라고 볼 수 있음. 이러한 대전략의 큰 틀로 동북아지역 전략을 읽어 보면 중국의 최선의 선택은 가급적 대립과 충돌을 피하고 지역적인 협력을 꾀하는 것밖에 없음. 만일 중국이 공격적인 대외전략을 추진하고 또 지역적인 패권을 노린다면 주변국들의 중국에 대한 위협인식이 팽창할 것은 물론 그것은 주변국들과 미국의 중국에 대한 견제라는 공동한 대응을 불러 올 수 있음. 중국은 미국이 주도하는 국제질서에 도전하는 것이 아니라 그 틀 안에서 주변국들과의 유대관계의 증대로 강대국을 실현하려는 목표를 세우고 있음. 중국의 대한반도정책도 이러한 맥락에서 이해해야 할 것임.

○ 중국의 대한반도정책을 이해하려면 중국의 동북아전략의 목표를 參考系로 설정하고 그것으로 중국에게 있어서 한반도의 어떠한 상태가 가장 理想적인가 하는 것을 판단하여 그 정책에 필수적인 근거를 제시해야 할 것임. 중국의 전

략적 목표에로의 접근이 한반도의 어떠한 상태를 필수적으로 요구한다면 그러한 한반도의 상태는 중국이 요구하는 이상적 상태라고 규정지을 수 있는 반면 중국의 전략적 목표에로의 접근을 저지하는 상태는 불리한 상태라고 인정할 수 있음.

○ 중국의 대한반도정책을 이해하기 위해 미래 한반도의 가능한 변화 진로를 가설하고 그것들이 중국의 동북아전략목표에 주는 영향을 분석해야 함. 우리들이 설정 가능한 한반도의 상태는 아마 네 가지일 수 있는데 그것들이 중국에 끼치는 영향은 상당한 차이점을 나타내고 있음.

− 첫째는 현 상태의 유지임. 한반도의 현상유지란 소위 불통불란의 상태라고 이해 할 수 있는데 적어도 지금과 같은 남북지간의 대립은 있어도 충돌은 없는 온정한 상태를 가리킴. 많은 한국과 일본의 학자들은 중국은 실지로 한반도의 현상유지를 선호한다고 인정하고 있는데 그 이유로 중국은 북한을 전략적인 완충지역으로 간주하고 있고 또 남북한과의 等距離외교에서 영향력을 행사함으로서 정치적인 이익까지 챙긴다는 것들을 제시하고 있음. 논리적으로 북한이 지역적인 熱點을 형성하였고 또 중한관계가 대립적인 관계가 아니기에 북한을 더 이상 중국의 전략적인 완충지역으로 이해할 수 없을 것임. 얼핏보면 중국이 남북지간을 오가면서 실리를 거두는 듯 하지만 곰곰이 따져보면 결국은 6자회담과 같은 국제회의에서의 발언권이나 몇 개 확보했을 따름이라고 인정하게 될 것임. 한반도의 현상태 유지는 오히려 중국의 동북아지역에서의 협력 이익을 실현할 수 없을뿐더러 그것으로 인해 한반도의 폭발성적인 에너지가 대량 축적되고 있기에 중국이 만족할 수 있는 상태가 아님. 즉 중국에게 있어서 한반도의 현상유지란 어쩔 수 없이 받아들여야할 현실이지 이상적인 상태는 아니라고 인정됨. 한반도가 중국과 동북아지역을 연결하는 요충지에 있다는 것이 보다 중

요함. 만일 한반도가 지속적인 현상유지 상태에 처한다면 중국이 설계한 동북아전략이란 백지에 불과할 것임.

- 둘째는 한반도에서 나타날 수 있는 급변사태임. 급변사태란 무력충돌을 포함한 각종 위기 상황을 가리키는데 그러한 상황이 발생한다면 중국은 버금가는 피해국이 될 것임. 예컨대, 만일 한반도에서 무력충돌이 일어난다면 중국은 수백만을 헤아리는 난민의 충격에 빠져 들어 갈 것이며 또 동북아지역의 혼란 상태로 인해 경제적인 막대한 손실을 입을 것임. 중국에게 있어서 한반도의 급변사태란 최악의 시나리오임.

- 셋째는 북한의 개혁개방으로 형성될 수 있는 한반도의 연착륙상태임. 현재 북한은 완고하게 개혁개방을 거부하고 있지만 그 엄청난 경제난의 타개책은 개혁개방에 있을 것임. 장기적인 관점에서 보면 일정한 시간을 거친 대외 경제적인 교류로 인한 경제유대관계의 형성으로 북한도 어쩔 수 없이 개혁개방의 길을 걸어가야 할 가능성은 존재함. 요즘 북한의 시장경제의 성장과정을 살펴보면 북한정부는 어쩔 수 없이 시장경제의 확장으로 형성되는 사회적 변화를 수용하고 있다는 점을 쉽게 발견할 수 있음. 물론 북한의 개혁개방이란 상당한 시간이 수요 될 것이며 북한내부에서의 엄청난 진통을 유발할 수 있는 가능성도 있으나 한반도문제의 해결의 한 개 중요한 진로로 될 것임. 만일 북한이 개혁개방의 길을 걷는다면 중국으로서는 환영할 것임. 북한의 개혁개방은 중국에게 그 동북아전략을 실시할 수 있는 전제를 형성해 줄 것이며, 또 동북3성의 경제 활성화와 지역적 안정이라는 거대한 이익을 안겨주게 될 것임. 이러한 상태는 중국이 환영할 시나리오이나 체제의 유지를 기반으로 하는 개혁개방은 상당한 시간을 소요 할 것이며 또 그 체제자체의 향방도 불투명할 수 있다는 단점이 있음.

- 넷째는 남북한의 통일임. 남북한의 통일이란 한반도의 통합을 의미하는 것으로 중국과의 총체적인 협력과 개방을 의미하는 중대한 사건임은 틀림없음. 만일

이러한 상태가 형성될 수 있다면 중국은 최대의 이익을 거둘 수 있는 주변국으로 될 것임. 그 이유는 한반도의 통일은 중국에게 全方位적인 개방으로 동북아 진출의 장애물을 제거해 줄 것이며, 따라서 동북아지역의 미국의 영향력 감소라는 안보이익도 안겨 줄 수 있을 것임. 많은 학자들은 중국이 한반도통일로 인한 미한동맹의 강화를 근심하고 있기에 한반도의 통일을 내심 바라고 있지 않는다고 인식하고 있으나 향후 중국의 발전을 염두에 둔다면 이러한 관점들은 그렇다고 할 만한 근거가 없음. 오히려 한반도의 통일은 동북아지역의 협력을 가속화 할 수 있으며 따라서 동북아지역 각국의 전략적인 취향은 경제적인 협력에로 쏠릴 수 있기에 중국에 대한 안보압력은 감소할 추세를 보일 것이라는 가설이 더욱 설득력을 지님.

○ 상술한 네 개의 시나리오를 중국이 추구하고 있는 동북아전략이라는 틀에서 분석하면 분명한 결과가 나타남. 즉 중국에게 있어서 미래 한반도의 이상상태는 통일임. 물론 북한의 개혁개방도 중국에게 상당한 이익을 안겨줄 수 있지만 동북아 진출의 길을 완전히 열어주었다고 보기 어렵기에 비교적 이상적인 상태라고 인정될 수 있음. 물론 중국이 한반도의 통일을 지지한다는 데에도 많은 조건이 있을 수 있으나 결과적으로 중국은 많은 혜택을 받을 수 있기에 지지하지 않을 이유도 별로 없음.

∷ 4. 한반도문제에 있어서 중국의 가능한 정책선택

○ 중국의 입장에서 보면 한반도문제란 한반도의 분열 상태와 북한의 미개방상태가 중국에게 끼칠 수 있는 부정적인 영향이라고 인정될 수 있음. 북한의 미개방

상태, 경제시스템의 붕괴, 핵개발 등은 한반도문제를 상당히 복잡한 형태로 끌어가고 있음.

○ 중국으로 두고 말하면 한반도문제란 엄청난 골칫거리임. 역사적인 관점에서 보면 한반도의 지정학적인 가치가 부각될 때 마다 중국은 최대 피해국이 되었었음. 갑오전쟁, 러일전쟁 그리고 한국전쟁에서 중국이 치른 비싼 대가가 바로 이 점을 증명해 주고 있음. 한반도는 비록 작은 지역이지만 근현대에 들어서서 동북아각국의 전략이 이곳을 통해 전개되었다는 사실이 한반도는 동북아에서의 극히 전략적의미를 지닌 요충지임을 설명함. 역사가 남겨 준 교훈이 그렇듯이, 각국의 전략적인 초점이 한반도에 맞추어 질 때, 그것은 중국에게 이로운 점을 안겨주는 것이 아니라 항상 위험한 상태를 초래했다는 사실로 인해 중국은 당연히 한반도문제에 대해 촉각을 곤두세우고 있음. 현재 한반도에서 전개되고 있는 상황을 중국이 예민하게 주시하고 있는 이유가 바로 여기에 있음. 중국의 입장에서 보면 한반도가 평화적이고 협력적이면 막대한 이익을 창출할 수 있는 반면, 한반도의 그 어떤 형태의 긴장상태이건 모두 중국에게 부정적인 영향을 끼치고 있다고 인정될 수 있음. 하기에 한반도문제의 해결에 가장 적극적인 나라는 아마 중국일 것임.

○ 그렇다고 중국이 무작정 한반도문제의 해결에 나설 수는 없을 것임. 그 이유는 한반도문제란 상당히 복잡한 국제관계의 배경으로 형성되었고 또 한반도자체의 향방이 중국에게 상당히 큰 영향을 주고 있다는데 있음. 예컨대 만일 한반도의 통일이 중국과의 협력적인 한반도의 출현을 의미한다면 중국으로서는 지지하지 않을 수 없는 반면, 그것이 중국과 대립적이고 또 미국과의 동맹관계의 강화를 추구하는 면모를 띤다면 중국으로서는 오히려 한반도통일을 위협적으

로 인식할 수 있을 것임. 중국의 입장에서 보면 협력적인 한반도의 통일을 이루어내는 것이 대한반도정책의 기조라고 인식될 수 있음. 만일 한반도문제의 해결이 궁극적으로 중국에게 불리한 국면을 초래한다면 중국으로서는 한반도 문제를 해결하려는 목표 자체가 문제시 된다고 인식할 수 밖에 없음.

○ 중국의 대한반도정책의 기조는 최대국익의 창출이라는 전제에서의 한반도통일지지임. 통일된 한반도와 중국과의 협력적인 관계의 구축으로 윈윈구도를 창출함으로서 중국의 경제발전과 안보이익의 극대화를 이룩하려는 것임.

○ 미래 동북아지역의 정치구도의 변화, 한반도의 정책적인 향방 등이 중국의 대한반도정책에 영향을 끼칠 것임. 중국의 한반도정책은 그 정책선택의 근거로 될 수 있는 한반도의 정책과 관련됨. 만일 통일된 한반도(한반도의 통일이란 막을 수 없는 대세라면)가 중국과의 협력적인 관계를 구축할 수 있다면 중국은 한반도의 통일을 대폭 지지하는 방향으로 대한반도정책을 전개할 것인 반면 통일된 한반도가 미국과의 동맹관계의 강화, 영토문제 분쟁화 등 대립적인 정책을 추구한다면 중국으로서는 동북아에서의 거대한 이익창출이라는 전략을 수정 또는 포기할 수밖에 없을 뿐더러 한반도의 현상유지라는 정책을 펴내갈 가능성이 커짐. 현재 중국의 학계의 "한반도통일위협론"과 "한반도통일이익론" 간의 토론이 바로 이러한 정책선택의 고민을 반영하고 있음.

○ 필자는 중국의 미래 한반도정책은 "한반도통일이익론"의 전제에서 형성될 것이라고 봄. "한반도통일위협론"이란 중국의 상당한 학자들이 아직도 자신심 부족이라는 심리갈등에서 벗어나지 못해 형성된 관점들임. 약소국이 그렇듯이, 다른 나라들의 행위에 대해 항상 위협적으로 인식하고 또 그것을 과대평가

하는 경향은 실지로 자국의 힘에 대한 자신심 결핍으로 인해 형성된다는 것임. 만일 한 개 나라가 막강한 국력을 형성하였고 또 주변국 혹은 세계에 커다란 영향력을 끼친다고 할 때 그들은 자국의 이익에 따라 주변의 환경 즉 국가지간 관계를 조절할 능력을 지닐 수 있음. 요컨대 소위 강대국이란 그들의 전략목표에 따라 적극적으로 국제 정세를 조절할 능력을 가진 나라라고 인정할 수 있음. 현재 중국은 미국과 대등한 위치를 누릴 수 있는 능력은 없으나 지역적인 국제관계를 자신들의 목표에 따라 개변할 수 있는 능력은 지니고 있다고 볼 수 있음. 만일 중국이 현재의 발전추세를 상당 기간 유지해 나간다면 주변지역에 대한 영향력의 확대로 한반도의 미래에 대한 많은 우려를 해소할 능력을 지닐 것임. 중국이 막강한 영향력을 형성한다고 함은 중국의 주변 환경을 개변할 수 있는 能動性을 의미하는 동시에 주변국들이 중국에 대한 대립적인 입장을 취할 가능성이 낮아짐을 의미하기도 함.

○ 중국의 이러한 변화에 대해 한반도가 어떠한 반응을 보일 것인가 하는 것도 중요함. 혹은 강대한 중국을 너무 의식한 나머지 미국과 일본과의 유대관계를 강화하거나 혹은 중국과의 관계를 협력적인 관계로 발전시키거나 모두 한반도의 선택과세로 되는 것임. 하지만 중국과 인접하고 있는 한반도를 두고 말하면 가장 가능한 정책적인 선택은 미국과 중국지간의 등거리 외교 혹은 중립적인 외교 기조라고 전망될 수 있음. 만일 한반도가 대중국 우호적이고 협력적인 정책을 펴내간다면 중국은 물론 환영하겠지만 중립적인 정책만 펴낸다고 해도 중국으로서는 환영하지 않을 이유가 없음.

○ 중국내의 "한반도통일위협론"과 "한반도통일이익론"의 논쟁에는 한 개 분명한 공통적인 인식이 존재하는데 그것이 바로 한반도와의 협력의 필요성과 중

요성에 대한 공감임. "한반도통일위협론"의 전제는 통일한반도가 위협적일 수 있다는 가설에서 비롯된 만큼 통일한반도가 결코 중국과의 대립적인 외교정책을 펼 수 없다는 인식이 객관성을 띤다면 중국의 정책적인 기조는 "한반도통일이익론"을 기반으로 형성될 수밖에 없을 것임.

○ 중국의 대북정책은 또한 한국의 일부 학자들의 오해를 불러일으키는 한반도정책의 한 개 중요한 부분임. 냉전이 종식되면서 중국과 북한의 혈맹적인 동맹관계는 많은 변화를 가져왔음. 중국의 개혁개방과 북한의 폐쇄성은 선명한 대조를 이루었을 뿐만 아니라 두 나라의 정책기조상 옛날의 혈맹적인 동맹관계가 많이 퇴색할 수밖에 없음. 그럼에도 불구하고 중국과 북한은 여전히 일정한 우호관계를 유지하고 있으며 또 특수한 경우 그것을 표방하려 하고 있음. 이러한 점으로 인해 많은 학자들은 중국은 북한을 여전히 미국과의 대립의 전초기지로 보고 있기에 핵문제와 같은 중대한 문제에 있어서까지 북한을 두둔해 나서고 있다고 생각하고 있음.

○ 중국학계의 많은 연구결과들을 살펴보면 중국은 대북정책에서의 깊은 딜레마를 안고 있음을 발견할 수 있음. 중국의 입장에서 보면, 북한의 가장 이상적인 상태는 개혁개방으로 중국과의 정책적인 일치성을 형성하고, 더 이상 지역적인 열점으로 되지 말아야 하며, 중국과의 정치, 경제의 깊은 유대관계를 형성하는 것일 것임. 하지만 현재의 북한은 중국의 이러한 희망 사항들에 대해 하나도 만족해 주지 않고 있음. 북한의 폐쇄적인 정책은 동북아지역의 斷裂帶를 형성하고 있는데 중국의 동북아진출을 가로막고 있는 가장 큰 장애물로 지목되고 있음. 일각에서는 북한이 미국의 대중국 압력을 완충해 준다고 말하고 있지만 곰곰이 분석해보면 오히려 북한과 미국지간의 相互依存적인 대립관계가

미국의 대중국 압력을 강화하고 있다는 설이 더욱 설득력을 지닐 수 있음. 설상가상으로 북한의 핵개발은 중국에게 커다란 안보문제를 조성하고 있는데 중국으로서는 부담거리가 아닐 수 없음. 그렇다고 중국이 북한을 완전히 배척하고 고립시키는 정책을 펴기는 어려울 것임. "핵을 보유하면 지원할 수 없다", "북핵문제로 인해 발생한 전쟁을 지원할 수 없다"는 입장이지만 그렇다고 순치관계인 북한을 몰아붙이고, 정권을 화해시키는 데 앞장설 수는 없음. 중국의 북한에 대한 강경한 압박조치는 그 의도와 달리 동북아에서 분쟁과 혼란을 촉발할 수 있고, 반대로 북한을 지원하면 국제사회로부터 비난과 압력에 직면할 것임."(문대근: 『한반도통일과 중국』. 297쪽. 늘품프러스. 2009). 이것이 바로 중국이 직면한 딜레마라고 할 수 있음.

○ 필자는 중국의 대북정책의 기조는 한반도의 비핵화, 북한의 개혁개방을 유도, 북한과의 경제적인 유대관계의 구축에 두고 있다고 인정함. 물론 구체적인 정책 실시 과정에서 강경한 입장 혹은 유연한 입장을 취할 수 있으나 궁극적인 목표는 북한을 적극적으로 개변하여 동북아지역의 책임 있는 일원으로 등장할 수 있는 여건을 마련해 주는데 있다고 봄.

○ 중국의 외교 전략의 가능한 선택을 한 개 가설로 이 문제를 이해할 수 있음. 일본과 한국의 소수 극단적인 학자들은 중국이 동해 진출의 필요성을 절실히 느끼고 있음으로 하여 사실상 북한을 통제하고 나아가서 북한을 정복하려는 전략을 펴고 있다고 주장하는데 그들의 가설로 그 후과를 생각해 볼 수 있음. 만일 중국이 이러한 假想한 전략을 현실화 한다면 한국, 미국, 일본의 거센 항의는 간단하게 상상할 수 있는 후과임. 한걸음 더 나아가 유엔의 대중국 제재가 개시되었다고 상상해 볼 수 있음. 그렇다면 대외무역의존도가 64%에 달하는

중국은 제반 시스템의 붕괴라는 엄청난 위기에 처하게 될 것임. 여기에서 중국이 과연 이러한 위험을 감수하면서까지 한반도에 대한 공격적인 외교를 펼 수 있을까 하는 의문이 제기됨. 더욱이 발전의 평화적인 환경마련에 주력하고 있는 중국이 주변국과의 마찰을 야기할 수 있는 공격적 외교를 펼친다면 전략과 그 도경선택의 갈등을 빚을 것은 불 보듯 뻔한 일임.

⁙ 5. 맺는 말: 중국의 정책선택의 가능성과 중한지간 윈윈 구도 창출의 전제

○ 중국의 동북아전략 기조가 대한반도정책에 끼치는 영향과 대한반도정책을 절대적으로 이해할 필요는 없음. 왜냐하면 한 개 나라가 추구하는 전략은 반드시 복잡한 국제환경에서 실현해야 하므로 다른 나라들의 정책, 전략 그리고 현실적으로 나타난 문제점들이 그것에 상당한 영향을 미칠 수 있기에 제정된 전략이라 할지라도 수정 혹은 포기도 가능하기 때문임. 이러한 의미에서 보면 소위 전략적인 목표란 가설할 수 있는 이상상태에 대한 추구라고 말할 수 있음. 즉 국제관계의 각종 변수들이 중국의 대동북아전략 혹은 대한반도전략의 기조를 바꾸어 놓을 가능성은 수시로 존재한다는 것임. 이러한 의미에서 한국과 중국은 그 전략적인 兼容관계의 형성에 주력할 필요가 있음. 서로간의 이익을 객관적으로 분석하고 또 서로 이로운 윈윈구도의 창출을 목표로 설정한다면 중국의 적극적인 대한반도정책의 수립에 새로운 힘을 실어 줄 수 있을 것임. 서진영교수는 "부강한 중국의 등장과 강대국관계의 변화가 한반도문제 해결에 긍정적인 기능을 할 수 있"을 것이며 한국에게 있어서는 경제차원뿐 아니라 정치외교적 차원에서도 기회라고 주장하고 있음. (서진영: 『21세기 중국외교정책:

"부강한 중국"과 한반도」. 폴리테이야. 313쪽) 필자도 이러한 관점에 동감함.

○ 현재 한국의 학계에서는 중국이 과연 어떠한 대한반도정책을 펴낼 것인가 하는 문제에만 촉각을 곤두세우고 있으나, 한국은 도대체 어떠한 정책을 펴내 중국으로 하여금 한반도에 유리한 정책을 선택하도록 하는 근거를 제시할 수 있을 것인가 하는 문제는 별로 논의하지 않고 있음. 실지로 한 개 나라의 전략적인 선택이란 일방적으로 이루어질 수 없음. 전략적인 선택의 근거는 상대방의 전략적인 기조인 만큼 한국의 대중국정책도 중국의 대한반도 정책선택에 상당한 영향을 끼칠 수 있음. 이러한 시각에서 본다면, 한국학계는 마땅히 통일에 대한 가설을 전제로 한반도의 대중국정책의 기조를 어떻게 설정해야 하는가 하는 문제를 본격적으로 논의해야 할 것임. 만일 이러한 논의에서 통일한반도의 대중국정책이 협력적이라는 것을 객관적으로 논증해 낸다면 중국의 대한반도정책선택의 중요한 근거를 마련해 줄 것임.

○ 중국과 한반도지간의 윈윈구도 창출의 전제는 쌍방에게 모두 유리한 이익구도의 형성임. 현재 중국과 한국의 학계에는 냉전시대의 사유방식이 널리 존재하고 있으므로 하여 중한지간 이익구도 창출의 장애를 형성하고 있음. 중한지간의 이익구도를 명확히 인식하고 그것으로 정책선택의 전제를 형성한다면 중한지간의 윈윈구도를 창출해 낼 수 있을 것임.

4장

북한과 통일

북한의 최근 법제 동향과 전망:
미국의 두 여기자 사건을 계기로

장 명 봉(북한법연구회장)

미국 TV방송의 두 여기자가 2009년 3월 북한-중국 접경지대에서 탈북자 문제를 취재하다가 북한군에 체포돼 중형을 선고받으면서 북한의 법제에 대한 관심이 제고되고 있다. 상당한 수준의 지식인들조차 "북한에도 법이 있는가?"라고 묻는 경우가 간혹 있다. 오랫동안 북한법을 연구해온 필자로서는 당혹스러운 질문이 아닐 수 없다. 이는 또 우리가 북한에 대해 그만큼 잘 모르고 있다는 반증이기도 하다.

북한에서는 사회주의 법치국가로 되어야 강성대국 건설도 성과적으로 수행해 나갈 수 있다고 말한다. 법제정 사업은 법치의 선결조건인 만큼 사회주의 법치국가를 건설하기 위해서는 법체계부터 완비하여야 한다고 한다. 이에 따라 근래에 들어 북한은 많은 법령을 제정하고 법전도 편찬하고 있다. 특히 북한이 2004년 「조선민주주의인민공화국 법전」을 일반주민들을 대상으로 발간해 공개한 것은 매우 특별한 의미를 갖는다고 하겠다. 이는 북한의 정책변화를 시사하는 것으로 보이기 때문이다. 이 법전에는 2000년대에 들어 대내외적인 환경변화에 따른 새로운 입법들도 많이 눈에 띈다.

북한이 주장하는 사회주의 법치국가 건설론은 '당적 령도하'의 사회주의 법치국가 건설론이다. 이는 우리나라의 경우처럼 정치, 행정 할 것 없이 모두가 법률에 근거하는 세계적 스탠더드의 법치개념과는 물론 본질적으로 다르다. 하지만 앞으로 북한에서도 점차 법에 의한 통치로의 변화가 기대된다.

북한의 최근 입법동향을 보면, 전반적으로 폐쇄에서 개방으로서의 실용주의적 경향을 보여주고 있다. 근자에 제정 또는 개정된 북한의 법률들의 내용을 살펴보면, 이데올로기적 요소가 줄어들고 대신에 객관적 사회규범으로서의 기능과 역할이 기대됨으로써 북한사회에서도 앞으로 교시에 의한 통치로부터 법에 의한 통치로의 변화가 촉진될 가능성이 엿보인다. 따라서 북한의 법제정비와 입법동향에 비추어 향후 북한의 봉지시스템은 '교시'가 '낭성책화'하고 그것이 '법화'하는 메커니즘, 즉 "교시→낭성책화→법화"로 작동될 것으로 전망된다.

1. "북한에도 법이 있는가?"

○ 미국 「커런트 TV」 소속의 두 여기자 '로라 링'과 '유나 리'가 2009년 3월 두 만강 인근 북한–중국 접경지대에서 탈북자 문제를 취재하다가 북한 국경을 넘는 바람에 북한군에 체포돼 억류되면서 큰 파문이 일었음. 그후 세계 언론의 주목 속에서 두 여기자는 지난 6월 북한 중앙재판소로부터 조선민족 적대죄, 비법국경출입죄 등의 혐의로 각각 12년의 노동교화형을 선고 받았음.

○ 국내외를 막론하고 상당한 수준의 지식인들조차 "북한에도 법이 있는가?"라고 묻는 경우가 간혹 있음. 평생에 걸쳐 통일문제와 북한헌법 등을 연구하고 특히 지난 93년 여러 전문가들과 함께 「북한법연구회」를 결성해 나름대로는 꾸준하게 연구활동을 해온 필자로서는 참으로 당혹스러운 질문이 아닐 수 없음. 이러한 질문은 역설적으로 우리가 북한에 대해 그만큼 잘 모르고 있다는 반증이기도 함.

○ 따라서 여기에서는 북한의 법제 동향을 일별하는 일에서부터 시작하고자 함. 그런 다음 미국의 두 여기자 문제와 한국의 개성공단 근로자 장기억류 문제를 규범적 차원이 아니라 현실적 차원에서 살펴보고 마지막으로 북한 법제의 향후 전망을 시도해 보는 것으로 마무리 하고자 함.

2. 「사회주의 법무생활론」과 「사회주의 법치국가 건설」

○ 김일성이 1977년 12월 15일에 열린 최고인민회의 제6기 제1차회의시 "인민정

권을 더욱 강화하자"라는 연설에서 △사회주의적 민주주의의 기본내용 △사회주의적 민주주의의 실시방법 △관료주의와의 투쟁 등을 내용으로 하는 '사회주의 법무생활'에 대하여 밝힌 이후, '사회주의 법무생활론'은 북한사회에서 법분야의 독특성을 나타내는 이론으로 되었음. '사회주의 법무생활'이란 "사회주의 사회에 사는 모든 사회성원들이 법규범과 규정을 철저히 지키고 그 요구대로 활동하는 사회생활"이라고 함.

○ 김정일도 '사회주의 법무생활'의 강화를 강조하면서 사회주의 헌법을 비롯한 국가의 법규범과 규정의 철저한 준수를 위한 이른바 '혁명적 준법기풍'의 확립을 역설하였음. 또한 그는 준사법기관이라 할 수 있는 '사회주의 법무생활지도위원회'의 임무과 기능을 체계화하였음. 북한의 1992년 개정헌법은 '사회주의 준법성'을 강조한 조항에서 "국가는 사회주의 법률제도를 완비하고 사회주의 법무생활을 강화한다"는 규정(제18조 제3항)을 추가 신설하여 이에 대한 헌법적 근거를 마련하였음.

○ 북한에서는 '당의 령도하에' 사회주의 법치국가로 되어야 강성대국 건설도 성과적으로 수행해 나갈 수 있다고 말함. 강성대국 건설은 짜여진 법률제도와 질서를 전제로 하며 그에 의하여 담보된다는 것임. 또 북한에서는 법치를 하여야 경제강국 건설도 성과적으로 진행할 수 있다고 강조함. 그것은 법률적 담보밑에서만 사회주의 경제제도를 강화 발전시켜 나갈 수 있으며 인민경제계획을 법화하여 무조건 수행할 수 있기 때문이라는 것임.

○ 요컨대 북한에서는 사회주의 국가가 법을 강화하고 법치를 하여야 사회주의적 민주주의를 원만히 실현하고 인민들의 이익을 철저히 옹호할 수 있으며 사회

주의 제도를 지키고 사회주의 강성대국을 성과적으로 건설해 나갈 수 있다고 강조하는 것임. 법제정 사업은 법치의 선결조건인 만큼 사회주의 법치국가를 건설하기 위해서는 법체계부터 완비하여야 한다고 함. 이에 따라 근래에 들어 북한은 많은 법령을 제정하고 법전도 편찬해 왔음을 엿볼 수 있음.

3. 법전 발간

○ 우리나라와 같은 법전을 펴낸 적이 거의 없었던 북한이 이례적으로 2004년 「조선민주주의인민공화국 법전」을 '대중용'으로 발간하였음. 북한에서는 법전을 발간하는 경우에도 배포대상에 따라 구성과 내용을 달리하여 출간함. 이를테면, 당간부들을 대상으로 발간하는 경우에는 '간부용'이라고 별도 표시를 하고 비공개로 함. '기관내부용' 또한 비공개임. 2009년 4월 북한 최고인민회의에서 이뤄진 헌법의 부분개정 내용 역시 비공개로, △국방위원회의 지위강화와 함께 △국방위원장의 종래 국방사업 전반 지도가 국정 전반 지도로 개정된 것이 아닌가 하는 추측만이 우리 사회 일각에서 나돌았음.

○ 따라서 수령중심체제인 북한이 2004년 일반주민들을 대상으로 대중용 법전을 발간해 공개한 것은 매우 특별한 의미를 갖는다고 하겠음. 해방 후 북한에서 법전이 발간된 일이 없었는데, 현실적인 필요성으로 인해 대중용 법전을 발간하였고 게다가 이를 공개한 것 자체가 북한의 정책변화를 시사하는 것으로 보이기 때문임. 이는 개방으로 가는 발걸음을 떼는 신호탄으로 해석해 볼 수도 있을 것임.

○ 이 대중용 「조선민주주의인민공화국 법전」에는 2004년 6월 말 현재 시행되고 있는 사회주의 헌법, 민법과 형법은 물론 '금강산관광지구법'과 '개성공업지구법' 등 모두 112개의 법률이 수록되어 있음. 이 법전에는 1990년대 이후 제정 또는 개정된 법률들도 수록되어 있지만, 특히 2000년대에 들어서서 대내외적인 환경변화에 따른 새로운 입법들이 많이 눈에 띔.

○ 이를테면 1950년 제정된 북한 형법은 2004년에 전면개정되어 '죄형법정주의'를 도입함. 북한의 과거 형법의 경우 구체적인 처벌조항이 없는 경우에는 비슷한 조항으로부터 유추해석을 하도록 함으로써 '인권침해'라는 비난을 받았는데, 이 유추해석 조항이 2004년 개정에서 삭제된 것임. 구체적인 처벌조항을 넣기 위해 형사소송법의 대폭개정도 함께 이루어졌음. 이런 것들이 이번에 발간된 대중용 법전에 모두 수록돼 공개된 것임. 2002년 「7·1 경제관리 개선조치」이후 시장경제적 요소를 일부 도입한 북한은, 남한과의 협력을 법제도적 기반 위에서 추진하기 위하여 '금강산관광지구법'과 '개성공업지구법'을 제정해 법전에 수록하였음.

○ 북한은 또 2006년에는 「조선민주주의인민공화국 법전」(대중용)의 증보판을 발간하였음. 여기에는 '북남경제협력법', '중앙은행법' 등 제정 또는 수정보충된 47개의 법률을 수록하였음. 여기에는 경제난을 타개하기 위한 △합작법 △합영업 △외국인기업법 △외국인투자법 등이 포함되었음. 또 환경관련법을 정비해 △바다오염방지법 △대동강오염방지법 △환경영향평가법 등을 도입한 것도 환경의식에 대한 각성을 엿볼 수 있는 대목임.

○ 그 뒤 2006년 이후 2008년 3월까지 새로이 제정된 법률 가운데에는 상업은

행법, 외국투자기업등록법, 자금세척방지법 등이 눈길을 끎. 일반적인 예금, 대부, 결제 업무를 담당하는 상업은행을 독립채산제로 운영하도록 하는 상업은행법이 2006년 1월 제정된 것은, 중앙은행법이 2004년 9월 만들어졌음을 감안할 때, 북한이 금융시스템을 본격적으로 정비하는 중임을 의미한다고 하겠음. 즉, 북한은 금융시스템을 2원적으로 운용할 것임을 전망케 함.그리고 2006년 10월에 제정된 자금세척방지법은 당시 파장이 컸던 BDA(방코델타아시아)의 북한자금 동결시기에 나온 법임. 이 법에서는 자금세척에 이용될 수 있는 위조 또는 변조한 화폐, 마약, 무기의 밀수·밀매 등으로 얻은 자금이나 재산을 합법적으로 마련한 것처럼 하는 행위를 '자금세척'이라고 규정짓고 있음. 어쨌든 북한도 글로벌시대를 맞아 국제사회 기류에 대응하기 위해 점차 시의에 맞춰 법제를 정비하고 있는 셈이라 하겠음.

⁝⁝ 4. 미국의 두 여기자 사건

○ 미국의 두 여기자가 유죄판결을 받은 것은 북한의 형법 제69조(조선민족 적대죄)에 따른 것임. 제69조는 "다른 나라 사람이 조선민족을 적대시할 목적으로 해외에 상주하거나 체류하는 조선사람의 인신, 재산을 침해하였거나 민족적 불화를 일으킨 경우에는 5년 이상 10년 이하의 로동교화형에 처한다. 정상이 무거운 경우에는 10년 이상의 로동교화형에 처한다"고 규정하고 있음. 북한은 해외의 TV방송사 소속의 두 여기자가 탈북자를 만나고 탈북루트를 취재해서 북한체제를 비방하려는 정치적 목적을 가졌다고 보고 민족적 불화를 일으킨 사건으로 판단했음직함. 따라서 조선민족 적대행위를 했기 때문에 제69조를 어겼다고 보고 특히 정상이 무거운 경우에 해당한다고 판단해 10년의 노동교

화형을 적용한 것으로 보임. 동시에 형법 제233조(비법국경출입죄)의 "비법적으로 국경을 넘나든 자는 2년 이하의 로동단련형에 처한다. 정상이 무거운 경우에는 3년 이하의 로동단련형에 처한다"는 규정을 어긴 것으로 판단해 2년형을 추가하였음. 따라서 두 여기자는 북한의 중앙재판소에서 위의 두 가지 죄목의 형기를 합산해 12년의 노동교화형을 선고받은 것임. 북한의 중앙재판소는 다른 재판소의 관련 사건도 자신의 관할로 할 수가 있고 단심으로 끝나게 되어 있어 상소할 길도 없음. 재판과정에서 한국계 기자인 '유나 리'의 경우 변호사를 선임하지 않았지만, 중국계의 기자 '로라 링'은 변호사를 선임하였다고 함. 하지만 변호사의 유무에 관계없이 형량이 똑같은 것을 보면 변호사의 역할이 북한에서는 제한돼 우리나라의 경우와 다르다는 것을 알 수 있음.

○ 한편 북한의 법에 따르면 노동교화형은 노동교화소에 수감돼 노동을 해야 함. 하지만, 2009년 7월초에 북한을 다녀온 미국의 조지아주립대의 박한식 교수는 국내 일부 언론과의 인터뷰에서 "두 여기자는 초대소에서 잘 지내고 있다고 한다. 정치적으로 충분히 해결할 수 있다는 느낌을 받았다"고 말함. 미국의 빌 클린턴 전 대통령이 최근 북한을 방문해 8월 4일 두 여기자와 함께 귀국하는 항공기 트랩에 오름으로써 북한은 미국과의 교섭에 이 사건을 이용하려는 정치적인 계산을 하고 있었던 것이 드러났음.

5. 개성공단 남측인원 장기억류 사건

○ 그동안 남북 간에는 남북교류협력이 개시된 이래 많은 관련 합의서가 만들어졌음. 경협 관련 4대 합의서를 비롯하여 개성공단 통신 · 통관 · 검역 관련 합

의서와 함께 개성공단과 금강산 출입·체류 합의서도 체결되었음. 이들 합의서들은 소정의 발효절차를 거쳐 발효되었음. 이런 가운데 작년 남측 금강산 관광객 피격사망사건과 올해 개성공단 남측인원 장기억류사건이 발생한 것임. 이는 그간의 남북교류협력 과정에서 북한 체류 남측인원의 신변안전 보장문제가 소홀히 다루어졌음을 보여주는 것이라 하겠음.

○ 남북 간 출입·체류 합의서 제10조에는 신변안전보장 조항이 있음. 즉, 개성공업지구에서 북한의 법질서를 위반한 경우 제재 조항을 두고 있는데, 북측에서 조사해서 경미한 경우에는 범칙금 등만 부과해서 남측으로 인도해 남측에서 처벌하도록 하고 있음. 그리고 남측에서는 처리 결과를 북측에 통보토록 하고 있음. 그런데 엄중한 위반행위를 한 경우에 대해서는 합의된 것이 없음. 단지 "엄중한 위반행위를 한 경우에는 남과 북이 합의해서 어떻게 처리할 것인지를 정한다"로만 되어 있음. 따라서 출입·체류 합의서 체결 이후 남북당국이 만나 머리를 맞대고 '엄중한 위반행위'의 개념과 구성요건, 처리방향 등을 정하는 등 그 후속조치를 마련했어야 했음. 이러한 신변안전 보장조치의 부속합의서를 만들지 않은 것은 당국이 그 책임을 다했다고 하기 어려운 참으로 아쉬운 대목이라 하겠음.

○ 개성공단 사업은 현재도 계속되고 있음. 그리고 사람이 있는 곳에서는 사건이 발생하게 마련임. 따라서 지금이라도 출입·체류 합의서를 이행하기 위한 부속합의서를 조속히 마련하기 위해 남북이 접촉해야 함. 개성공단에 장기억류된 유모씨의 경우 출입·체류 합의서에 따라서만 처리하겠다는 게 북측의 입장이어서 미결 상태가 장기간 계속되고 있음. 북측은 아무런 조치없이 무작정 억류하고 있는 것임. 유모씨 신변문제는 우리로서는 더할 수 없이 중요한 문제

이지만 뾰족한 대응수단이 없는 게 문제임. 참으로 답답하다고 할 수밖에 없음. 북한측도 개성공단의 중요성을 인식하고 있는 것으로 보임. 개성공단 사업은 단순한 경협차원을 넘어 평화사업이자 통일사업으로서도 계속되고 이어져야 함. 따라서 북측도 유모씨의 신변을 빨리 처리해야 할 필요성을 느낄 것임. 특히 북측은 유모씨 문제를 개성공단에 장애되는 방향으로 처리해서는 결코 안될 것임.

○ 남북관계는 제도화의 길을 걸어 규범적 관계로 발전을 하는 게 중요함. 남북 간의 출입·체류합의서는 그 이행이 제도화돼야 함. 따라서 이행을 위한 부속합의서들이 조속히 마련되고 남북관계가 규범적·제도적 관계로 나아가야 할 것임. 그래야만 어떠한 정치적 상황이나 여건의 변화에도 굴곡없이 남북관계가 안정적이고 지속적으로 발전해 나갈 수 있을 것임.

6. 북한의 법제 전망과 과제

○ 북한은 수령중심체제이기 때문에 '교시'를 가지고 지탱해 온 사회라 하겠음. 과거에는 구체적으로 성문화된 법조문이 없어도 '교시'에 따라 인민들이 일사불란하게 움직여 온 일종의 신정체제라 할 수 있을 것임. 수령의 교시나 영도자의 말씀을 인민이 따르기만 하면 되기 때문임. 그러던 것이 90년대에 들어 '사회주의 법무생활'과 '사회주의 법치국가' 건설이 강조되고 법제사업이 강화돼 온 것임.

○ 앞으로 북한은 사회주의 법률제도 완비를 위해 법제정사업을 더욱 강화해 나

갈 것으로 전망됨. 북한도 한편으로는 개혁·개방쪽으로 갈 수밖에 없는 국제
환경 속에 처해 있고, 경제회생을 위해서도 이는 불가피한 선택일 수밖에 없을
것임. 특히 북한은 국제금융시스템에 편입되지 않으면 경제가 굴러갈 수 없다
는 것을 BDA 사건때 절감했을 것임. 최근 제정된 '유전자전이생물안전법' 이
라든지 '유기산업법' 등도 국제추세를 감안한 법이고, '민용항공법' 을 개정한
것도 항공안전과 관련된 국제적 수준에 맞춘 것임.

○ 북한이 주장하는 사회주의 법치국가 건설론은 '당적 령도하' 의 사회주의 법치
국가 건설론임. 이는 우리나라의 경우처럼 정치, 행정할 것없이 모두가 법률에
근거하는 세계적 스탠더드의 법치개념과는 물론 본질적으로 다름. 하지만 앞
으로 북한에서도 점차 법에 의한 통치로의 변화가 기대됨.

○ 북한의 최근 입법동향을 보면, 전반적으로 폐쇄에서 개방으로의 실용주의적
경향을 보여주고 있음. 근자에 제정 또는 개정된 북한의 법률들의 내용을 살펴
보면, 이데올로기적 요소가 줄어들고 대신에 객관적 사회규범으로서의 기능과
역할이 기대됨으로써 북한사회에서도 앞으로 교시에 의한 통치로부터 법에 의
한 통치로의 변화가 촉진될 가능성이 엿보임. 따라서 북한의 법제정비와 입법
동향에 비추어 향후 북한의 통치시스템은 '교시' 가 '당정책화' 하고 그것이
'법화' 하는 메커니즘, 즉 "교시→당정책화→법화"로 작동될 것으로 전망됨.

○ 이제 문제는 북한이 '법에 의한 통치' 로 갈 수 있도록 남한이 이를 지원해 줘야
한다는 점임. 특히 북한에서의 최근의 법제 정비를 우리가 적극 지원해 줄 필
요가 있으며, 법제 정비와 관련해 남북협력이 절실하다고 하겠음. 북한의 환경
영향평가법과 컴퓨터 관련 법 등에서는 남한의 법률 용어부터 그대로 채용하

는 경향마저 눈에 띔. 이러한 남북 간의 법제 지원협력은 통일을 대비하고 법제도적인 통합을 내다보는 긴 안목에서도 매우 바람직한 일이라 하겠음. 북한 또한 이제는 자신의 법을 공개해야 하고, 특정의 법률을 비공개하는 기존의 관행을 바꿔야 할 때가 되었다고 하겠음.

부록-1 〈북한의 증보판법전(2006) 수록 제정 법률(2004.7~2005.12)〉

연번	법률명	채택일	주요내용(요지)
1	간석지법	2005.07.20 채택	· 간석지의 조사와 개간 · 간석지의 구조물관리 · 간석지사업에 대한 지도통제
2	공무원자격판정법	2005.11.23 채택	· 공무원의 자격평가 · 공무원의 자격판정 대상 · 공무원 자격판정의 기준(①국가의 정책과 해당 부문의 법규 이해, ②해당 부문의 전문지식, ③사업조직 지휘능력, ④사업실적, ⑤준법기풍, ⑥고상한 도덕품성) · 자격판정 주기 3년 · 자격판정 시험은 필답 또는 구답의 방법 · 자격판정 결과에 대한 이의제기는 해당 기관의 공무원 자격판정위원회 또는 상급기관에 제기
3	국가예산수입법	2005.07.06 채택	· 국가예산 납부자료의 등록 · 국가예산의 납부 및 납부문건의 관리 · 국가예산 수입 관리 · 국가예산 수입항목(①국가기업이득금, ②협동단체이득금, ③감가상각금, ④토지사용료, ⑤사회보험료, ⑥재산판매 및 가격편차수입금, ⑦기타 수입금 등
4	기상법	2005.11.09 채택	· 기상관측과 예보 · 기상관측의 방법 · 기상관측자료의 기록 · 기상시설의 관리
5	담배통제법	2005.07.20 채택	· 담배의 생산과 수매 및 공급 · 정해진 상점과 시장에서만 담배판매할 수 있으며, 미성인에게는 담배판매금지 · 학생은 담배를 피울 수 없으며, 교육기관은 담배의 해독성 교육교양사업 강화 · 혁명전적지, 극장, 역대기실 같은 공중집합장소, 사무실, 상점, 려객운수수단, 걸음길과 정류소 등에서는 금연
6	도로교통법	2004.10.06 채택	· 도로교통의 지휘신호와 안전시설물 관리 · 보행자와 차의 우측통행의 원칙 · 운전면허의 관리 및 도로교통사업에 대한 지도통제
7	대동강오염방지법 (잠정)	2005.07.19 채택	· 대동강의 보호관리 · 수질과 생태환경 보존

연번	법률명	채택일	주요내용(요지)
7	북남경제협력법	2005.07.06 채택	· 남북경제협력에서의 제도와 질서 · 북남경제협력의 원칙(①전민족의 이익, ②민족경제의 균형적 발전보장, ③호상존중, ④유무상통) · 남북경제협력사업의 분쟁해결(협의의 방법으로 해결, 미해결시 남북사이에 합의한 상사분쟁해결절차로 해결)
8	소방법	2005.02.24 채택	· 화재방지, 불끄기와 구조 · 소방시설과 기재 관리
9	중앙은행법	2004.09.29 채택	· 중앙은행사업의 내용 · 중앙은행의 기구(중앙은행의 소재지는 평양시) · 화폐유통조직(회계항목과 계산방법의 제정) · 금융사업의 관리
10	화약류취급법	2005.11.09 채택	· 화약류의 생산과 보관 · 화약류의 공급과 운반 · 화약류의 사용(사용허가, 화약류의 수출입)
11	환경영향평가법	2005.11.09 채택	· 환경영향평가문건의 작성과 신청 · 환경영향평가문건의 심의 · 환경영향평가위원회 조직 · 환경영향평가결정의 집행
12	약초법	2004.12.29 채택	· 약초의 재배와 약초자원의 조성과 보호 · 약초의 수매 관리 · 약초는 인민들의 병치료와 건강증진에 필요한 귀중한 자연재부 · 마약원료의 약초재배는 국가의 승인을 받은 기관, 기업소, 단체만이 함
13	유기산업법	2005.11.23 채택	· 유기제품 생산의 표준화, 규격화, 전문화 · 유기제품의 품질인증(제품인증, 관리체계인증, 성원인증 등) · 유기제품의 수출입의 제도와 질서
14	유전자전이생물 안전법	2004.12.22 채택	· 유전자재조합기술 · 유전자전이생물의 연구개발, 생산 · 유전자전이생물의 수출입, 관리, 자료보호 · 유전자전이생물의 수출입의 금지 또는 제한(①사람의 건강과 생물다양성의 보존 및 지속적 이용에 부정적 영향, ②사회, 경제, 문화발전에 부정적 영향을 줄 수 있다고 인정되는 유전자전이생물)

부록-2 〈북한의 증보판법전(2006) 수록 개정 법률(2004.7~2005.12)〉

연번	법률명	채택일	주요내용(요지)
1	가족법	1990.10.24 채택 2004.12.07 수정보충(2차)	· 리혼판결 확정 3개월까지 효력(제20조)
2	공증법	1995.02.02 채택 2004.12.07 수정보충	· 공증인 교체시 다른 일군이 공증(제30조)
3	공업도안법	1998.06.03 채택 2005.08.02 수정보충(2차)	· 공업도안등록신청문건 접수정형 통보(제14조)
4	교육법	1999.07.14 채택 2005.12.13 수정보충	· 교육기관의 급수와 기구정원(제21조)
5	국토계획법	2002.03.27 채택 2004.10.26 수정보충	· 국토건설개발시 부지조사보고서 문건 첨부 (제26조)
6	국토환경보호 단속법	1998.05.27 채택 2005.12.13 수정보충	· 국토환경보호에 대한 행정적 형사적 책임 부여 (제22조)
7	규격법	1997.07.23 채택 2005.09.13 수정보충(2차)	· 생산자와 수요자 합의하여 기술지표 생산(제11조) · 국가규격에 준하여 하위규격 제정(제12조) · 규격적용에 대한 표준 작성(제27조)
8	과학기술법	1988.12.15 채택 2005.12.13 수정보충(3차) ※ 이 법은 2004년 12월 23일 수정 보충된 법률을 폐지하고 전면개정함.	· 심의위원회를 시(구역), 군인민위원회에도 설치 (제35조) · 국가발명심의위원회의 심의대상 확대(제36조)
9	도로법	1997.09.17 채택 2004.12.14 수정보충(3차)	· 고속도로주변 건물 이주 신설(제27조) · 고속도로주변 집짐승 등 방목금지(제30조)
10	라선경제무역 지대법	1993.01.31 채택 2005.04.19 수정보충(3차)	· ‘중앙무역지도기관’을 ‘중앙경제협조관리기관’으 로 수정(제8,9,14조) · 외국투자신청시 관계기관과 합의요함(제12조) · 기업창설 승인 · 부결 결과 통보 신설(제13조)
11	량정법	1997.02.10 채택 2005.12.13 수정보충(2차)	· 량곡에 대한 손해보상 기준조정(제55조)
12	마약관리법	2003.08.13 채택 2005.05.17 수정보충	· 마약의 수출입 승인 등 인민경제계획에 따라 수행 (제50조) · 중앙보건지도기관의 마약수출입승인신청문건 검 토, 승인, 부결(제51조) · 마약의 수출입허가를 수출입승인으로 수정 (제64조)

연번	법률명	채택일	주요내용(요지)
13	무역법	1997.12.10 채택 2004.12.07 수정보충(2차) ※ 이 법은 2004년 12월 7일 수정보충된 법률을 폐지하고 전면개정함.	· 무역사업에 대한 입법목적 수정(제1조) · 무역회사의 설립조건 수정(제12조) · 무역거래와 분쟁해결 수정(제53조)
14	민사소송법	1976.01.10 채택 2005.10.25 수정보충(4차)	· 분쟁해결의 소송당사자 수정(제6조) · 재판심리날자와 장소 통보자 확대(제89조) · 집행행위시 3일전 통보 수정(제177조)
15	민용항공법	2000.03.23 채택 2005.08.09 수정보충(2차)	· 민용항공보안사업은 민용항공관리기관으로 정함(제72조) · 항공보안사업 명문화(제73조) · 항공보안질서 준수와 항공성원의 안전의무 등 신설(제74조)
16	보험법	1995.04.06 채택 2005.09.13 수정보충(3차)	· 보험회사 영업허가증 주소등록은 '도(직할시)인민위원회'로 함(제56조) · '회사등록'을 '정해진 등록'으로 수정(제57조)
17	산림법	1992.02.04 채택 2005.08.02 수정보충(4차)	· 산림조성사업의 수림화, 원림화(제5조) · 나무품종 육종생산 신설(제14조) · 새품종나무 재배 신설(제38조)
18	상표법	1998.01.14 채택 2005.08.02 수정보충(2차)	· 상표등록신청문건의 접수정형 통보(제13조) · 위법행위시 영업활동 중지 신설(제47조)
19	손해보상법	2001.08.22 채택 2005.04.19 수정보충	· 과학기술적 발명자료 제3자에게 양도시 손해보상 신설(제37조)
20	식료품위생법	1998.07.22 채택 2005.12.13 수정보충(2차)	· 검사, 검정 불합격 식료품의 판매금지(제13조)
21	세관법	1983.10.14 채택 2005.08.30 수정(6차)	· 가격미승인 물자 반출입 단속통제(제17조) · '외국투자기업'을 '일부 외국투자기업'으로 개칭(제35조)
22	전염병예방법	1997.11.05 채택 2005.12.13 수정보충(2차)	· '집짐승'을 '동물'로 수정(제10조)
23	지하자원법	1993.04.08 채택 2004.12.28 수정(2차)	· 광물자원의 폭파, 광천자원의 성분함량 변화 행위 금지(제41조)

연번	법률명	채택일	주요내용(요지)
24	합작법	1992.10.05 채택 2004.11.30 수정보충(2차)	· '중앙무역지도기관'을 '중앙경제협조관리기관'으로 수정(제7조 이하) · 합작기업 경영활동의 무관세 신설(제12조)
25	합영법	1984.09.08 채택 2004.11.30 수정보충(4차)	· 합영기업창설신청문건 승인을 '50일'에서 '15일'로 단축(제9조) · 합영기업 창설 승인기관으로 '도(직할시)인민위원회'로 단일화(제10조)
26	형법	1950.03.03 채택 2005.07.26 수정보충(8차)	· 가족, 친척을 상대로 저지른 범죄에 대한 형사책임 면제에 '고의적중상해죄'도 미적용 신설(제18조) · 특허권, 공업도안권, 원산지명권 침해자에 대한 처벌 신설(제113조)
27	형사소송법	1950.03.03 채택 2005.07.26 수정보충(9차)	· 형사소송관계자에 '피소자'도 포함(제9조) · 재심관련조항에서 '범죄'를 '사실'로 수정(제403조, 제409조)
28	해운법	1980.08.10 채택 2004.09.27 수정보충(2차)	· 강제판매된 선박은 국적미취득(제12조) · 선장의 대리행위 범위와 짐임자의 책임규정 신설(제25조)
29	환경보호법	1986.04.09 차택 2005.04.19 수정보충(3차)	· 환경파괴현상에 오존층파괴, 지구온난화 신설(제9조) · 생물다양성의 보존에 위해행위 금지(제16조) · 농약을 비행기로 살포시 국토환경보호기관의 승인 신설(제31조)
30	외국인기업법	1992.10.05 채택 2005.05.17 수정보충(3차)	· '라선경제무역지대' 삭제하고(제1조, 제6조), 외국인기업은 정해진 지역에 창설운영가능 신설(제6조) · 기업을 등록한 날이 외국인기업창설일 규정 삭제(제9조)
31	외국인투자법	1992.10.05 채택 2004.11.30 수정보충(2차)	· 외국인기업은 정해진 지역에 창설운영 가능 신설(제3조) · '중앙무역지도기관'을 '중앙경제협조관리기관'으로 개칭(제16조)
32	외화관리법	1993.01.31 채택 2004.11.16 수정보충(3차)	· 공민의 외화 보유 한도 삭제(제15조)

북한의 인권현황과 한국의 인권외교정책

이성우(제주평화연구원 연구위원)

북한의 인권문제에 대한 논의는 현실인식에서 문제의 원인 나아가서 이에 대한 대응방안에 있어서 이념적 선호의 문제로 우리의 국내 정치는 물론 국제관계에 있어서도 첨예한 대결구도를 유지하고 있다.

북한의 인권문제 뿐만 아니라 인권문제는 일반적으로 보편주의와 상대주의의 이론적 입장차이, 나아가서 인간성의 문제와 주권의 문제의 충돌, 인권을 구성하는 하부개념으로서 개인의 존엄권, 생존권, 시민의 자유와 정치적 권리의 포함여부에 있어서 상반되는 시각이 대립하고 있다.

북한의 인권현실에 대한 차이에도 불구하고 1972년부터 지속되어온 북한의 인권에 대한 프리덤 하우스의 최악의 평가, 1999년 기준으로 20만 명의 정치범 수용소 운영, 식량난으로 인한 100-250만에 달하는 대량 아사자의 발생, 20-30만에 달하는 탈북자의 양산, 인구 1천명 당 48명에 달하는 영유아 사망률 등 북한 인권의 현실은 개인의 존엄권, 생존권, 정치적 자유 및 시민의 자유 어느 분야에서도 최악의 상황에 있음이 분명하다.

북한의 열악한 인권상황에 대한 미국과 중국 등 주변국의 대응도 각국의 입장과 이해에 따라 변화되는 양상을 보여 왔다. 북한 인권상황에 대하여 우리는 북한을 자극하지 않는 차원에서 조심스러운 접근을 해왔고 이 과정에서 북한 인권문제의 언급에 있어서 적극성의 여부에 따라 상대방의 시각을 "친북좌파" 또는 "수구보수"로 격하시키는 논쟁만을 거듭해왔다.

북한 인권문제에 대한 대안으로 첫째, 북한 인권 문제의 논의 자체를 금기시해서는 안 될 것이다. 둘째, 북한의 인권문제에 대한 북한집권 세력의 시각이 고려되어야 하나 우리의 입장이 우선 고려되어야 한다. 셋째, 북한 인권문제의 언급을 통해 북한 정치체제를 변화시키는 정책수단으로 언급하는 것이 아니라 한반도 평화정착과 공존번영을 위한 원칙의 확보차원에서 북한 인권문제를 다른 기준의 확립이 요구된다.

1. 서론: 북한 인권문제의 의의

○ 국제사회에서 민주주의와 인권의 확대는 한 국가의 국내문제로 남아 있는 것
이 아니라 국제질서의 안정과 번영에 영향을 미치는 중요한 변수로 인식되기
에 이르게 되었음.

– 이념적 대결을 벌이던 냉전기에는 민주주의와 인권보다는 이념적 성향에 따라
서 동서 양진영으로 나뉘어져 민주주의와 인권의 가치는 우선순위가 군사안보
에 비해서 소홀하게 취급되었음.

– 국제관계의 개선과 국제관계이론의 발전에 따라 민주주의적 가치와 인권존중
의 정치체제의 확보가 국제평화와 국제체제의 안정성을 제고한다는 인식이 보
편화되고 있음.

○ 북한의 인권상황에 대한 평가와 이에 대한 개선의지는 대북정책의 중요한 부
분을 구성한다는 점에서 논의의 필요성이 있으나 현실의 인식에 있어서 많은
문제점을 내포하고 있음

– 1990년대 후반 사회주의권의 몰락 이후 "고난의 행군"으로 불리는 북한의 대기
근으로 인한 250만여 명의 아사자 발생이라는 사실은 대북한 인권정책의 필요
성을 불러일으킴.

– 2008년을 기준으로 한국에 입국한 탈북자는 1만여 명에 달하고 북한을 탈출하
여 제삼국에 체류 중인 탈북자는 4만여 명에 달하는 것으로 추정되는 시점에
북한의 인권문제는 정책적 중요성이 있음.

– 북한의 인권현상에 대한 사실인식에서부터 대안제시 처방에 이르기까지 한국
학계에서의 논의는 이념적 대결의 양상을 보이고 있음.

○ 북한의 인권상황에 대한 대처는 보수적 접근이든 진보적 접근이든 이론적 일
관성을 유지하여 국가이익을 담보할 수 있는 정책의 수립이 필요함.

- 북한연구 일반이 가지고 있는 문제일 수 있지만, 한국 내 보수진영은 국내인권
문제에는 보수적인 반면 북한의 인권에 대해서는 진보적인 자세를 취하고 진보
진영은 국내인권에 진보적인 기준을 적용하는 반면 북한의 인권문제에 대해서
는 외면하는 자세를 취하거나 전략적으로 언급하지 말아야한다는 이성적 무시
(rational ignorance)전략을 채택하는 문제가 있음.

- 마찬가지로 보수진영은 인류 보편적 가치의 적용을 지나치게 강조하여 불필요
한 갈등을 일으키는가 하면 진보진영은 북한의 특수성을 강조하여 북한에서 발
생하는 인권남용의 현실을 정당화시키는 우를 범하고 있음.

○ 북한에 대한 인권문제도 외교정책의 일환으로 접근하는 논의가 필요함.

- 첫째, 국내문제로써 인권정책과 대외정책으로써 인권정책을 분리할 것인가라
는 원칙과 이와 동시에 북한에 대한 인권정책을 외교정책의 차원에서 원칙을
확립할 필요가 있음.

- 둘째, 북한에 대한 지원도 인권문제에 대한 언급도 궁극적으로는 우리의 국익
을 증대시키는 방향에서 이루어져야 함.

- 셋째, 대북한 정책의 기조는 장기적 관점에서 접근하더라도 현실 정책의 집행
과 관련한 부분은 단기적 효과와 비용을 고려하여 작성되고 추진되어야 함.

- 넷째, 북한의 선호를 고려하여 한국의 대북한 정책을 마련하는 것이 아니라 한
국의 선호가 반영되는 대북한 정책을 인권분야에서도 마련해야함.

2. 인권과 인권외교정책의 이론적 의의

○ 인권문제는 인간이라면 누구나 단지 인간이라는 이유만으로 부정될 수도 없고 부정되어서도 안되는 고유한 불가분의 권리가 있다는 주장은 도덕적 정당성을 가지고 있으며 20세기 후반부터 개별국가의 민주주의 발전과 인권존중의 확대는 국가 간의 갈등을 감소시킨다는 인식이 확산되면서, 국제관계와 외교정책을 고려하는 정책결정에 있어서도 인권과 민주주의의 확산을 촉진하는 것이 중요한 관심이 됨.

- 동아시아에서 인권문제의 대두는 역내 평화와 번영을 담보하기 위한 다자주의 공동체를 모색하는 과정에서 필수적으로 고려되어야 하는 사안으로 판단됨.

- 냉전체제에서 인권문제는 군사안보 문제나 경제문제에 비하여 상대적으로 정책의 우선순위에서 부차적 문제로 인식되어 왔으나 최근에 와서는 인권문제에 대한 관심과 비중이 증가하는 추세에 있음.

- 동아시아는 역내 국가들이 인권현실이 낙후하고 이로 인해 인권문제에 대한 소극적 대응으로 나오기 때문에 적극적으로 문제를 다루는데 어려움이 있고 북한이 상대적으로 최악의 상황에 처해있다는 점에서 현실적 어려움이 존재함.

○ 인권 및 민주주의의 발전과 국제관계에서 안정에 대한 논의는 개별국가의 인권현황에 따라서 국제평화를 위한 공조와 내정간섭이라는 두 개의 다른 시각을 낳았으며 이는 보편주의(universalism)와 상대주의(relativism)라는 이론적 입장으로 정리 됨.

- 보편주의는 인권에 대한 가치를 포함하여 인간이 가지는 모든 가치는 절대적으로 보편적인 것이므로 문화적 또는 역사적 차이에 따라서 변화할 수 없으며 시공을 초월하여 인간의 권리를 구성하는 개념은 유일한 하나의 실체로 존재하는

것으로 인식함.

- 상대주의는 인권에 관련한 도덕적 가치는 보편적인 것이기 보다는 역사-문화적으로 형성된 것으로서 특수한 성격을 반영하는 것으로 인권에 대한 개념은 시기에 따라서 변화하는 것이며 문화, 사회, 경제적 조건에 따라서 인권의 개념은 변화한다고 인식함.

- 현실에 있어서 인권에 대한 입장은 절대주의와 상대주의가 어느 정도 절충되어 있는가의 문제이나 현실적으로 상대주의를 주장하는 경우는 인권에 대하여 현재까지 합의되어 있는 "인류 보편의 가치"로서 인권의 개념을 부정하고 특정소수집단에 대한 인권을 부정하는 것을 정당화하기 위한 이론적 근거로 활용한 측면이 있음.

○ 일반적으로 인권은 개인의 존엄권(personal integrity rights), 생존권(subsistence rights), 시민의 자유와 정치적 권리(civil liberty and political rights)의 3가지 영역으로 나누어져 있는 것으로 인식되고 있음.

- 개인의 존엄권에 해당하는 분야는 개인의 신체적 존엄권이 부정당하지 않는 소극적이지만 가장 기본적인 인권의 영역을 의미하며 기본권이 부정되는 사례로는 감금이나 투옥, 고문, 처형 등을 들 수 있음.

- 생존권은 인간이 존엄함을 유지하는데 필요한 최소한의 물질적 조건을 충족시켜야 하는 권리를 의미함.

- 시민의 자유와 정치적 권리는 한 국가의 구성원으로서 적극적으로 자신의 의견을 정책에 반영하고 정책결정에 참여할 수 있는 권리를 의미함.

○ 인권의 개념을 이해할 때, 절대적 보편주의와 절대적 상대주의가 아니라면 최소한의 합의로서 인류보편의 가치에 대한 논의가 필요함.

- 인간의 생명권, 자유권, 노예제도의 불법화, 자의적 체포와 구금, 인종차별, 고문, 정치적 반대자에 대한 사형집행과 같은 보편적 합의가 가능한 부분에 중점을 두어 논의할 필요가 있음.
- 상대주의는 개별국가의 역사 및 문화적 특수성을 반영한다는 근거를 바탕으로 소수자에 대한 차별의 정당성 근거로 활용된다는 측면에 이론적 문제점이 있음.

○ 인권문제는 전통적으로 주권국가의 국내문제로 간주되어왔고 실제로 인권문제에 대한 국제적 관심의 대두는 제2차 세계대전 이후로 역사가 길지 않음.
- 현대에 와서도 인권에 대한 위협은 전 세계에 걸쳐서 일어나고 있지만 영토국가의 주권을 초월하는 실효적 제재장치가 존재하지 않는 것이 현실이고 국제사회의 공조도 책임자의 처벌이라는 상징적 의미 이외에는 실효성을 찾기 어려움.
- 인권문제에 있어서 주권국가의 영역 밖에서 유효한 의미가 있는 것으로 판단하기 어려운 점이 있으며 인권의 보편성과 국제적 연대의 중요성을 인정하더라도 특정국가의 인권침해에 유효하게 대처할 수 있는 독립적이고 유효한 조직체나 권위체가 존재하지 않음.

3. 인권에 대한 북한의 인식과 현황

가. 북한의 인권인식

○ 북한은 인권을 '사람으로서 마땅히 가져야할 자유, 평등의 권리' 혹은 '사람이 사람으로서 마땅히 가져야할 권리'로 포괄적으로 정의하고 있으나 시대에 따

라 인권의 개념이 변화면서 북한의 특수성을 반영하여 왔음.

- 인권은 "온갖 착취와 억압이 청산되고 인민이 나라의 주인으로 된 사회주의 제도 하에서만 철저히 보장된다"고 주장하고 있다는 점에서 주체사상과, 사회주의 계급투쟁사상 등을 반영하고 있음.

- 이 밖에도 북한의 개념은 집단주의와 국가주의를 따르는 등 인류의 보편적 가치로서 서구사회가 공유하는 인권과는 상이한 이해에 기초해 있음.

- 인권의 개념을 시혜적 개념으로 인식하여 정치권력자와 정치권력에 순응함에 따라 얻게 되는 반사적 이익으로 인식함.

○ 북한이 주장하는 인권개념의 핵심요소는 자주권, 생존권, 평등권, 발전권이 포함되어 있으나 실질적으로 자주권이나 발전권은 인권을 구성하는 개념으로 인정하기 어려운 점이 있으며 자유권과 평등권은 명문상의 규정에 지나지 않는 한계가 있음.

- 외세의 지배를 받는 나라의 인민은 인권을 향유할 수 없다고 주장하며 자주권을 인권의 요소로 포함하고 있음.

- 발전권의 경우도 자주권과 유사한 논리에 근거하여 경제적 발전을 달성하지 않고는 인권의 보장이 어렵다고 주장하며 인권의 요소로 포함시키고 있음.

- 사회주의 체제의 특성을 반영하여 노동에 대한 권리, 의식주의 보장, 무상치료 등의 생존권과 평등권을 전면적으로 보장된다고 주장하고 있음.

- 평등권도 사회주의의 특성을 반영하여 선거권, 피선거권, 언론 · 출판 · 집회 · 결사시위 · 신앙의 자유 그리고 주택 · 인신에 대한 불가침을 포함하여 인권의 개념을 규정하고 있음.

- 북한의 인권규정은 국가와 개인의 구분이 없이 포괄되어 있는 전체주의적 개념 정의의 양상을 보이며 인간의 기본권보다는 사회권에 중점을 두고 있다고 할 수

있음.

○ 북한은 미국을 포함한 서방국가들이나 UN 또는 EU와 같은 국제기구가 북한
의 인권현황에 대하여 결의안 채택을 통해 문제를 제기할 때 마다, 북한의 국
가적 체제에 대한 편견과 정치적 적대감에 근거하고 체제의 안전을 위협하는
정치적 음모라고 비난하고 협약의 탈퇴 선언 등 강력한 반발을 보이고 있음.

- 1997-1998년 UN 인권소위원회의 북한인권 결의안 채택에 대하여 정치적 압
력이라고 비난함.

- 2002년 EU의 강제송환 탈북자 등에 대한 인권개선에 대해 비난 성명을 냄.

- 2003년 UN 인권위에 북한인권 결의안이 상정되었을 때는 이를 주도한 유럽연
합이 북한을 배신했다고 강력하게 반발함. 2004년 결의안이 채택되자 유럽연
합을 미국의 추종자로 맹비난함.

- 2003년 미국의 부시 대통령이 북한을 인권유린국으로 지명하자 북한은 이
를 "모략이자 중대한 주권침해"이며 미국을 인권침해국가라고 반박하는 주
장을 함.

- 2006년 북한의 핵실험 후, 한국이 북한인권 결의안에 찬성투표를 하자 이를
6.15 공동선언을 파기하는 반민족적 반통일적 도발행위라고 맹비난 함.

- 2005년 북한 인권법에 대해서는 인권과 민주주의 시장경제를 촉진시키려는 명
분아래 정부전복을 목적으로 하고 있다고 비난하면서 북한은 자주권을 지키고
인권의 자유와 안전을 수호하기 위해 적대행위에 강경 대처할 것을 천명함.

○ 국제기구와 국제사회의 북한의 인권상황에 대한 문제제기에 북한이 민감하게
반응하는 것은 국제사회의 요구를 외면할 수 없는 국내외적 상황을 반증하는
것으로 판명됨.

- 북한은 1991년 UN가입 후 미국과 서방국가의 인권개선 요구가 지속될 것을 예측하고 있다고 함.
- 김정일은 북한이 인권문제로 국제기구와 국제사회로부터 고립되지 않도록 하기 위해서 신축적인 대응을 준비하고 있음.

나. 북한의 인권현실

○ 북한은 세계역사상 유례없는 폐쇄국가로서 인권상황을 정확하게 파악하는 것은 현실적으로 불가능함.
- 북한이 UN국제인권협약위원회에 제출한 보고서의 내용대로면 북한의 인권에는 전혀 문제가 없는 것으로 평가됨.
- 탈북자의 증언이나 국제적 기구의 보고서 내용에 따르면 북한의 대외적 인권현황 보고와 현실사이에 상당한 괴리가 존재함.

○ 프리덤 하우스의 연례인권보고서는 정치적 권리(political rights)와 시민의 자유(civil liberty) 두 분야로 나누어 세계 각국의 인권실태를 조사하여 보고하는데 북한은 보고서가 처음 발행된 1972년부터 계속 두 영역 모두에서 최악의 평가를 받고 있음.
- UN총회는 북한 당국에 의한 고문의 자행, 공개처형, 초법적 구금, 강제노역, 적법절차에 의한 재판의 부재, 정치범에 대한 사형집행, 노동수용소의 운영 등 인권침해 실상에 대해 비난을 제기해 왔음.
- 2008년 기준으로 보면 정치적 권리와 시민의 자유 두 영역에서 최하의 7등급을 받았으며 2006년 기준으로 1인당 GNI(Gross National Income)는 410달러 수준에 머물고 있음.

- 경제적 파탄에도 불구하고 국가예산의 1/3에 달하는 군사비의 과도한 지출로 정치적 권리와 시민의 자유 이외에 물질적 생존권(subsistence rights)에도 심각한 위협요인이 되고 있음.
- 시민의 기본권의 세부내용은 언론, 출판, 집회, 결사의 자유, 종교의 자유 등 현실적으로 모든 권리가 부정되는 것으로 보고되고 있음.

○ 북한 주민들은 정치권력이 통제하는 대상으로 국가권력에 의해서 각종 비인간적 감시와 처벌을 받고 있으며 이 과정에서 개인의 신체적 자유와 존엄권이 심각하게 위협받고 있음.
- 북한에는 국가가 운영하는 구금시설로서 관리소, 교화소, 교양소, 집결소, 노동단련소 등의 다섯 가지 유형이 존재하고 있음.
- 관리소는 정치범 수용소로서 연좌제에 따라 정치범과 그의 가족과 친척을 수용하는 격리시설로 1999년의 기준에 따르면 변경의 10개 지역에 20만 7천 명이 수용되어 있는 것으로 밝혀짐.
- 정치범 수용소에서는 생필품을 배급하지 않고 결혼이나 출산을 금지시킨 상태에서 종신강제노역으로 비인간적 상황에 내몰려져 있음.
- 주요 수감대상자는 반당반혁명분자, 지주, 친일파, 종교인 및 월남자 가족, 김일성 및 김정일 세습 및 우상화과정에 숙청된 간부와 가족, 그리고 탈북 및 망명 실패자들로 구성됨.
- UN인권위원회에 따르면 탈북을 시도하다 본국으로 송환된 임신한 여성을 강제로 낙태시키고 태아를 죽이는 행위가 확인되었음.

○ 북한의 사회적 권리에 대한 강조에도 불구하고 식량난으로 인한 기아와 아사의 전반적인 확대로 1995년부터 1997년 사이에 식량난으로 100만여 명 내지

250만여 명이 굶어 죽었고 정치지배계급을 제외하고 전체인구의 90%가 심각한 굶주림을 경험했음.

- 북한은 주민을 정치적 성향에 따라 핵심계층, 동요계층, 적대계층으로 분류하여 핵심계층에게만 정상적인 배급을 제공하는 방식으로 주민을 통제하였음.

- 대량 기아와 아사의 발생으로 북한 주민 20-30만 명이 중국 국경을 넘어 난민으로 전락하는 사태가 발생함.

- 1995년부터 1997년 이른바 고난의 행군을 거치면서 평균수명은 1993년 73.2세에서 2000년 66.8세로 감소하고 영유아 사망율은 1천명 당 27명에서 48명으로 급증하고 국민소득은 1993년 991달러에서 1998년 457달러로 급감하는 등 북한사회는 심각한 퇴보를 경험하였음.

○ 북한은 평등을 지향하는 사회주의 이념에 기초한 국가질서를 인권과 관련한 기본 원칙으로 제시하고 있지만 주민들의 평등권은 심각하게 침해받고 있음.

- 북한 당국은 주민을 출신성분에 따라 핵심계층, 동요계층, 적대계층의 3가지 유형으로 분류하여 정치사회적 지위, 교육과 직업선택의 기회, 결혼과 가족관계형성은 물론 국가로부터 지급받는 생필품의 배급에 이르기까지 철저한 차별을 받고 있음.

- 형법의 적용에 있어서도 연좌제에 의한 처벌 등 법 앞의 평등원칙이 지켜지지 않음.

- 장애자나 출신성분에 따라 주민들의 거주 지역을 국가가 강제로 결정하는 등 사적인 영역에 까지 국가에 의해서 평등의 원칙이 무시되고 있음.

○ 경제뿐만 아니라 국가기구의 총체적 실패는 사회간접자본의 붕괴, 에너지난으로 이어지면서 국가 계획시스템의 총체적 실패로 나타나고 이는 다시 부정부

패의 만연과 암시장의 활성화 등 악순환을 반복하고 있으며 이는 주민의 생활
에 직접적인 악영향을 미치고 있음.

- 1990년 이후 각급 학교의 등교율은 50%, 수업진행률은 30%까지 떨어졌다가
현재는 90%정도로 회복되었으나 의무무상교육은 현실적으로 제약이 많음.

- 의료서비스도 실질적으로 경제난으로 붕괴하여 약품과 의료지원시설이 부족하
여 병원에서 치료를 받을 수 없는 상황에서 영양상태가 부족한 주민들이 심각
한 질병으로 주민들의 증세는 악화되고 있음.

⁘ 4. 인권외교정책의 방향성과 주변국 동향

가. 인권외교정책의 방향성

○ 자국이 아닌 상대국의 인권에 대한 논의는 주권의 문제와 결부되어 있고 이와
동시에 적국에 대한 이념적 선호의 문제로 나뉘어 논란의 여지가 있음.

- 제3국의 인권문제에 대한 국제적 개입에 대하여 인도주의적 개입이라는 시각
과 국내정치에 대한 부당한 간섭이라는 두 개의 상반된 논리에 근거해 있음. 북
한의 인권문제에 대한 논의에 대해서도 인도주의적 개입과 내정간섭이라는 두
개의 시각이 한국 사회에 존재함.

- 냉전기부터 사회주의권은 정치적 자유와 시민의 권리를 규정하는 국제인권규
약의 B규약 보다 물질적 생존권을 강조하는 A규약을 강조하였으며 이러한 경
향은 북한의 인권문제를 논의하는 과정에서도 상반된 입장을 견지하는 것으로
나타남.

- 한국 사회에서 보수진영은 인도주의적 개입과 국제인권규약 B규약을 강조하는

경향을 보이며 진보진영은 내정불간섭과 국제인권규약 A규약을 강조하는 경향을 보이고 있음.

○ 북한 인권문제의 원인에 대한 논쟁도 이념적 성향에 따라서 양분되는 경향을 보이고 있음.

– 내인론에 따르면 북한의 인권현실은 북한 체제의 폐쇄성과 국가지상주의에 따른 북한체제 실패와 같은 내부문제에서 원인을 모색하는 시각이라고 할 수 있음.

– 외인론에 따르면 북한의 인권현실은 북한 체제 내부의 성격에 기인하는 것이 아니라 미국의 적대정책, 냉전구도와 이에 따른 서방의 경제제재와 사회주의권의 붕괴와 같은 외부환경요인에서 기원하는 것으로 파악하고 있음.

○ 북한의 인권문제를 다루는데 있어서 한국 사회에서도 이념적 성향에 따라서 대응방안이 양분되는 경향을 보이고 있음.

– 북한 압박론은 북한 인권문제의 원인은 북한 체제 내부에 있으므로 수령 절대주의를 타파하고 정권교체를 달성하는 것이 인권문제를 해결하는 근원적 해결책으로 인식하고 북한의 정치체제가 변화되도록 외부에서 압력을 가해야 한다고 인식하고 있음.

– 선접촉 · 후변화론은 인도적 지원과 교류협력을 통해 북한의 인권이 실질적으로 개선될 수 있도록 유도해야한다고 인식하고 북한 내부의 인권개선을 위해 외부에서 압력을 행사하면 북한을 자극하여 한반도의 평화에 위협이 될 수 있으므로 한반도 평화정착에 우선순위를 두고 인권개선은 후순위로 인식하고 있음.

– 동시접근론은 양비론적 또는 양시론적 관점이라는 점에서 비판을 받기 쉬운 주장으로서 인권, 경제, 평화문제의 해결에 선후를 두지 않고 병렬적으로 문제를 풀어나가는 전략을 주장하고 있음.

○ 북한이 경험하는 경제적 파탄에 따른 인도적 지원에 있어서도 이념적 성향에 따라서 대응 방안이 차별적으로 나타나고 있음.

– 무조건 지원론은 북한의 심각한 식량난으로 대량의 아사자가 발생하고 영유아 영양실조 등의 문제에 직면하여 남한의 체제우위와 동포애에 근거해서 북한에 대한 조건 없는 인도적 지원을 제공해야한다고 주장함.

– 조건부 지원론은 인도적 지원에 대한 투명성 확보를 위해 접근성과 모니터링의 중요성을 강조하며 북한내부의 인권지원과 연계하는 한에서 인도적 경제지원을 제공해야 한다는 입장을 주장함.

나. 미국의 대북한 인권정책 동향

○ 미국이 주도적으로 논의해 온 인권외교의 핵심은 가치의 측면과 실용의 측면을 반영하고 있다는 점에서 한 국가의 외교정책이 인권에 관련한 보편적 가치를 추구할 필요성이 있음이 지속적으로 인식됨.

– 자유민주주의 기본가치와 정치이념을 외교정책에 반영하여 국가의 위상을 제고하는 것은 도덕적 정당성을 확보할 수 있다는 점에서 의의가 있음.

– 주변국가의 인권침해가 방치될 경우 그 사회내의 문제를 악화시켜 주변국에도 악영향을 미칠 수 있는 위험요인이 되므로 사전예방차원에서 인권에 대한 정책을 적극적으로 추진할 필요가 있음.

– 국내의 인권침해는 국내문제로 국한되지 않고 주변국가와의 갈등으로 확산될 수 있다는 가능성 때문에 이를 방지하는 노력이 필요함.

– 민주주의와 지역평화를 위협하여 자국의 이익에 위해가 될 수 있다는 우려에 기초한 사전예방 목표로 인권외교가 실질적 외교정책으로 부상한 것은 냉전이 종결된 1990년대 이후라고 할 수 있음.

– 미국의 인권문제는 행정부보다는 의회가 주도하는 모습을 보이며 자유와 민주
주의라는 미국의 가치를 확산하기 위한 정책수단으로 활용하는 측면이 있음.

○ 미국은 전반적으로 북한의 인권문제가 심각한 상황에 있으며 이에 대한 개선
을 위해 특별한 노력을 기울여야 한다고 주장하고 있음.

– 북한의 인권상황을 신체의 자유, 시민의 자유, 정치적 권리, 외부인권기관의 조
사에 대한 반응, 차별과 인신매매, 노동자의 권리 등 6가지 범주로 나누어 볼
때, 모든 부분에서 열악한 조건에 있는 것으로 평가하고 있음.

– 미 국무부는 인권 및 민주주의지원 보고서를 통해서 북한을 인권침해가 심각한
국가군인 특별 우려국가로 지적하고 인권문제에 대한 지속적 감시와 제재조치
가 필요하다고 인식함.

○ 부시 행정부 시기에는 2003년 북한자유법안(North Korean Freedom Act)
상정을 통해 북한의 인권상황에 대한 언급보다 북한정권의 적극적 붕괴를 유
도해야한다는 주장을 반영하자 문제점을 인식하고 이를 완화한 북한인권법
(North Korean Human Rights Act)을 상정 통과시킴.

– 북한에 대한 원조와 인권개선을 연계시키는 미국의 전통적인 접근법에 기초하
지만 탈북을 유도하고 북한주민에게 외부정부를 제공한다는 점에서 북한 정권
의 붕괴를 의도하고 있다는 비판을 받음.

– 북한인권법에 따르면 북한주민의 인권향상을 위하여 임명된 레프코프위츠
(Lefkowitz) 북한 인권특사는 북한의 실질적 인권상황의 개선보다는 인권문제
를 이용해 북한을 외교적으로 압박한다는 비판을 받은 바 있음.

○ 오바마 행정부에 들어와서 북한의 인권정책에 대해서는 구체적 언급을 피하면

서 북한의 인권상황에 대하여 우려를 표명하는 자세를 견지해 옴.

- 오바마 행정부에 있어서 북한문제를 주도하는 힐러리 클린턴 국무장관은 북한인권문제에 대해서는 적극적인 자세를 보이지 않는 대신 핵비확산에 중점을 두고 있음.

- 바이든 부통령은 부시 행정부 시기인 2004년 북한인권법안을 통과시킬 때, 대북지원과 인권개선의 의무적 연계조항을 누락시킨 장본인이란 점에서 오바마 행정부에서 대북정책을 주도하는 인사들은 북한 인권문제보다는 북핵의 비확산에 중점을 두고 있음.

- 북한 인권문제 제기 자체는 반대하지 않지만 인권문제가 핵문제와 같은 안보문제에 장애물이 되어서는 안된다는 입장을 취하고 있음.

다. 중국의 대북한 인권정책 동향

○ 중국은 상대적으로 열악한 국내의 인권상황과 이에 대한 미국의 인권문제제기에 대한 반작용과 같은 조건에 비추어 보편주의적 인권관을 거부하고 상대주의적 입장을 선택하고 있음.

- 발전도상국이면서 정치적 민주화의 수준이 낮은 중국은 정치적 자유권이나 개인의 존엄권과 같은 보편주의적 시각보다는 생존권과 평등권을 중요시하는 상대주의적 입장을 지지함.

- 국제사회에서 국가나 국제기구가 특정국가의 인권문제를 언급하는 것은 내정간섭에 해당하는 부당한 개입으로 보고 있음.

○ 이러한 상대주의적 시각의 연장선에서 중국은 사실상 북한의 인권문제를 북한의 국내문제로 간주하고 직접적인 언급을 회피하며 미국과 한국의 북한 인권

개선에 대한 언급에 대해서도 반대하는 입장을 피력하고 있음.

- 중국의 입장에서 북한 인권문제는 중국에 거주하는 탈북자 문제에 국한된 문제로 탈북자 문제에 대한 인권문제가 현안으로 부상함.

- 북한과 접한 동북3성에 산재하는 탈북난민을 난민이 아니라 불법월경자로 간주하고 이를 중국의 국내문제이며 북한과의 양자관계 문제로 규정하고 중국에 들어온 탈북자를 단속하여 강제송환하고 있음.

○ 중국의 입장에서는 탈북자 문제에 대해서 남북한과 국제적 이목을 동시에 고려해야하는 상황에서 외교적 융통성을 발휘하고 있다고 평가됨.

- 북한과의 외교관계를 우선적으로 고려하여 중국내 탈북자가 난민고등판무관실에 접근하는 것을 원천봉쇄할 뿐 아니라 탈북자를 단속하여 강제 송환함.

- 한국과의 외교관계를 고려하여 중국내 외국공관에 진입한 탈북자에 한해서는 한국행을 묵인하고 있음.

○ 중국은 탈북자가 발생하는 기본적인 원인은 식량난에 있다고 판단하고 탈북자 문제 해소를 위해 대북 식량지원과 인도적 지원에 관련한 구호단체의 활동을 허용하고 있음.

- 중국은 북한에 다량의 쌀, 밀, 석탄, 전기와 같은 기초적 원조를 제공하여 탈북자를 줄이려고 노력하고 있음.

- 중국의 북한 지원은 기본적으로 무상원조와 우호가격 또는 장기차관 형태의 특혜정책 방식으로 이루어져왔으며 이 과정에서 북한 소비재의 80% 그리고 북한이 사용하는 에너지의 70%를 중국 측에서 지원하는 등 지원이 지속되어 왔으나 정치적 상황에 따라서 변화가 나타났음.

- 전통적인 우호관계의 완화, 중국의 자본주의 시장경제의 급속한 진전, 그리고

최근 북한의 로켓발사와 핵실험 등으로 중국은 경화결제를 요구하는 한편 지원을 감소시키는 경향을 보이고 있음.

– 중국의 입장에서 북한정권의 안정, 북한에 대한 중국의 영향력, 북한의 난민 발생 등 현실문제에 직면한 중국은 북한에 대한 지원을 지속하고 있음.

라. 국제사회의 인권정책에 대한 북한의 반응

○ 민주주의와 인권상황의 개선에 대한 미국을 중심으로 한 국제사회와 국제기구의 요구를 체제전복 또는 정권교체의 시도로 이해함.

– 프롤레타리아 일당독제체제가 아니라 유일지도체제라는 기형적 사회주의 정치체제를 보전하기 위해서 북한은 수용거부의사를 명확히 하고 있음.

– 미국의 부시 행정부 시기 북한체제를 "악의 축" 그리고 "폭정의 전초기치"로 규정한데 대해 북한은 체제전복, 정치제도 개혁, 정권교체 등을 기도하고 있다고 판단함.

– 북한이 가입하고 있는 국제기구의 인권개선 요구에 대해서도 국제기구를 미국의 조정을 받고 북한을 압박하는 것으로 인식하고 있음.

○ 북한의 인권문제는 다른 인권후진국가와 마찬가지로 보편주의와 상대주의의 대립으로 이해될 수 있지만 북한은 극단적 상대주의를 고집하고 있어서 북한의 입장변화는 기대되지 못함.

– 북한은 인권문제를 인권의 관점이 아니라 체제안보의 관점에서 인식하고 대응하고 있음.

– 북한의 인권정책은 내부적 기준이라기보다는 외부의 요구에 대응전략이라는 차원에서 전개되고 있음.

- 외부세계의 일부인 한국의 정책결정은 북한의 주장에 순응하는 정도에 따라서 정책적 입장의 차이를 보이고 있음.

○ 북한은 국제사회의 인권공세에 대하여 국제적 고립을 피하기 위한 차원에서 소극적으로 대응하고 있음.
- "시민적 · 정치적 권리에 관한 국제규약"(1981. 9. 14 비준), "경제적 · 사회적 · 문화적 권리에 관한 국제규약"(1981. 9. 14 비준), "아동권리협약"(1990. 9. 21 비준), "여성차별철폐협약"(2001. 2. 27 비준)에 가입하는 등 유엔 인권 레짐에 제한적으로 가입하여 보고서를 제출하면서 국제사회의 인권공세를 완화시키려 노력함.

○ 북한의 인권상황개선은 체제의 안전을 위협하지 않는 차원에서 제한적으로 법률을 제정 또는 개정하고 있으나 이는 인권의 현실적 개선보다 국제사회에서 이미지 제고에 중점을 둔 조치라고 할 수 있음.
- 북한은 국제사회의 지속적인 문제제기에 대한 반응의 일환으로 가족법(2004. 12. 7), 형법과 형사소송법(2005. 7. 26), 장애자 보호법(2003. 6. 18)을 개정 또는 제정하여 인권관련 법제를 정비하고 있음.
- 법제의 제 · 개정에 있어서도 본질은 체제안보에 위협이 되지 않는 범위에서 선언적 규범만 정비하고 실질적 제도개선을 규정하는 실행법규는 정비하지 않고 있음.

5. 결론: 북한 인권정책에 대한 논의의 핵심과 대응방안

○ 북한 인권문제에 대한 논의와 정책대안의 제시는 옳고 그름의 "정오(正誤)의 문제"라기 보다는 좋아하고 싫어하는 "선호(選好)의 문제"로 판단됨.

- 국내정치적으로 보수적인 정치이념을 선호하고 북한의 정권에 대해 비판적인 시각을 가진 경우에는 북한의 인권문제는 우선적으로 개선되어야할 시급한 문제이며 그 원인은 폭압적인 북한의 김일성과 김정일 체제에 기인하는 것으로 이를 개선하기 위해서는 북한의 정치권력에 변화를 유도해야한다고 생각하며 이를 위해서 북한정권이 변화하도록 압력을 행사해야한다고 주장함.

- 국내정치적으로 자유주의적인 정치이념을 선호하고 북한정권에 대해 유연한 대응을 선호하는 입장을 가진 경우에는 북한의 인권문제는 한반도의 평화를 달성한 후에 고려해야할 후순위의 북한 국내정치 문제이며 그 원인은 북한 내부에 존재하는 것이 아니라 북한을 압박하는 주변국의 공세적 대외정책에 있다고 생각하며 이를 위해서 북한정권이 변화할 수 있도록 압력을 가하기보다는 온건적인 설득정책을 행사해야 한다고 주장하고 있음.

- 북한의 인권문제에 대한 이념적 선호의 구도를 지나치게 단순화 시킬 경우 "친북좌파는 북한주민의 인권을 무시하는 행태" 그리고 "수구보수는 북한주민의 인권을 압박수단으로 활용"이라는 지나치게 단순화된 정치구호로 전락하는 경향이 발생함.

○ 북한의 인권문제에 관하여 객관적 인식에 대한 한국 사회내부의 합의가 있어야 하며 이는 북한 인권문제에 대한 명확한 정책목표와 당위성에 대한 기준 및 근거의 확보가 요구됨.

- 북한의 인권문제는 포괄적인 인간의 권리라는 기준을 가지고 우리의 대응 원칙

은 북한의 시각에서가 아니라 우리의 시각에서 정해야 하며 이는 북한의 인권개선에 대해 북한정권이 느끼는 위협수준을 기준으로 선택할 것이 아니라 북한의 인권개선이 한국의 정책에 관련하여 전략적인 문제로 접근해야 함.
- 북한의 인권문제를 논의함에 있어서 단기적으로 인권문제의 제기를 통해서 북한 정치체제를 변화시키거나 현존하는 북한의 인권문제를 외면하는 접근보다는 장기적으로 한반도의 평화정착과 공존번영을 추구하는 과정에서 북한의 인권문제를 다루는 기준이 요구됨.

○ 북한을 최대한 자극하지 않는 방향에서 북한 인권에 대한 접근이 필요함.
- 인권문제의 개선과 북한체제의 존속은 상호인과관계에 있음이 확실하기 때문에 인권문제에 대한 객관적 기준제시와 이에 대한 지속적 노력의 요구는 장기적으로 북한인권의 개선과 북한에 바람직한 정치체제가 출현하는데 유리한 환경을 조성할 수 있음.
- 이런 인과성 때문에 한국의 인권문제에 대한 접근은 북한의 인권개선요구를 정치공세로 몰아세우는 것이 가능하도록 빌미를 주지 않도록 북한 주민의 생존권과 인간적 존엄권의 확보의 필요성에 대한 논의가 필요함.
- 이런 연장선에서 북한이 선호에 따라서 국제인권규약 B규약과 관련된 주민의 정치적 자유권과 시민의 권리에 대한 논의는 자제하고 A규약과 관련된 경제개발이나 식량 생필품 지원 등과 관련된 생존문제에 중점을 두어 장기적으로 접근할 필요가 있음.

○ 한국과 미국에서 정권교체에 따른 대북인권정책의 변화를 긍정적인 시각에서 수용 및 활용하고 이에 대한 객관적 기준과 절차를 확보할 필요가 있음.
- 민주주의 국가는 정권교체에 따른 외교정책의 변화가 일반적 현상이며 인권에

대한 정책은 우선순위의 판단과 관계되는 것이 당연한 것이기 때문에 북한 인권정책에 있어서 한국과 미국의 입장 차이는 긍정적 효과를 기대할 수 있음.

– 미국의 오바마 행정부의 대북 인권정책이 부시 행정부와 차이가 있다는 것은 우선순위의 차이를 의미하는 것이며 북한 인권문제의 개선에 대한 의지가 없는 것을 의미하지 않는다는 점에서 한국의 대북한 인권정책의 핵심은 "한반도 평화정착과 공존발전"이라는 거시적 어젠다와 논리를 제시하여 미국과 북한을 설득하는 작업이 필요함.

북한의 최근 대내외 인식과 정책방향

황지환(제주평화연구원 객원연구위원)

북한이 실시한 지난 4월의 로켓발사와 5월의 핵실험 이후 한반도 주변 정세에 긴장 국면이 고조되어 왔다. 북한의 로켓발사 이후, 유엔 안보리는 4월 13일 만장일치의 의장성명으로 북한의 행동을 비난하며 2006년 안보리 결의 1718호의 위반이라고 선언하였고, 북한의 핵실험 이후에는 안보리 결의 1874호를 통해 국제사회의 제재의지를 과시하였다.

이런 와중에 기존 베이징 6자회담은 지난 2005년 9 · 19 공동성명 이후 2007년 2 · 13 합의 및 10 · 3 합의를 통해 북한 핵의 2단계 신고와 검증 국면을 넘어 폐기의 3단계로 진전되는 듯 했으나, 2009년 들어 그 동력을 상실한 상태이다.

현재까지 대북 제재는 비교적 원활하게 작동해오고 있으며, 북한은 국제사회의 제재에 강력하게 반발하는 한편 외무성 대변인 성명을 통해 앞으로 6자회담에 절대 참가하지 않을 것이며 6자회담의 어떠한 합의에도 구속되지 않을 것이라고 수 차례 선언한 바 있다.

이렇듯 국제사회의 대북 제재에 대해 북한이 위기고조 전략으로 맞대응해온 상황에서, 북한 문제를 해결하는 데 있어서 핵문제, 국내정치, 남북관계 등에 대한 북한의 인식을 정확하게 파악하는 것이 중요한 과제이다. 이러한 이슈에 대한 현재 북한의 인식은 한반도 주변의 현실과는 괴리된 상황이며, 북한의 인식과 정책을 국제사회가 그대로 받아들일 수는 없기 때문에 북한의 인식을 재조정하여 국제사회의 인식과의 격차를 감소시킬 수 있는 방안 마련이 필수적이다.

최근 미국의 대북 양자협상 제안이나, 한국 정부의 그랜드 바겐 등의 제안은 북한이 협상테이블로 나올 수 있는 환경을 조성했다는 점에서 긍정적이다. 하지만 협상과정의 미시적인 관점에서도 다양한 어젠다를 개발할 필요가 있다.

2009-09-23

| 명지대학교 교수

▦ 1. 북한의 로켓발사 및 핵실험과 한반도 정세

○ 지난 4월 북한의 로켓발사와 5월 핵실험 이후 한반도 주변 정세는 긴장국면이 고조되어 왔음. 국제사회의 만류와 압력에도 불구하고 북한이 로켓을 발사하고 2차 핵실험을 감행함으로써 첨예한 대결구도로 진행되어 왔음.

○ 베이징 6자회담은 지난 2005년 9.19 공동성명이후 2007년 2.13 합의 및 10.3 합의를 통해 북한 핵 문제를 2단계의 신고와 검증 국면을 넘어 폐기의 3단계로 진입하게 하는 듯 했으나, 2009년 들어 좌초된 상태임.

○ 최근 북미관계는 오바마 행정부가 이란이나 베네수엘라, 쿠바 등에 손을 내밀고 있고, 이슬람 지역과의 화해를 선언한 것과는 대비되는 모습임.

○ 북한의 로켓발사 이후, 유엔 안보리는 4월 13일 만장일치의 의장성명으로 북한의 행동을 비난하며 2006년 안보리 결의 1718호의 위반이라고 선언하였음. 또한 북한의 핵실험 이후에는 안보리 결의 1874호를 통해 국제사회의 제재의지를 과시하였음.

○ 현재까지 대북제재는 비교적 원활하게 작동해 왔으며, 북한은 국제사회의 제재에 강력하게 반발하고 있음. 북한은 외무성 대변인 성명을 통해 앞으로 6자회담에 절대 참가하지 않을 것이며 6자회담의 어떠한 합의에도 구속되지 않을 것이라고 수차례 선언하였음. 국제사회의 대북제재에 대해 북한은 위기고조 전략으로 맞대응해 왔음.

○ 중국의 다이빙궈 국무위원의 9월 방북 및 김정일 위원장과의 회담 이후 북한이 양자 및 다자회담 참석의사를 밝혔지만, 앞으로의 협상방식과 내용에 대해서는 여전히 불확실한 상황임.

▓▒ 2. 북한의 대미 인식과 핵정책

가. 미국의 대북적대시 정책과 북한의 대응

○ 북한은 2차례의 핵실험을 감행한 최근까지도 핵무기 프로그램을 영원히 보유하지는 않을 것이라고 주장하고 있음. 북한은 미국의 핵 위협이 존재하고 한국에 대한 미국의 핵우산이 제거될 때 자신들의 핵무기도 포기될 수 있다고 주장하고 있음 (북한 외무성 담화문, 2009년 6월 13일).

○ 이는 북미관계와 한반도 주변 국제관계의 근본적인 변화가 없는 상황에서 핵무기의 포기는 절대로 없을 것임을 공언하는 것임.

○ 핵무기 프로그램에 대한 북한의 인식과 정책은 이미 김일성 주석의 유훈에서부터 비롯된 것임. 김일성은 생전에 한반도에 핵무기 위협을 시작한 것은 자신들이 아니라 미국이었음을 강조하곤 했음 (1994년 김일성 신년사).

○ 북한은 핵무기 보유를 국가안보와 정권안보를 위한 최후수단으로 인식하고 있기 때문에, 현재와 같은 상황에서 먼저 양보하고 핵 포기를 하는 것은 불가능하다고 인식하고 있음 (북한 외무성 담화문, 2009년 1월 13일).

○ 따라서 북한은 미국과의 외교관계 수립 없이는 살 수 있지만, 핵 억지력 없이는 살수 없다고 주장하고 있음 (북한 외무성 담화문, 2009년 1월 17일).

○ 반면, 미국은 북한의 핵 포기가 북미관계의 근본적 변화 및 한반도 주변 국제정세의 변화에 필수적인 전제조건이라고 인식하고 있음. 이는 오바마 행정부의 비확산 정책과 "핵무기 없는 세상(A World without Nuclear Weapons)"의 연설에서도 분명히 드러나고 있음 (오바마 대통령의 2009년 4월 5일 프라하 연설).

○ 이러한 관점에서 북한은 오바마 행정부가 이전의 부시 행정부와 근본적으로 다르지 않다고 인식하고 있음 (북한 외무성 담화문, 2009년 5월 4일).

○ 결국 북핵문제에 대한 북한의 인식과 미국의 인식은 상당한 격차를 보이며, 앞으로의 해결과정에서 상당한 난관이 있을 것임을 예측케 함.

나. 북한의 6자회담 거부와 북미 양자회담 주장

○ 북한은 북핵문제를 북미 양자회담을 통해 해결해야 한다고 지속적으로 주장해왔음. 김일성 역시 한반도 핵문제의 기원을 지적하며 북미 양자회담의 중요성을 강조했었음.

○ 북한은 1990년대 초반 제1차 북핵위기 때에도 유엔 안보리나 한국, 일본, 러시아 등 다른 관련국들의 개입에 극도로 민감한 반응을 보이며, 북미 양자협상을 고집해 왔음 (북한 외무성 담화문, 1993년 4월 11일, 1994년 6월 26일).

○ 북한은 최근에도 6자회담에의 복귀를 거부해 왔는데, 이는 6자회담이 그동안 북한의 주권과 권위를 침해했기 때문이라고 주장하고 있음 (북한 외무성 담화문, 2009년 4월 14일).

○ 북한은 6자회담이 한반도 전체의 비핵화에 합의했음에도 불구하고 북한만의 비핵화를 목적으로 진행되고 있다고 인식하고 있음. 2005년의 9.19 공동성명 역시 북미관계개선을 통한 비핵화에 합의한 것이었지만, 비핵화를 통한 북미관계개선의 방향으로 진행되고 있다고 항변하고 있음 (북한 외무성 담화문, 2009년 1월 13일).

○ 특히 박의춘 북한 외무상은 북한이 결코 6자회담에 복귀하지 않을 것이며, 6자회담의 합의에도 구속되지 않을 것이라고 언급했음 (2009년 5월 2일).

○ 이는 6자회담의 여러 문서에 북한이 합의했음에도 불구하고 전혀 다른 해석을 하고 있다는 것을 의미함.

○ 최근 중국의 다이빙궈 국무위원의 방북 이후 북한이 양자 및 다자회담에 참석할 것이라고 공언하고 있지만, 북한이 다자회담을 받아들이더라도 기존의 6자회담을 그대로 수용하기는 매우 어려울 것으로 판단됨.

○ 북한이 기존 6자회담의 틀로 협상에 복귀하더라도 협상의 구조와 형식은 기존의 모습을 수용하지는 않을 것으로 예상됨.

다. 핵무기 보유국으로서의 지위 확보

○ 북한은 최근 한반도 핵문제의 핵심이 미국 핵무기와 북한 핵무기의 관계에 있다는 주장을 새롭게 펼치고 있음 (북한 외무성 기자회견문, 2009년 1월 17일).

○ 미국이나 국제사회의 북한 핵무기 인정여부와는 관계없이 북한은 이제 핵무기 보유국이며, 북미외교관계가 정상화되더라도 핵무기를 포기하지 않을 것임을 공언하는 것임 (북한 외무성 담화문, 2009년 6월 13일). 이는 미국이 핵 불사용을 약속하고 안보를 보장할 경우 핵무기를 포기할 수 있다는 이전의 주장과는 구별되는 최근의 중요한 태도변화임.

○ 북한의 주장은 핵무기 보유국으로서 핵문제를 다루려는 의도를 공고히 하려는 것으로 보이며, 이것은 핵무기 보유국들끼리 핵군축에 합의하는 것이 한반도 핵문제를 해결하는 유일한 방법이라는 주장으로 연결되고 있음 (북한 외무성 담화문, 2009년 1월 13일). 이는 향후 핵 문제 회담에서 한국과 일본을 배제하려는 전략으로 발전될 수 있음.

○ 결국 북한은 한반도 핵문제의 초점을 북핵포기가 아닌 한반도 전체의 비핵화와 동북아의 핵군축으로 전환시키려는 의도를 보이는 것임. 이는 6자회담이 북한의 비핵화가 아닌 한반도 전체의 비핵화에 합의했다는 북한의 주장과 일맥상통하는 것임.

○ 북한의 접근법이 핵 포기로부터 핵 군축으로 이동함에 따라 북핵문제의 해결 과정이 점점 더 어려워질 것이라고 예상됨.

3. 북한의 대내정치 인식과 정권안보

가. 북한의 후계구도와 국내정치의 안정성

○ 2008년 8월 이후 김정일의 건강문제가 불거지고 최근 삼남 김정은의 후계자 지명설로 인해 북한정권의 3대 세습 및 이에 따른 정권의 안정성에 관한 논의 가 활발하게 진행되고 있음. 특히 최근 "만경대 혈통, 백두의 혈통을 이은 청년 대장 김정은 동지"에 관한 선전벽보가 외부에 알려지면서 김정은의 후계구도 에 대한 선전활동이 강화되고 있는 것으로 분석되고 있음.

○ 하지만, 북한의 두 번째 권력세습이 김일성에서 김정일로의 첫 번째 정권이동 처럼 안정적으로 진행될 것인지에 대해 많은 의구심이 제기되고 있음. 이는 1990년대의 김정일과는 달리 김정은의 나이와 경험이 부족할 뿐 아니라 북한 주민들에게도 많이 알려지지 않아 영향력과 정권 장악력이 매우 취약하기 때 문이기도 함.

○ 따라서 김정일 이후의 북한에는 장악력과 영향력이 상대적으로 취약한 정권이 들어설 것으로 예상되며, 이는 북한정권의 성격 자체를 변화시키는 요인으로 작용할 것으로 예상됨.

○ 최근 북한 최고인민회의 상임위원장인 김영남이 일본 언론과의 회견에서 이례 적으로 후계문제를 언급하며, 전혀 결정된 바가 없다고 주장하였음. 하지만, 김정일의 연령과 건강상태를 고려해 볼 때, 김정은의 정권세습 여부와 상관없 이 북한은 후계구도를 고민하지 않을 수 없는 시기임.

○ 결국 김정일이후의 후계구도와 정권 이양과정은 북한 국내정치와 정권안보의 안정성을 테스트할 수 있는 중요한 계기가 될 것임.

나. 북한의 경제난과 정권안보

○ 북한의 경제는 점진적으로 악화되고 있으며, 이는 북한정권의 안정성을 위협하는 중요한 요인이 되고 있음.

○ 북한의 경제는 1990년대 말까지 "고난의 행군"이라는 최악의 상황을 거쳐 왔지만, 한국 및 국제사회로부터의 지원과 경제협력으로 인해 1999년 이후 플러스 성장으로 돌아선 것으로 알려져 있음. 하지만, 북한의 경제는 최근 다시 마이너스 성장으로 변화한 것으로 알려지고 있음.

○ 남북경협의 주요 사업인 금강산 및 개성관광 사업이 중단되고, 개성공단도 어려움을 겪으면서 북한의 경제에 커다란 타격을 주고 있을 것으로 예상됨. 한국의 대북지원금 역시 이명박 정부가 출범한 2008년에 전해에 비해 1/4로 급감하였음 (2007년도 323,040불에서 2008년도 85,440불로 감소). 더구나 지난 4월의 로켓발사와 5월의 핵실험 이후 국제사회의 제재가 강화되면서 북한의 주요한 외화수입원인 무기 수출이 중단되고 있어 커다란 어려움을 겪고 있을 것으로 예상됨.

○ 경제적 어려움이 정권의 안정을 위협하는 것을 막기 위해 북한은 주민들을 통제하고 정권의 안정성을 높이기 위한 노력을 배가하고 있는 것으로 알려져 있음 (로동신문 신년공동사설 2009년 1월 1일). 로켓발사와 핵실험 역시 북한의

기술적 능력을 과시함으로써 부분적으로는 국내정치의 안정성을 도모하기 위한 목적을 가지고 있는 것으로 분석되고 있음 (로동신문 사설 2009년 4월 7일).

○ 실제 북한은 핵실험 성공을 축하하는 대대적인 군중집회를 여러 차례 개최해 왔음 (조선중앙통신 2009년 5월 26일). 최근 진행되고 있는 '150일 전투' 역시 경제적 난관을 극복하고 정권을 안정시키기 위한 목적을 가진 것으로 이해될 수 있음.

○ 북한의 향후 경제상황은 북한 국내정치와 정권안보의 안정성을 테스트하는 중요한 변수가 될 것임.

4. 북한의 남북관계 인식과 대남정책

가. 6.15 공동선언과 10.4 선언에 대한 인식

○ 북한은 올 초 남한 정부 때문에 남북간의 모든 합의가 사문화되고 무효화되었다고 주장했음 (조국평화통일위원회 성명 2009년 1월 30일). 이는 북한이 이전 정부와는 다른 새로운 남북관계를 구축하기 위한 시도로 해석됨.

○ 북한은 6.15 선언과 10.4 선언이 남북의 최고 지도자들에 의해 채택되고 전체 주민들의 동의로 이루어진 획기적인 합의라고 커다란 의미를 부여해 왔음 (조국통일연구원 성명 2008년 12월 24일). 북한은 이 두 선언이 남북통일을 위한 보편적인 규범이라고 인식하며, 이 선언을 부정하는 것은 남북관계와 통일

자체를 부정하는 것이라고 비난하고 있음. 따라서 북한은 이명박 정부가 6.15 공동선언과 10.4 선언보다 1991년의 남북기본합의서를 더 중요시하는 것에 대해 강력하게 반발해 왔음.

○ 이명박 정부는 햇볕정책에 기반한 두 선언보다는 남북기본합의서가 상호성의 원칙에 입각한 것이기 때문에 남북간의 중요한 합의라고 인식하고 있음. 반면 북한은 두 선언이 자신들에게 더욱 우호적이고 이익이 될 뿐 아니라 김정일 위원장이 직접 합의한 문서이기 때문에 더 중요하게 인식하고 있음. 북한은 남북기본합의서가 총리급에서 합의되었기 때문에 두 선언보다 더 낮은 수준의 합의라고 인식하고 있음. 한편, 남북기본합의서는 냉전이 종식된 1990년대 초반의 혼란기의 어려움 속에서 북한이 상대적으로 더 많이 양보한 합의라고 생각하기 때문에 일정부분 치욕적이라고 인식하고 있음.

나. 남북경협에 대한 인식

○ 북한은 남북관계에서 "우리 민족끼리"의 정신을 강조해 왔는데, 이는 남북관계에서 일정한 영향력 수단을 확보할 수 있기 때문으로 판단됨. (로동신문 신년공동사설 2009년 1월 1일)

○ 개성공단과 금강산 관광에 대해서도 남북경협을 통해 북한이 경제적 이익과 도움을 받고 있다고 인식하기보다는 "우리 민족끼리"의 정신에 입각해 남한에 부여한 특혜조치라고 말하고 있음. (중앙특구개발지도총국 통지문 2009년 5월 15일)

○ 북한은 또한 이러한 특혜조치들이 6.15 공동선언의 정신에 입각하여 남한에 주어진 것이기 때문에 6.15 공동선언을 부정하는 상황에서 계속될 수 없으며, 새로운 조건을 위한 협상이 필요하다고 주장해 왔음. (조선중앙통신 2009년 6월 11일)

○ 이런 관점에서 북한은 지난 6월 새로운 조건으로 개성공단의 임대료 5억 불과 노동자 임금 300불을 요구하였음. 하지만, 최근 북한은 이러한 요구대신 이전처럼 5%의 임금인상을 제시했음.

○ 남북경협에 대한 북한의 기본적 인식을 감안하면 남북간의 갈등은 지속적으로 발생할 것으로 예상됨. 북한은 남북경협을 통해 경제적 이득을 확보하고 남북관계에 대한 영향력도 확대하려는 모습을 보이고 있음.

⠿ 5. 정책적 함의

○ 북한 문제를 해결하는데 있어서 핵문제, 국내정치, 남북관계 등에 대한 북한의 인식을 정확하게 파악하는 것이 선결과제임.

○ 이러한 이슈에 대한 현재 북한의 인식은 한반도 주변의 현실과는 괴리된 상황이며, 점점 더 악화되고 있음. 따라서 북한 문제의 해결과정에 여러 난관이 있을 것으로 예상됨.

○ 특히 북한의 인식은 한국 및 미국의 인식과 큰 차이를 보이고 있음. 북한의 인식

과 정책을 국제사회가 그대로 받아들일 수는 없기 때문에 북한의 인식을 재조정
하여 국제사회의 인식과의 격차를 감소시킬 수 있는 방안 마련이 필수적임.

○ 하지만, 북한은 자신들의 인식과 정책에 매우 완고하며 쉽게 변하지 않을 것
임. 따라서 북한의 체면을 살려주면서 인식과 정책 재조정의 길을 유도할 수
있는 세밀한 전략이 필요함. 이를 위해서는 북한의 나쁜 행동에 대한 제재와
더불어 북한이 변화된 인식과 정책을 가지고 협상테이블에 나올 수 있도록 우
호적인 환경을 만들어주는 것도 필요함.

○ 최근 미국의 대북양자협상 제안이나, 한국정부의 그랜드 바겐 등의 제안은 북
한을 협상테이블로 나올 수 있는 환경을 조성했다는 점에서 긍정적임. 또한 협
상과정의 미시적인 관점에서도 다양한 어젠다를 개발할 필요가 있음.

○ 최근 북한은 미국의 양자대화 제안 및 중국 다이빙궈 국무위원의 방북 등의 환
경변화에 대응하여 양자 및 다자회담에 나설 것이라고 공언했지만, 북한과의
협상은 여전히 근본적인 문제를 가지고 있기 때문에 협상의 과정은 쉽지 않을
것임.

○ 문제의 핵심은 북한의 인식을 어떻게 재조정하느냐에 달려있기 때문에 이 부
분에 대한 정책조율이 집중되어야 할 것임.

미국 오바마 행정부의 외교정책과 대북정책

조윤영 (제주평화연구원 객원연구위원)

본 고는 오바마 행정부의 외교안보정책에 대한 분석과 예상을 기초로 하여 대북정책을 설명하고 북한의 대미정책에 대한 전망을 제시하려는 목표를 갖고 있다. 미국의 세계전략 기조의 틀 속에서 대북정책을 이해하고 김정일 위원장의 건강악화로 인한 북한의 체제변화 예상 속에 이들에 대한 대응을 살펴보고자 한다. 오바마 외교안보정책에 대한 기존정책과의 차별화 또는 연속성에 대한 논의는 전문가들 간에 다소 논쟁적인 측면이 있으나 오바마 행정부가 부시 행정부의 외교정책과 지나치게 단절적이지는 않을 것이다.

오바마 행정부의 세계전략의 기조는 '반테러 · 반확산 · 자유의 확대' 기조를 유지하며 국익추구의 스타일과 운영방법에는 부시 행정부와 차별화된 모습을 보여주고 있다. 대표적으로 오바마 행정부가 추진하는 외교정책은 아프가니스탄을 중심으로 하는 반테러 정책과 "핵무기 없는 세상(nuclear free world)"을 추구하는 개혁적인 핵무기 관련 정책이다. 오바마 행정부의 대동아시아 외교정책은 일본과 호주, 인도 및 한국 등과 강한 동맹관계구축을 기반으로 6자회담과 같은 임시적 다자협력을 효율적 기구로 제도화시킬 것으로 판단된다.

오바마 행정부의 대북 핵정책은 6자회담을 비롯한 다자적 제도의 틀을 적절히 이용하면서 직접적인 외교로 매우 적극적으로 전개될 것으로 예상된다. 이러한 미국의 시도가 북미관계의 개선으로 이어질 수 있는지가 주요 관심사이기도 하다. 북핵의 폐기는 북미관계 개선을 위해 선행되어야 할 선결조건이지 동시에 포괄적으로 진행될 가능성은 낮고 오바마 행정부는 핵폐기 검증시도에 집중할 것으로 보인다. 향후 미국과 북한 간의 관계개선 시도가 있겠으나 급진적으로 개선될 가능성은 낮고 6자회담의 틀을 벗어나 협상을 하기는 어렵다고 예상할 수 있다. 미국의 대북정책의 변화에 따른 한국의 남남갈등 가능성, 한미공조 등의 사안에 대한 한국정부의 대응책이 필요하다.

2009-10-23

1. 서론

○ 본 고는 미국 오바마 행정부의 외교정책에 대한 분석을 기초로 하여 미국의 대북 정책을 설명하고자 함. 오바마 행정부의 출범 이후 변화하는 미국의 외교정책을 반확산과 반테러를 중심으로 하는 세계전략 및 동아시아 외교전략 등을 중심으로 하여 분석하고 이러한 정책들이 대북정책에 미치는 영향 등을 분석함. 이와 관련하여 북한의 대미정책과 한국의 대응책 등을 제시하고자 함. 미국의 대북정책을 분석하고 향후의 대북정책을 예상하기 위해서는 오바마 행정부의 외교정책의 기조와 방향에 대한 이해가 필요하며 이를 바탕으로 한국의 과제도 제시되어야 함.

2. 오바마 행정부의 대외정책

가. 세계전략 기조의 변화와 연속성

○ 오바마 행정부의 세계전략 기조는 기존 정부의 '반테러 · 반확산 · 자유의 확대' 라는 전략적 기조에서 크게 벗어나지 않음.

– 오바마는 후보시절부터 부시 행정부의 이라크 개입에 반대하며, 이라크로부터의 조기철수를 주장. 그러나 부시 행정부도 1기 당시 강조했던 일방적 현실주의에 기반을 둔 군사적 단독행동과 선제공격(preemptive strike)의 원칙에서 상당히 후퇴했음. 부시 행정부는 2기 집권에서 변환외교(transformational diplomacy)를 내세우며 민주주의와 자유를 확산하고자 하는 부시 1기 행정부와 상당한 차별화를 모색함.

- 오바마 행정부의 정책은 국제정치의 가장 중요한 현안인 반테러와 반확산에 대한 해결을 위한 외교정책에 집중함.

○ 그러나 오바마 행정부의 대외정책은 이상주의적 자유주의 성향을 보여주고 있으며 경험과 무력보다는 외교력에 의한 실용적 외교정책을 지향함.
- 취임 이후 즉시 관타나모 수용소를 폐쇄하기로 한 것과 북한, 이란 등의 불량 국가들과의 조건 없는 대화를 하겠다는 등의 시도에서 엿볼 수 있음.
- 그럼에도 불구하고 오바마 행정부의 외교정책이 급진적 이상주의로 흘러갈 가능성은 거의 없음. 이는 초당적으로 구성된 오바마 외교안보팀의 구성에서 충분히 답을 구할 수 있음. 오바마는 외교안보분야의 약점을 보완하기위해 외교에 정통한 바이든 상원 외교위원장을 부통령으로 지명. 또한 오바마 대통령은 힐러리 클린턴 국무장관, 제임스 존스 안보보좌관에 이어 전임 행정부의 국방장관이었던 로버트 게이츠를 국방장관에 임명함. 결국 오바마 정부는 이념적 성향보다는 경험을 중시하여 외교안보팀을 구성하였으며 급진적 변화를 선택하기보다는 안정된 전환을 추구함. 따라서 이념적 성향보다는 실용에 무게를 두고 무력을 통한 분쟁해결보다는 외교력을 통한 문제해결을 지향하는 중도성향의 외교정책을 실시.

○ 미국 외교정책의 최우선의 목표는 미국의 패권적 지위의 유지와 국가이익의 확대.
- 이를 위해 오바마 행정부는 세계적 경제위기를 극복하는 것을 최대의 우선과제로 선정하고 여기에 오바마–바이든 플랜으로 명명된 대외정책의 우선순위가 발표됨.
- 정책의 우선순위는 1)아프가니스탄과 파키스탄, 2)핵무기, 3)이란, 4)에너지안

보, 5)미국외교의 쇄신, 6)이스라엘 등을 제시함. 후보시절 오바마는 이라크전쟁의 종식을 최우선으로 발표한 바 있으나 당선이후에는 아프가니스탄 및 파키스탄 문제를 외교정책의 우선과제로 선정.

나. 반테러: 아프가니스탄 · 파키스탄

○ 오바마 행정부는 반테러라는 미국외교정책의 원칙은 확고하게 지켜나가고 있으나 운영(operation)방법에 있어서 부시 행정부와는 차별화된 시도.

– 오바마는 후보시절부터 아프가니스탄이야말로 테러와의 전쟁 최전선이라고 주장하며 집권하면 미군 병력을 증강하여 아프가니스탄과 파키스탄에서 활동하는 테러단체들을 격퇴시키겠다고 주장. 그는 특히 군사적 측면에서 반테러 전략의 초점을 이라크가 아닌 아프가니스탄과 파키스탄에 두어야 한다는 점을 강조.

○ 오바마 대통령은 아프간에 대한 4만 명 정도의 추가병력 증파를 고려하고 있음. 그러나 오바마 측근 중에서 가장 영향력 있는 인물 중의 하나인 리차드 홀브룩 같은 외교전문가들은 대규모 병력파병의 위험성을 강조하며 여전히 반대하고 있음.

– 무엇보다도 민주당이 병력증강에 난색을 표하고 있음. 민주당의 레빈 상원 군사위원장은 미군을 늘리기 보다는 아프간군을 더 빨리 증강, 배치하는 것이 아프간전의 핵심이자 승리전략. 존 케리 상원 외교위원장도 베트남전을 사례로 성급한 병력증파 결정을 경계함. 현재 아프가니스탄에서 미국인 사상자의 수가 이라크를 추월하여 증가하고 있는 등 사태가 악화되고 있으며 따라서 아프가니스탄 전쟁이 생각보다 단시일 내에 종결되기 어려운 상황. 이는 결국 미국이 부

시 행정부와 마찬가지로 중동문제 해결에 많은 시간과 노력을 소비할 가능성이 높음. 따라서 미국경제위기의 지속과 아프가니스탄 사태와 이라크에서의 종전 노력 등이 장기화되어 한반도문제를 포함하는 동아시아 정책이 우선순위에서 밀리는 상황이 연출될 가능성이 높음. 그러나 북한 핵문제는 미국이 추구하는 핵무기 없는 세계라는 정책을 통해 새로운 국면을 맞이할 가능성이 높음.

다. 핵무기 없는 세계

○ 오바마 행정부는 핵문제 해결의 의지와 접근 방식에 있어서 부시 행정부와 차별화된 정책.

– 오바마는 후보시절부터 핵무기 및 핵물질의 확산을 막기 위해서는 범세계적인 협력이 필요하다는 점을 강조하면서 핵무기의 위협으로부터 미국의 안전을 확보하기 위한 정책을 네 가지 차원에서 제시함. 1)핵테러의 위협제거, 2)핵능력의 확산방지, 3)비확산체제강화, 4)정부조직 개편. 특히 오바마는 북한의 핵포기 뿐만 아니라 미국 스스로 핵을 폐기하겠다는 입장. 러시아와의 협조를 통해 미국과 러시아가 '핵무기 감축'의 본보기가 되어야 한다는 점을 일찍이 후보시절부터 강조해왔고 '넌-루가 협력적 핵감축(Nun-Lugar, Cooperative Threat Reduction: CTR)'에 대해서도 찬성하고 있음.

○ 오바마는 '오바마-바이든 플랜'을 통해 핵물질 생산의 검증 체계를 협의할 NPT 체제 강화를 강조하고 북한핵을 완전하고 검증가능하게 제거하고 이란의 핵무기 개발을 막기 위해서도 궁극적으로 '핵무기 없는 세계(a nuclear free world)'를 지향해야 한다고 제안. 특히 평화적 목적을 위한 핵개발이라는 명분 아래 사실상 핵무기 개발의 길을 열어주고 있는 현재의 NPT 체제의 문제

점을 지적한 바 있으며, 북한과의 핵문제 타결도 NPT 체제를 복원한다는 차원
에서 일부 우려처럼 북한에 무조건 양보를 허용하지는 않을 것. 특히 오바마는
범세계적 핵물질의 추가 생산 중단과 검증체계를 확립하기 위한 노력에 관심
을 갖고 있으며, IAEA를 통해 핵연료를 통제할 수 있도록 '핵연료 은행 설립'
을 지지하는 등 새로운 대안 모색에 관심이 많음.

- 오바마 행정부는 2010년 NPT 평가회의에 상당한 힘을 집중할 가능성이 높음.
부시 대통령 시절 폐기되었던 러시아와의 START(전략무기감축협정) 후속 협정
추진, 이란 및 시리아와의 직간접 대화추진 및 인도, 파키스탄, 이스라엘 등
NPT 미가입국가들에 대한 가입추진. NPT 평가회의는 5년마다 열리는데 지난
2005년 회의는 핵무기보유국과 비보유국 사이에 심각한 이견으로 NPT체제의
분열을 초래함.

라. 오바마 행정부의 외교정책 기조

(1) 스마트파워 외교

○ 스마트파워 외교는 미국이 21세기 국제적 어젠다를 건설하기 위한 환영받는
리더가 되는 조건에 초점을 맞추고 있음.
- 환영받는 리더가 되기 위해 본질적으로 국가생존을 기초로 지구적 공공재를 제
공하여야 하는데 이를 위해 협력하고 배우는 기술이 필요하다는 것임.
- 미국이 하드파워측면에서는 국제적 도전이 심각하지는 않지만 하드파워로만으
로 지도적 위치를 고수하는 것은 충분치 않고 이는 설득의 힘과 결합되어야 한
다는 것.
- 스마트파워 개념은 하드파워와 소프트파워의 적절한 조합을 의미함. 강력한 군

사력을 유지하는 것도 필요하지만 국제사회에 대한 미국의 영향력을 확장시키기 위해서는 동맹과 파트너십 그리고 국제제도의 설립 등을 동시에 적용하는 것이 필요하다는 것임.

(2) 지속가능한 안보(Sustainable Security)

○ 지속가능한 안보는 미국이 세계전체의 불안정을 해소하며 장기적으로 집단적 위협과 전지구적 위협을 관리할 수 있는 능력을 의미함. 미국의 국가안보, 개인의 인간안보, 세계전체의 이익을 공유하기 위한 집단안보 등 이 세가지 접근을 적절히 조합하는 것이 지속가능한 안보의 핵심임.

(3) 균형력(Power of Balance)

○ 균형력은, 국가는 국제체제의 다양한 행위자중 하나이며 외교와 경제행위를 통해 승패적 네거티브 섬(negative-sum)이 아닌 포지티브 섬(positive-sum)을 만들 수 있다는 것에 주목함. 즉 세력균형(balance of power)이라는 현실주의적 군사력에 입각한 제로섬적 상황을 타파하기 위한 대체 개념.

⋮ 3. 오바마 행정부와 동아시아 외교정책

○ 동아시아는 불확실성과 급변환의 세계화적 현상과 변환하는(trans-forming) 미국, 부상하는(rising) 중국, 보통화(normalizing)하는 일본과 돌아온(recovering) 러시아라는 초강대국들의 국제관계가 첨예하게 대립되는 지역.

뿐만 아니라 대량 살상무기의 확산, 테러문제, 환경 및 불법이민 등 전통적 안보와 비전통적 안보 위협이 동시에 진행되는 미국 국가안보에 영향력이 큰 핵심지역임. 따라서 오바마 행정부의 외교정책에서도 그 중요성은 더욱 강화되고 있음.

○ 미국은 동아시아에서 세 가지 중대한 국가이익의 목표가 있음.

– 첫째, 중국 및 러시아 등의 강대국이 지역패권세력으로 부상하는 것을 방지하는 것. 이 지역에서 미국의 접근을 방해하는 패권세력의 부상은 미국의 안보와 경제적 번영에 심각한 위협이 된다고 봄. 둘째, 동아시아지역의 질서와 안정이 유지되는 것. 이 지역에서의 무력분쟁 등 심각한 불안정은 미국의 정치, 사회적 안정에도 유해한 파급효과를 초래할 수 있음. 셋째, 세계의 경제중심지로 부상하고 있는 동아시아 국가들과 경제적 협력을 증진시키는 것. 동아시아는 1990년대 서유럽을 추월해서 이제 미국의 국제 무역 및 투자에 가장 중요한 지역이 됨. 이와 같은 미국의 국가차원의 이익은 정권변화에 무관하게 지속되고 있음.

○ 미국의 동아시아 안보전략은 북한의 핵개발과 중국의 부상을 잠재적 위협요인으로 경계하며 일본과 한국 등 동맹국의 군사력의 현대화를 강조함과 동시에 스마트 파워(smart power) 정책을 강조하고 있음.

– 미국의 동맹국에 대한 스마트 파워 정책은 동맹과 파트너십을 강조하고, 저개발국가들에 대한 지원확대, 인적교류증진, 자유무역확대를 통한 경제적 통합추구, 에너지 기후 문제 등을 해결할 수 있는 기술혁신 등을 핵심내용으로 하고 있음. 오바마 행정부는 미일 동맹을 기반으로 중국을 포섭한다는 전략적 구도를 유지하면서 스마트 파워 정책에 역점을 두고 중국과의 협력을 추진.

○ 오바마 행정부의 대동아시아 외교정책은 일본과 호주, 인도 및 한국 등과 강한 동맹관계 구축을 기반으로 6자회담과 같은 임시적 다자협력을 효율적 기구로 제도화 추진.

- 전통적 동맹국의 역할을 강화하고 지지를 확보하는 등 강력한 동맹을 유지해나 갈 것이라는 메시지를 전하고 있으며 '오바마-바이든 플랜'을 통해 오바마는 아시아에서 새로운 파트너십을 구축하기 위해 양자관계와 정상회담, 소지역대 화 등을 뛰어넘는 보다 효과적인 다자적 협력의 틀을 새롭게 추진함. 오바마 행정부는 아세안과 한중일로만 구성된 동아시아 지역주의를 뛰어 넘어 미국, 캐나다, 호주, 뉴질랜드 등을 포함한 아시아-태평양 지역주의를 바탕으로 새로운 지역협력과 다자협력을 주도하려고 함.

○ 동아시아에서도 부시 행정부의 신보수주의적 외교성향은 퇴조하겠지만 실용 주의적 외교와 부시 행정부 2기의 기조인 민주주의 확산을 목표로 하는 변환 외교와 반확산 및 대테러 정책은 지속될 것임.

- 변화가 예상되는 정책은 부시 행정부에서 강조되어온 동맹중심의 동아시아정 책에서 동맹과 함께 다자주의적 협력을 강조하는 국제주의적 개입외교가 오바 마 행정부의 새로운 기조임.

- 오바마 행정부의 다자협력구상은 이명박 정부의 신아시아 협력외교와 조화를 이룰 수 있음. 이명박 정부의 신아시아 협력외교의 비전은 아시아의 발전과 화 합을 주도하여 다양한 분야에서 아시아 협력네트워크 확대를 강조. 이를 위한 주요계획은 장기적으로 역내 국가들 간의 정치, 안보, 경제 문화적 차원의 통합 을 목표로 동아시아 공동체를 추진하고 이를 위해 첫째, 아시아의 주요세력인 일본, 중국, 호주 및 아세안 국가들과 양자차원의 전략적 파트너십을 구성하고 둘째, 중앙아시아와 중국 등을 잇는 에너지 협력벨트 구상을 추진하고, 셋째, 6

자회담 이후의 발전적 대안으로 동아시아 안보 공동체를 모색하는 것. 미국은 동아시아에서 냉전체제 이래 동맹중심의 안보정책을 펴왔으나 오바마 행정부에서는 다자협력체를 동맹의 보완재로 실행하는 새로운 안보협력 구상이 진행.

○ 미국은 인권과 민주주의라는 가치중심적인 외교가 동아시아에서 자리를 잡기를 바라며 일본, 호주 및 한국 등의 동맹국들과 동맹 강화와 함께 미국에 비우호적 국가들과 협력도모를 강화하는 전략으로 움직일 가능성이 높음.

- 미국은 전통적으로 대외정책에서 국익추구를 위한 방법으로 자유민주주의와 인권 등의 가치를 중시하는 외교를 전개. 오바마 행정부도 민주당의 이상주의 전통을 이어받아 동아시아 정책에서 민주주의와 인권을 중시하는 외교를 전개할 것임.

- 부시 행정부가 진행해온 자유의 확산과 민주주의의 전파라는 것과는 차별화된 외교를 펼칠 것임. 오바마는 선거참여와 자유와 같은 민주주의에 관한 형식적 논리보다는 인간의 존엄성 회복을 강조하고 아래로부터의 변화를 추구하면서 시민사회의 자발적 참여를 통한 민주주의 확립을 선호하고 있음. 오바마 행정부는 매년 해외에 원조금을 증액하여 2012년에는 현재의 두 배가 되는 500억 달러를 해외원조금으로 지원하겠다고 약속하고 있음. 케네디 행정부가 추진했던 평화봉사단 활동과 같은 민간외교를 활성화할 것으로 예상함. 풀뿌리 민주화 운동을 통한 아래로부터 위로의 민주주의 확산을 기대하는 정책적 지원이 증가할 것으로 봄.

○ 반확산, 대테러, 인권 및 자유민주주의 확산의 가치외교를 위한 외교적 수단은 적극적 정상외교임.

- 무력사용 보다는 대화와 설득을 통한 직접적 정상회담으로 동맹국뿐만 아니라

비우호적 국가들의 정상들과 접촉할 것임. 다문화사회에서 성장하고 온갖 역경을 딛고 미국 대통령으로서 성공한 오바마의 개인적 캐릭터와 리더십으로 설득 외교에 주력.

– 오바마는 '직접 외교(direct diplomacy)' 구현을 앞세워 이란, 북한, 시리아 등 소위 '불량국가'의 지도자들과도 만나서 얘기할 수 있는 유연함을 보임으로써 힘의 외교(diplomacy of power)보다는 외교의 힘(power of diplomacy)을 중시할 것이라고 강조함.

○ 중국과의 외교에서도 오바마는 중국을 협력자이자 동시에 경쟁자로 인식하고 있어 21세기 국제관계에서 중국의 주도적 역할의 확대를 요구할 것으로 예상됨. 중국의 외환보유액은 1조 8,000억 달러에 달하고 있어 중국과 협력하지 않고 금융위기를 극복할 수 없는 상황임. 그리고 북한과 이란의 핵문제 해결 및 핵비확산체제의 강화를 위해서 중국의 적극적인 역할을 기대함. 하나의 중국정책과 양안문제의 평화적 해결을 지지하면서도 티벳 등의 지역에서의 인권문제를 지속적으로 제기하고 전 세계 환경문제와 관련하여 중국의 적극적 참여를 유도. 오바마는 중국과의 통상과 무역 현안에 있어서는 강경한 자세를 견지하는데, 미중 간의 모든 무역협정을 중국이 이행하도록 해야 하며, 중국이 위안화 가치를 인위적으로 '조작'하고 있는 것으로 판명될 경우 보다 강한 압박을 가해야 한다고 주장. 오바마 행정부는 잠재적인 경쟁 상대국인 중국에 대해 부시 행정부 대중정책의 연장선에서 중국을 '책임 있는 이해상관자(responsible stakeholder)'로 간주하여 대처해 나갈 것임.

○ 대일본정책에 있어서 오바마 행정부는 견고한 동맹관계를 유지하기 위해 지속적인 노력과 함께 경제위기와 아시아 안보를 위한 일본의 역할을 강조할 것임.

- 특히 오바마 행정부는 아시아에서 미국의 지도력이 회복하는 다자적 노력을 기울임과 동시에 최근 중·일관계의 순탄한 관계성립을 계기로 미·중·일 삼각 협력체제를 강화할 가능성이 큼. 이를 기회로 미·중·일 3각 관계 속에서 미국은 자연스럽게 미국주도의 방안을 모색할 것임. 특히 미국은 금융위기 발생 이후 중국과 일본의 위상 변화를 실감하고 동아시아 역내 문제해결 과정에 있어서 자국의 영향력 확대를 유지할 수 있기를 희망하고 있음.
- 즉, 미국은 중국과 일본의 경쟁적 관계를 극복하며 협력적 관계로 지속적으로 발전시킬 수 있는가에 대한 관심이 높음.

4. 미국의 대북정책: 북핵문제와 미·북관계

○ 미국의 대북정책은 오바마 행정부의 이데올로기나 민주당의 외교정책의 성향에서 벗어나 앞서 살펴본 대로 미국의 세계전략 기조에서 출발.
- 미국외교정책의 근간인 민주주의, 안보, 경제적 이익의 추구라는 논리를 기반으로 한 21세기 세계질서의 패권국으로서 국제정치를 인식하고 이를 위협하는 지구촌 현안에 대해 대처하는 미국으로 인식할 필요가 있음. 따라서 북미 관계 및 미국의 대북정책도 이러한 측면에서 이해해야 함.

○ 오바마 행정부는 부시 행정부와 마찬가지로 핵문제에 대한 높은 관심을 보이고 있음. '오바마-바이든 플랜'의 외교정책에서 가장 관심 있게 다뤄진 정책은 핵정책으로서 오바마 행정부는 NPT 체제 강화를 바탕으로 핵무기 감축과 핵무기 개발 및 확산 저지를 동시에 추진하겠다고 밝히고 있음.
- 북한에 대해서는 "규정을 위반하는 북한과 같은 국가가 자동적으로 강력한 제

재에 직면하도록" NPT를 강화하겠다는 것임. 신미국안보센터(CNAS)가 발간한 피닉스 이니셔티브 보고서에서도 전 세계 비핵화에 대한 강한 의지를 밝히면서 세계적 차원에서 선도적인 핵폐기 주도권을 천명함. 이들 보고서를 보면 오바마 행정부의 핵폐기에 대한 근본적인 전환을 예고하고 있으며 북핵 또한 예외이기는 힘들다는 것임. 북한의 비핵화에 대한 오바마 행정부의 예상되는 정책수준은 지난 행정부들과는 차별화된 수준의 새로운 국면을 예상할 수 있음.

- 2010년 NPT 평가회의에서 미국이 원하는 방향으로 끌고 가기 위해서는 오바마 행정부가 올해가 가기 전에 북한과 중대한 진전을 이룩해야하는 과제가 있음. 그러나 북한은 보스워스 대북정책 특별대표의 위상에 불만이 있는 것으로 전해짐. 조지 미첼(중동)과 리처드 홀브르크(아프가니스탄)에 비해 정치적 비중이 떨어진다고 평가. 따라서 미국이 보스워스 특별대표의 위상에 관심을 기울여야 함.

○ 강화된 NPT체제와 6자회담이라는 기존의 지역협력을 통해 북핵문제 해결을 시도할 것으로 보이는데 이는 국제수준의 비확산 레짐의 개혁과 6자회담의 효율화를 통해 가능할 것으로 보임.
- 사실 그동안 NPT체제의 핵무기 감축과 새로운 핵무기 제조를 막는다는 취지는 이스라엘, 인도, 파키스탄 등이 핵을 보유함으로써 그 기능이 심각하게 도전 받았음. 따라서 오바마 행정부는 IAEA 예산을 두 배로 늘려 IAEA 산하에 핵연료 은행을 설립하며 NPT체제의 개정을 통해 핵문제 확산에 적극적 제재를 가하겠다는 입장.
- 게이츠 장관의 6자회담에 대한 실망적인 평가에도 불구하고 힐러리 클린턴 국무장관은 6자회담이 북핵문제해결에 있어 필수적이라는 입장을 밝히면서 6자회담은 북한의 핵 프로그램뿐만 아니라 북한과 관련된 다른 문제를 다루는데

회담 참가국들에게 유용했다는 평가를 내리고 있음. 이는 향후 북핵문제뿐만 아니라 북한 관련 문제를 해결하는데도 6자회담의 틀을 적극 활용할 것, 북미 간의 양자회담도 6자회담 틀 내에서 추진될 것임을 의미함.

– 국제수준 및 지역수준의 다자협력 체제를 강화시켜 핵문제에 적극 활용한다는 입장과 함께 목표 달성을 위해 북한과 같은 적성국과도 조건 없이 "강력하고 직접적인 외교(tough and direct diplomacy)"를 밝히고 있는 점이 오바마 행정부와 부시 행정부의 차이점임. 미국진보센터(CAP)의 정책제안서에서 외교분야를 집필한 크레이그(G. Craig)는 오바마 행정부가 특사 파견 등 북한과 "직접적인 고위급 양자대화"를 추진할 것을 제안한 바 있음.

○ 오바마 행정부의 대북 핵정책은 다자적 제도의 틀을 적절히 이용하면서 직접적인 외교로 매우 적극적으로 전개될 것. 이러한 미국의 시도가 북미관계의 개선으로 이어질 수 있는지가 북한의 주요 관심사임.

– 대선 직후 리근 북한 외무성 미주국장 일행이 미국을 방문했을 당시 전미외교정책협회(NCAFP)가 주최한 비공개 토론회에서 성 김 국무부 북핵 특사, 오바마 대통령 당선자의 한반도 외교자문팀장인 자누지(F. Zanuzi) 상원 외교위원회 전문위원을 포함하여 전현직 관리 및 한반도 전문가들과 회동을 함. 당시 미국측 인사들은 북측이 진정으로 핵계획을 포기하고 핵무기를 철폐하겠다는 구체적인 표시를 할 경우, 차기 오바마 행정부 임기 중인 몇 년 내 미국과 북한 관계에 '근본적인 전환(fundamental transformation)'은 물론 북한 주민들의 삶에도 비슷한 변화가 찾아올 수 있다는 점을 강조.

– 또한 오바마 행정부의 긍정적 북미관계 개선의지의 신호는 자누지 팀장에 의해 공개되었는데, 그에 의하면 오바마 행정부는 2009년 외교대표부 설치, 2010년 북미정상회담과 종전회담 진행, 2012년 북미수교 및 종전선언이라는 계획을

가지고 있다고 밝힘. 그러나 클린턴 국무장관은 인준 청문회과정에서 "외교대표부 설치에 관한 어떠한 결정도 내리지 않았다"며 "북한과 어떤 형태의 외교관계를 수립할지 신중하게 검토하고 있다"고 언급하여 최종적인 계획은 확정되지 않았음을 주장.

○ 미국의 북핵문제 해결에 파키스탄 모델이 적용될 것이라는 전망이 제기되었으나 이는 북한이 핵보유국 인정과 대미관계 개선을 동시에 얻겠다는 북한의 희망사항일 뿐 가능한 해결방식은 아닌 상황.

- 클린턴 국무장관이 북핵의 완전하고 검증 가능한 방법으로의 폐기입장을 천명하고 있고 오바마 행정부의 정책기조가 핵확산 방지에 역점을 두고 있다는 점에서 NPT체제에 도전하고 있는 북한을 핵보유국으로 인정하고 핵군축 협상에 나서는 일은 없을 것임. 무엇보다도 북한의 핵보유국인정은 한미관계 및 동아시아 국제질서에 심각한 영향을 미칠 것으로 판단되어 쉽지 않은 결정임.

- 따라서 북핵 폐기는 북미관계개선을 위해 선행되어야 할 선결조건이자 동시에 포괄적으로 진행될 가능성은 낮고 오바마 행정부는 핵폐기 검증시도에 집중할 것으로 보임.

- 미국과 북한 간의 관계는 급진적으로 선회할 가능성은 상당히 낮다고 예상할 수 있음. 6자회담의 틀을 벗어나는 협상이 진행될 가능성이 낮음. 무엇보다도 "핵무기를 포함한 모든 핵프로그램의 검증가능한 폐기"를 대가로 평화협정체결, 미북 및 일북 수교, 경제 및 에너지 지원, 동북아 안보협력 등의 포괄적인 해결 방안을 담고 있는 9.19공동성명을 뛰어넘는 합의를 이뤄내기는 힘들지 않을까 하는 판단임. 이라크 전쟁 및 아프가니스탄 사태 등 미국외교의 긴급한 사안이 즐비한 상황 속에서 북핵문제의 중요성은 후순위로 밀리고 부시 행정부와 마찬가지로 북핵문제를 더 이상 악화되지 않도록 하는 관리수준으로 진

행될 가능성이 높음. 가장 우려되는 시나리오는 오바마 행정부의 핵 없는 세계를 위한 강력하고 직접적인 외교가 북한 체제의 이익을 위한 벼랑끝 외교를 만날 경우 한반도가 위기상황에 처할 가능성이 높음.

– 오바마 행정부의 대북정책은 2010년 5월로 예정된 NPT 회의에서 1차 판결이 될 것으로 예상.

○ 북한은 미국 특히 오바마 행정부가 경제위기, 이라크 전쟁 및 아프가니스탄 사태 등으로 산재한 미국외교의 현안에 비해 북핵문제는 우선순위가 낮아질 것이라는 예상 속에, 미국을 북한이 주도하는 북핵문제에 잡아두려는 시도를 꾸준히 진행해옴.

– 북한의 핵실험과 여기자 구출을 위한 클린턴 방문 허가 등 체제 문제로 추측되는 잠정적인 대화거부 사태가 발생했지만 미국과 협상을 위한 강온전략을 추진함.

– 북한의 클린턴 방문허가는 한동안 잠잠했던 북한이 미국과 협상할 준비가 되었다는 것을 시사하며 여기자 석방의 대가로 안보리 제재의 완화 및 미국과의 관계정상화를 위한 협상 등 미국 주도의 체제위협행위 중지를 요청했을 가능성이 높음.

– 클린턴 방문 후 많은 관심은 위기 조성 후 협상과 보상이라는 과거의 패턴으로의 회귀가능성에 집중. 오바마 행정부는 북한이 먼저 핵폐기 관련 신뢰할 수 있는 조치를 취하기 전까지는 무역과 금융제재를 해제할 의사가 없다는 점을 분명히 해왔고 여기자 석방 때문에 국제사회에 내세운 북핵접근 원칙을 거스르기는 어려운 입장임.

– 94년 제네바합의, 2002년 농축 핵 프로그램 등으로 북한에게 농락당했다고 보고 영변을 세 번 사지는 않겠다는 입장임.

– 따라서 미북 간의 협상이 시작되고 그리고 6자회담으로 북한이 돌아온다고 하여도 유엔 안보리 제재 등이 계속 진행되면서 미북 간 또는 6자회담 협상이 이루어질 것임. 따라서 대북제재는 상당기간 지속될 것으로 전망됨.

⁙ 5. 한국의 대응정책

○ 미북관계의 직접 접촉과 관계개선이 진행되는 듯한 모습이 이명박 정부 대북정책으로 한국을 소외시켰다는 진보세력의 비난이 거세질 것이어서 남남갈등이 재현될 것으로 예상됨. 따라서 다시 한번 한국사회가 분열되지 않도록 대비할 필요가 있음.

– 이명박 대통령의 그랜드 바겐 제의는 비록 미국의 포괄적 패키지와 유사한 제의였지만 적절한 타이밍에 한국의 입장을 잘 설명한 것으로 판단됨. 이를 통해 한국 국민뿐만 아니라 국제사회에 북핵문제의 해결을 위한 국제공조의 중요성을 공포함.

○ 북한 핵에 대한 한미 간의 인식의 공유와 공조의 문제.

– 힐러리 클린턴은 거듭된 북핵 불용에 대한 입장에도 불구하고 미국 측에서 북한의 핵인정 시사 문건이 지속적으로 나오고 있음. 예로 뉴욕타임즈의 생어기자는 오바마 행정부는 북한 핵 프로그램의 완전한 폐기보다는 핵기술 확산을 막는 데 주력할 것이라고 전망.

– 오바마 행정부의 북핵문제 해결원칙이 흔들리지 않고 지속적으로 추진되도록 하여야 함. 한국과 미국과의 핵관련 대북정책의 종착점이 무엇인지를 분명히 하고 한국은 북한의 완전한 핵폐기가 양보할 수 없는 과제라는 것임을 미국에

게 확신을 주어야 함.

○ 대북정책은 현재시점에서 내년 상반기까지 정치적으로 매우 중요한 시점이며 장기적으로는 2012년까지가 한반도의 운명을 좌우하는 가장 중요한 시점임.

- 남한의 정책적 기조와 관련해 북미관계의 변화 속에서 어떻게 한미공조 등을 운영할 것인가에 대한 과제가 중요하게 다가옴.

- 2012년은 이명박 정부와 오바마 행정부의 임기가 종료되는 시점이며 북한에서는 강성대국의 문을 활짝 열어야 하는 시점임. 북한이 이때까지는 가시적인 대과업을 성취해야하는 강한 압박을 받을 가능성이 높음.

독일통일이 한국에 주는 교훈

김 영 희(우석대학교 초빙교수)

　독일은 2차 대전 후 전승국인 미·영·불·소에 의해 4개 지역으로 분할되어 점령 통치를 받다 1949년 9월 독일연방공화국(서독)과 1949년 10월 독일민주공화국(동독)이 수립되어 동·서독으로 분단됨. 독일의 수도 베를린은 4개 지역으로 분할되어 점령 4개국이 직접 관할하는 "특수지역"으로 동독 내에 위치한 "섬"과 같았음.

　1990년 10월 3일 동·서독이 통일될 때까지, 베를린문제와 독일통일문제 등 독일전체에 관련된 사항은 전승 4개국의 권한과 책임 사항이었음. 서독은 세계 3대 경제대국이었으나, 정치적으로는 국가의 주권에 제약을 받는 나라였음. 따라서 독일이 그렇게 갑작스럽게 통일이 되리라고 예견한 사람은 아무도 없었음.

　1985년 3월 소련에 고르바쵸프가 등장한 후 소련 및 동구권에 개혁과 개방의 물결이 전파되었고, 동독에도 1989년 1월부터 민주화를 외치는 시민들의 대량 시위가 급속히 확산되었음. 1989년 여름 폴란드, 체코, 헝가리의 서독대사관에 동독탈주민이 대거 진입하고, 급변하는 정국은 한치 앞도 예측할 수 없는 상황이 됨.

　1961년 8월 13일 동독이 주민들의 대량 탈출을 막기 위해 설치한 베를린장벽은 1989년 11월 9일 동독공산당 대변인의 "역사적인 말실수"에 의해 순식간에 붕괴됨. 유럽에서 동·서 냉전의 상징이었던 베를린장벽이 아무도 예상치 않았던 시기와 방법으로 붕괴된 것임. 그리고 1990년 10월 3일 동독이 서독에 스스로 편입하는 방식의 동·서독 통합이 이루어짐.

　필자가 가까이서 본 독일통일은 하나의 "종합예술품"임.

　독일통일은 100만이 넘는 군대가 대치하고 있는 상황에서 평화적으로 이루어졌고, 통독주역은 동독 주민들이며, 서독 정치가들의 정확한 기회 포착과 과감한 추진력, 서독의 막강한 경제력의 뒷받침, 서독의 노련한 외교력, 서독 공무원 집단의 저력과 전문성, 통일 후 30년 동안 동쪽지역 재건을 위한 세금 인상을 감내하는 서독주민들의 인내심이 함께 어우러져 만들어진 "예술품"이라고 봄.

　한국의 분단 상황은 독일과는 매우 다름. 한국은 대외적으로 주권의 제약을 받는 국가가 아니지만, 전쟁을 겪은 남·북한의 관계는 동·서독의 관계와 비교할 수 없는 어려운 상황임. 따라서 독일통일이 한국의 모델이 될 수는 없음. 그럼에도 불구하고 독일이 분단극복을 위해 시행한 많은 성공적인 사례와 통일과정에서 행한 실수는 한국의 분단극복을 위해 여러 시사점을 주고 있음. 한국은 통일을 대비한 준비에서 독일통일이 주는 교훈을 적극 연구하고 우리의 방안을 강구해야 할 것임.

2009-11-30

⫶ 1. 독일의 "기본법"과 "통일정책"

가. 통일을 대비한 서독의 "기본법"

○ 독일은 2차 대전 후 전승 4개국인 미·영·불·소에 의해 4개 지역으로 분할 되어 점령국의 통치를 받았고, 1949년 9월 20일 독일연방공화국(서독)과 1949 년 10월 7일 독일민주공화국(동독)이 수립되어 동·서독으로 분단됨.

– 동독지역 내에 위치한 독일의 수도 베를린은 4개 지역으로 분할되어 점령 4개 국이 직접 관할하는 "특수지역"으로 동·서독과는 별개의 지역.

○ 서독의 '기본법'과 동독의 '헌법'

– 서방점령국측은 1948년 4월 런던회담에서 서독지역에 민주정부를 수립하기 로 결정하고 서독지역의 주수상들에게 헌법제정권을 허용한바, 이들은 서독에 수립될 국가의 '헌법(Verfassung)'을 독일이 통일될 때까지 과도기적 성격을 띠는 '기본법(Grundgesetz)'으로 제정하기로 결정하고, 1949년 5월 23일 '기 본법'을 선포.

– 동독지역을 점령하고 있던 소련은 1946년 4월 공산당(KPD)과 점령지역 내 사 민당(SPD)을 통합 독일사회주의통일당(SED)을 창당하여 일당 독재체제를 구 축하고, 1948년 SED는 동독의 헌법초안을 작성 1949년 10월 7일 헌법선포와 함께 독일민주공화국(DDR) 출범.

– 서독정부는 동독정부가 국민의 자유로운 선거에 의해 세워진 정부가 아니라는 이유로 동독정부를 인정하지 않았고, 서독의 아데나워 수상은 "독일연방공화 국만이 독일국민을 대변할 권한이 있다"면서 서독의 단독대표권을 주장.

○ '기본법'에 포함된 통일관련 조항

- 기본법의 前文에 '독일 민족은 자유로운 자결권으로 통일과 자유를 달성해야 한다'고 선언한 자결권 조항 포함.

- 기본법 제23조에 '독일의 다른 주가 독일연방공화국에 가입하면 그 가입한 주에도 기본법이 적용된다'고 기술되어, 향후 동독지역이 독일연방공화국에 가입할 수 있는 길을 열어 둠.

- 기본법 제116조(국적조항)는 동독주민도 독일국적을 가진다고 규정하고, 기본법 제11조에 모든 독일국민은 거주이전의 자유가 있다고 규정됨에 따라, 동독주민이 서독으로 넘어 올 경우 서독주민과 동등한 대우를 받도록 보장.

- 기본법 제146조는 '이 기본법은 독일국민의 자유로운 결정으로 제정된 동·서독 단일헌법이 발효되는 날에 그 효력을 상실한다'로 되어 있어, 통일 이후 동·서독 전체에 해당되는 새로운 헌법을 제정하겠다는 의지 포함.

나. 독일의 "통일정책"

○ 동·서독 분단 극복과 통일에 대한 강력한 염원을 헌법제정에서도 나타내었던 독일인들이지만 1990년 10월 3일 동·서독이 통일될 때까지 "통일"이라는 단어는 사용하지 않았고 "통일정책" 대신 "독일정책"이라는 용어를 공식적으로 사용.

- 2차 대전 패전국인 독일은 주권이 제한되어 있었고, 통일문제를 포함한 독일 전체에 관련된 사항과 베를린 관련사항은 전승 4개국의 권한과 책임사항.

- "독일정책"은 서쪽의 자유를 동쪽으로 전파하여 동독에서도 주민들이 자유롭게 살 수 있고 동·서독 간에 평화를 이룩한 후 통일을 달성하겠다는 정책, 즉, 통일보다는 자유와 평화가 앞선다는 정책.

○ 아데나워(Adenauer)의 "서방정책"

- 초대수상 아데나워는 패전의 잿더미에 놓여있는 독일의 '경제재건'과 '서구편
  입' 정책을 우선적으로 추진.

- 아데나워는 경제재건 문제는 경제장관 에어하르트(Erhard)에게 전담시키고
  자신은 친서방정책, 특히 적대관계에 있던 불란서와의 화해와 관계정상화에
  역점.

- 1950년 5월 불란서와 독일에서 생산되는 석탄과 철강을 하나의 공동 관리기구
  아래 두자는 불란서의 제의에 따라, 1951년 4월 불란서, 서독, 이태리, 벨기에,
  룩셈부르크, 네덜란드 등 유럽 6개국이 체결한(1952년 7월 발효) 유럽 석탄철
  강공동체(ECSC)는 독일과 불란서의 화해의 바탕이며, 최초의 유럽공동체로서
  현재 유럽연합(EU)의 전신.

- 아데나워 정부의 "독일정책"은 실질적 힘을 바탕으로 하는 정책으로, 표면적으
  로는 자유선거, 형식적으로는 소련과의 직접협상이었음. 즉 서구의 결속과 힘
  의 축적을 통해 세력균형이 서방측에 유리해지면 서독과 서유럽의 주도하에 소
  련의 양보를 얻어내는 방식을 채택코자 함.

○ 브란트(Brandt)의 "동방정책"

- 1969년 10월 28일 수상으로 선출된 빌리 브란트는, 동독을 국제법상의 국가로
  인정할 수는 없으나 독일내의 특수한 관계에 있는 양국관계를 제도화하기 위한
  정부 간의 협상과, 동서독 간의 인적교류 증진, 교역확대 및 무력행사 금지를
  촉구하고 소련 및 동구국가와의 긴장 완화를 추진하겠다는 요지의 "동방정책"
  을 천명.

- 1970년 1월과 1970년 3월 두 번에 걸친 동 · 서독 정상회담이 개최되었고, 서독
  은 동독에 자유왕래, 우편, 문화 및 체육교류 등 분단의 고통 해소에 역점을 두

었고, 동독은 국가 인정을 요구.

- 동·서독 협상 시, 서독은 동독을 외국으로 취급치 않아 '내독관계부'가 협상을 맡았으나, 동독은 외국과의 관계라는 점을 부각하여 외무부가 협상대표.

- 1971년 9월 동·서독 우편과 통신에 관한 의정서, 1972년 5월 26일 동·서독 간의 민간인과 화물이 모든 도로와 운하를 통과할 수 있다는 교통조약이 체결되고 1972년 12월 21일 동·서독이 상호 동등한 위치를 근거로 좋은 관계를 발전시켜 나간다는 요지의 기본조약(Grundlagenvertrag) 체결.

- 1973년 9월 18일 동·서독 유엔 동시 가입, 1974년 5월 2일 동베를린과 본에 양국 상주대표부 설치, 1974년 9월 4일 서방국가로는 마지막으로 미국이 동독과 수교.

- 당시 야당이었던 기민/기사연합(CDU/CSU)은 브란트 수상의 동방정책은 분단을 영구히 하는 정책이라고 강력히 비난했으나, 1982년 집권 후에는 "동방정책"을 더욱 강화하여 1983년 동독에 19억5천 마르크 차관 제공.

2. 동·서독 교류와 동독주민의 탈출

가. 동·서독 인적 교류

○ 서독인의 동독방문
- 1953년 11월 미·영·불 서방 3개국의 점령지역 내 여권제도 폐지 이후, 모든 독인인들에게 기본법(Grundgesetz)에 의해 자유로운 여행과 거주지 이전이 허용되었고, 동독의 잦은 제한조치에도 불구하고 근본적으로 주민간의 왕래 가능성은 열려 있었음.

- 동독정부는 동독에 부모 형제를 둔 서독인에게 1년에 1회 4주까지 동독체류를 허용하였고, 1954~1957년 사이 매년 평균 240만 명의 서독주민이 동독을 방문.
- 1961년 8월 13일 베를린장벽이 구축된 직후에는 동독 방문이 거의 불가능 하였고, 1958~1962년 사이 서독주민의 동독방문은 매년 평균 70만 명 정도로 줌.
- 1972년 5월 26일 동·서독 교통조약이 체결된 후에는 서독주민의 동독방문은 비약적으로 증가하여 1970년대 중반 이후에는 매년 300만 명에 달하는 서독주민이 동독을 방문.

○ 동독인의 서독방문
- 반면 분단초기 동독주민이 서독을 방문하고자 할 경우 소련 점령당국(후에는 동독정부)으로부터 여권을 발급받아야 했기 때문에 서독을 방문하는 동독인은 극소수에 불과.
- 1953년 6월 17일 동베를린에서 공산독재에 항의하는 대규모 시민봉기가 발생한 후, 동독정부는 주민들의 불만을 무마하려는 차원에서 서독방문을 대폭 허용, 1954~1957년까지 매년 평균 250만 명의 동독인이 서독을 방문.
- 1961년 8월 13일 베를린장벽 구축 이후 급격히 감소되었던 동독인의 서독방문은 1964년 9월 동독정부가 연금자들에 한하여 1년에 1회 4주간의 서독방문을 허용함에 따라 다시 활발해져, 1965년부터 매년 100만 명 이상의 동독 연금자들이 서독을 방문.
- 1972년 동·서독 교통조약 체결 후, 연금자 외에 서독 및 서베를린에 친척이 있는 동독인의 가정 사정(친척의 출생, 세례, 결혼, 문병, 사망 등)에도 서독방문 허용.
- 이러한 서독 방문조건은 1983년 서독정부의 19억5천만 마르크에 달하는 대동독 경제차관 제공 후, 1984년 8월부터 더욱 완화되어 매년 150만 명 정도였던

동독인의 서독 방문이 1986년에 200만 명, 1987년에 500만 명, 1988년에는 675만 명으로 급증.

- 서독정부는 모든 동독방문자들에게 환영금(1972~1987년까지 동독주민 1인당 1년 2회에 한하여 30마르크씩, 그 이후에는 1인당 1년에 100마르크) 지불과 여행경비, 의료지원 등 각종 사회복지 혜택을 줌.

- 베를린 장벽이 붕괴되기 전까지 전체 동독인구의 1/3이 서독을 방문함.

나. 동독인의 탈출과 베를린장벽 구축

○ 전승 4개국에 의한 베를린 분할, 점령

- 소련 점령지역인 동독 내에 위치한 독일의 수도 베를린은 제2차 대전 후 4개 점령 지역으로 분할되어 특수지역으로 연합국이 직접 관장.

- 서베를린과 미·영·불이 점령하고 있는 서독지역과의 연결은 함부르크, 하노버, 프랑크푸르트 공항과의 항공노선만 허용.

○ 베를린을 통한 동독인들의 탈출과 베를린장벽 구축

- 소련의 점령지역에 거주하는 동독인들의 서베를린을 통한 서독 이주는 1949년 동독이 설립되기 전까지 13만 명에 이르렀고 그 숫자는 계속 증가.

- 1953년 6월 17일 동베를린에서 공산정권에 반대하는 시민봉기 발생 전후 그해에만 50만 명의 동독시민 서베를린 경유 서독으로 탈출.

- 서쪽으로 탈출하는 동독인들의 약 50%는 25세 미만의 젊은 층의 산업인력으로 동독의 산업은 마비상태.

- 주민들의 탈출을 막기 위한 수단으로 동독은 1961년 8월 13일 베를린장벽 구축: 1949년부터 장벽 구축 시까지 약 400만 명의 동독인 서독으로 탈출.

다. 서독의 이주민 수용 체제

○ 3단계 이주민 수용 체제: 연방, 주, 지방자치 순서로 분산 수용

– 동독주민이 서독에 도착하면 서베를린, 기센, 프리드란드 세 곳에 설치된 연방 수용소에 2~3일간 체류하며 독일주민증을 부여받은 후, 각 주정부 수용소로 분산 수용: 각 주정부에 대한 이주민 할당 기준은 각 주의 인구비례와 경제사정, 이주민 본인의 희망(친척 거주지 등) 참작하여 분배.

– 각 주정부는 산하 지방자치단체로 분산: 지방자치단체는 이주민들의 실질적인 정착 지원.

3. 동구의 변혁과 동독의 붕괴

가. 동독주민의 대량 탈출

○ 1985년 3월 소련의 고르바초프 등장 이후 소련 및 동구 국가들에 확산된 개혁 · 개방정책은 동독에도 영향.

– 1989년 1월 15일 라이프치히에서 시민 수백 명이 표현의 자유, 집회의 자유, 언론의 자유를 요구하는 시위를 시작으로 주민들의 개혁 · 개방요구가 점점 확산, 그러나 동독정부는 오히려 체제를 더욱 공고히 하려는 강경입장을 취함.

– 1989년 7월 동구권에서 휴가를 보내던 동독인들은 동베를린, 체코, 헝가리, 폴란드 주재 서독 대사관에 몰려와 서독이주를 신청.

– 특히 헝가리는 1989년 5월 오지리와의 국경선에 설치된 철조망을 제거하여 헝가리－오지리 국경을 통하여 서독으로 이주할 수 있는 여건이 조성되어 있어

동독인들이 계속 모여 듦.

○ 난민문제 해결을 위한 서독 정부의 적극적 개입
- 1989년 8월 25일 Bonn에서 개최된 서독과 헝가리 간 비밀회담에서, 헝가리는 동독 탈출민들의 서독이주를 허용키로 하고, 서독은 헝가리에 10억 마르크의 차관을 제공키로 합의.
- 그 후 1989년 9월 10일 헝가리 정부는 오스트리아와의 국경을 완전히 개방하고 1969년에 체결한 헝가리-동독 간 여행협정을 일방적으로 폐기하였고, 1989년 8~9월 사이 헝가리-오지리를 경유하여 서독으로 탈출한 동독인들은 2만5천 명.
- 체코와 폴란드의 서독대사관에 몰려든 동독 탈출민 문제를 해결하기 위해 유엔 총회에 참석 중이던 겐셔(Genscher) 독일 외무장관은 1989.9.27 체코, 폴란드, 동독 외무장관을 각각 만나 동독인 난민문제 해결에 관해 협상.
- 특히 피셔(Fischer) 동독 외무장관과의 담판 시, 겐셔 외무장관은 두 가지 해결 방안을 제시: 체코 및 폴란드 주재 동독 대사관이 동독 탈출자들에게 출국비자를 발급해 주거나, 탈출자들이 기차를 타고 동독 영토를 지나 서독으로 갈 수 있도록 허용하라고 촉구.
- 이틀 후인 9.29 피셔 동독 외무장관은 체코와 폴란드에 있는 동독 탈출자들을 추방하는 형식으로 서독에 보낼 것이라고 통보. 1989년 10월 1일 폴란드의 서독 대사관에 있던 800명의 동독인들과 체코의 서독대사관에 있던 5,500명의 동독인들은 기차를 타고 동독 영토를 지나 서독으로 왔고, 그 후 다시 수천 명의 동독인들이 바르샤바와 프라하로 몰려들었고, 동독인들의 대량탈출이 본격적으로 시작. 1989년 여름휴가철에 동독인 약 5만 명이 서독으로 탈출.

나. 베를린장벽 붕괴

○ 동독 공산당 대변인의 "역사적 말실수"

- 1989년 11월 9일 18:53 귄터 샤보스키(Guenther Schabowski) 동독 공산당 (SED) 대변인의 지루한 내외신 기자회견이 거의 끝나갈 무렵 이태리 기자 Ricardo Ehrman이 "SED가 며칠 전 동독국민들의 해외여행에 관해 발표한 법안은 문제가 있는 것 아닌가?"라고 질문.

- 동독의 급변하는 정국에서 그 전날인 11월 8일 SED 대변인에 취임한 샤보스키는 11월 9일 공산당 중앙상임위에서 결정된 새로운 여행규정이 적힌 쪽지를 서류 속에서 찾아내어 더듬거리며 설명을 시작: 동독국민들이 앞으로 특별한 여행조건의 제약 없이 국외여행(서독 및 서베를린을 의미) 허가 비자를 '모든 국경 검문소' 현장에서 받아 여행할 수 있다고 답변.

- "새로운 여행규정이 언제부터 유효하느냐?"는 질문에 샤보스키는 머리를 극적거리며 자신 없는 태도로 "즉시"라고 답변.

- 그날 공산당상임위회의에 참석치 않아 새로운 여행규정이 다음날인 11월 10일부터 유효하다는 것을 몰랐던 그가 연출한 "세기의 실수".

○ 베를린장벽의 붕괴

- 동독 텔레비전을 통해 샤보스키의 내외신 기자회견을 본 동독인들은 갑작스런 "여행자유" 발표에 모두 의아해하다가, 서독 공영방송인 ARD TV의 20:00 저녁뉴스에 동독의 여행자유발표 내용이 긴급뉴스로 보도되자 수천 명의 동독시민들이 거리로 나와 베를린장벽의 국경검문소를 향해 달림.

- 동독국민은 동독의 뉴스가 아닌 서독의 뉴스를 신뢰하여 이미 오래전부터 매일 밤 20:00에 동서독은 "통합"된 상태 (분단 시 동독 지역의 약 80%에서는 서독

TV 시청이 가능).
- 수천 명의 주민들이 동베를린 국경검문소로 몰려 여행허가 신청을 하자 아무런 지시도 받지 못한 국경검문소 직원들은 상황을 몰라 우왕좌왕하였고, 그 사이 베를린장벽을 둘러싸고 인산인해가 이루어져 국경수비대가 더 이상 통제할 수 없는 상황으로 전개.
- 서베를린에서 몰려온 시민들과 동베를린 시민들은 장벽위로 올라가 얼싸안고 환호하며 춤을 춤: 그날 밤 동·서독은 사실상 하나가 됨.

다. 동독의 붕괴

○ 베를린장벽 붕괴 후 급변하는 동·서독 상황
- 1989.10.6 동독 건국 40주년 기념식에서 호네커(Honecker)는 동독 사회주의 승리를 주장하여 행사에 참석한 고르바초프와 주민들을 크게 실망시킴.
- 라이프치히에서의 대규모 시위를 비롯하여 동베를린, 드레스덴, 막데부르크 등 동독 전역으로 시위가 확산되고 시위자들의 구호는 "우리가 국민이다"에서 "우리는 한 국민이다"로 바뀜.

○ 호네커의 실각과 연속된 당서기장 교체
- 지속되는 주민 탈출과 시위대의 거선 압력에 호네커는 1989.10.18 당서기장에서 물러나고 크렌츠(Krenz)가 당서기장에 취임.
- 크렌츠는 주민들의 시위를 잠재우기 위해 동독주민의 해외여행을 1989.11.10부터 전면 허용키로 하였으나, 11.9 밤 샤보스키의 "역사적인 실수"에 의해 베를린장벽이 붕괴: 주민들의 탈출을 막기 위해 설치된 장벽이 28년 후 주민들의 대량 탈출로 붕괴.

- 베를린장벽이 붕괴된 후 단 일주일 만에 900만 명의 동독인이 서베를린 및 서독을 방문.

  * 당시 서베를린의 모든 슈퍼마켓에서 바나나가 완전 매진됨. 동독에서는 공산당 고위간부들의 전용 매점에서만 바나나를 팔았기 때문에 모든 동독인들이 서독 방문 시, 이 상징적인 바나나를 구입하였음.

- 동독의 상황은 아침·저녁으로 다르게 숨 가쁜 변화: 11월 13일 신임 동독 수상에 선출된 모드로우(Modrow)는 동·서독 간 포괄적인 조약공동체 체결을 제안.

○ 콜(Kohl) 서독 수상 "단계적 통일안" 발표

- 1989년 11월 28일 콜 수상은 독일과 유럽의 분단극복을 위한 "10개 항목"을 발표.

- 콜 수상은 독일 통일은 동·서독이 국가연합체의 단계를 거친 후 유럽통합의 연장 선상에서 추진될 것이라는 단계적 통일안을 제시. 당시 콜 수상은 독일 통일이 5~10년 후에 이루어 질 수 있을 것으로 예상.

- 그러나 동독 주민들의 변화에 대한 요구는 걷잡을 수 없이 확대되었고, 서독으로 이주하는 숫자도 폭발적으로 급증: 1989년 서독으로 이주한 동독인은 약 39만 명, 1990년 약 40만 명.

- 동독 이주민 외에도 동구권의 정세변화로 1990년 한 해에 약 60만 명의 동구권 거주 독일계 후손이 서독으로 이주하여, 서독은 한 해에 약 100만 명의 이주자를 받아들여야 하는 상황: 이주자들을 수용하기 위해 학교, 운동시설, 병영 등이 이용되고 실외에 콘테이너 임시숙소가 마련됨. 이는 더 이상 서독이 감당할 수 없는 상황이었고 콜 수상의 동·서독 통합에 대한 행보도 빨라짐.

- 그동안 공산사회주의 체제하에서 자유와 풍족한 물질에 대해 굶주려왔던 동독

주민들은 더 이상 인내심을 보이지 않았고 정치가들이 제시하는 단계적 통합정
책으로는 그들의 폭발하는 욕구를 잠재울 수 없었음.
- 동독 주민들은 시위에서 "도이치 마르크(DM)가 동쪽으로 오지 않으면 우리가
도이치 마르크로 가겠다"고 구호를 외쳤고, 서독의 Kohl 정부는 이러한 동독주
민들의 동요를 막기 위한 특단의 정치적인 긴급조치가 필요.

○ 동독 최초의 자유선거와 동·서독 간 통합 합의
- 1990년 3월 18일 동독에서 최초로 자유선거가 실시되었고, 드 메지에(de
Maiziere)가 수상으로 선출됨.
- 1990년 4월 23일 콜 수상과 드 메지에 수상은 동·서독 간 "경제·화폐·사회
통합(Staatsvertrag zur Wirtschafts-, Waehrungs-, und Sozialunion
beider deutschen Staaten, 일명 "국가조약")"을 1990년 7월 1일자로 실시하
기로 결정.
- 1990년 8월 23일 동독의회는 동독이 "서독 기본법 23조에 따라 1990.10.3 서
독에 통합"하기로 결의.
- 동·서독 대표 간에 협상된 "통일조약(Vertrag ueber die Herstellung der
staatlichen Einheit Deutschlands)"이 1990.8.31 동베를린에서 서독의 쇼이
블레(Schaeuble)와 동독의 크라우제(Krause) 간에 서명.
- "통일조약"은 1990년 9월 20일 동독 인민의회에서 법률로 승인.
- 1990년 10월 2일 17시 동독 인민의회가 마지막 개최되어 동독정부 해산과 동독
의 소멸을 공식 선언.
- 1990년 10월 3일 밤 0시 베를린 구 제국의회 정면 계단에서 폰 바이체커 독일
대통령은 환호하는 백만 군중 앞에서 독일통일을 선포.
* 독일통일은 동독이 서독의 기본법 제23조를 받아들여 스스로 서독에 편입한

것으로 "흡수통일"이라는 용어는 적합지 않으며, 독일인들도 이 용어에 대한 거부감 표명.

∷ 4. 독일통일 후 대두된 문제점과 통합현황

가. 통일 후 대두된 문제점들

○ 예상보다 열악했던 동독 경제 상황

- 동·서독 통일협상은 예상을 넘는 동독 주민들의 동요와 이에 따른 긴박한 정세변화 속에서 급속하게 이루어짐에 따라 통일 후에 현실적으로 대두된 문제점과 후유증도 예상보다 컸음.

- 동독주민들의 대량 이주사태를 막기 위해 급히 실시된 양측의 화폐통합은 동독 마르크의 실질적인 가치와는 큰 차이가 있는 정치적인 결정: 당시 동·서독 마르크의 공식 환율은 4:1(암시장에서는 10:1이 넘었음)이었으나, 동독인들의 임금, 봉급, 연금 등은 1:1로, 현금 및 예금은 상당한 액수까지(14세까지 2,000동독마르크, 15-59세 4,000동독마르크, 60세 이상은 6,000동독마르크)는 1:1로, 그 추가액은 2:1로 교환하기로 결정. 화폐교환과 더불어 3,000억 동독마르크에 달하는 은행예금이 1,820억 서독마르크로 교환되었으며, 이는 평균 1.65:1의 교환율.

- 통일 후 드러난 동독의 국가경제상황은 예상했던 것보다 훨씬 더 열악: 사회주의 국가 중 소련 다음으로 높은 경제수준인 것으로 알려졌던 동독이 이미 1989년 9월에 국가지불불능 상태였고 국가경제가 파산직전이었다는 사실을 서독은 알지 못했음.

- 화폐통합 후 통일독일이 넘겨받은 구 동독의 대외부채는 469억 유로(부채에 대한 환율을 2:1로 제안했으나, 채권국가들의 반발로 1:1로 교환).
- 동독의 산업은 낙후하였고, 물, 토지 오염 등 환경문제는 심각한 상태였으며, 대부분의 주택과 인프라는 전면적인 보수와 신축 필요.

○ 시장경제체제로 전환 시 발생한 문제점들
- 동독의 주택경제를 시장경제체제로 전환하기 위해서는 주택의 소유권 문제부터 우선 정리 필요성 대두.
- 주택소유권뿐만 아니라 동독을 떠나 서독에 거주하고 있던 과거 토지 소유자들에 의한 수백만 건의 재산소유권 반한소송은 동독지역에 대한 투자와 재건에 큰 장애물로 대두. 또한 서쪽에서 갑자기 나타난 원소유주와의 심리적, 사회적 갈등.
- 통일 당시 동독의 1인당 생산능력은 서독의 20~25% 수준이었고, 동독경제가 시장경제체제로 전환되면서 대부분의 초과 고용인력은 정리해고되어 실업자수가 크게 증가: 경제통합이 이루어지기 전인 1990년 6월 말 동독 실업자 수는 14만2천 명이었으나, 1990년 말 실업자수는 67만2천 명, 단축조업 특별규정이 만료된 1992년에는 실업자 134만 명.
- 이들 실업자들에는 공산당 고위직, 법률가, 장교, 외교관, 대학교수, 교사 등 구 동독의 지배층들도 많이 포함.

○ 사회보장제도 도입에 따른 문제점
- 동독시절에는 100% 고용이 원칙이었기 때문에 실업보험제도가 없었으나, 통일 후 사회시장경제의 유입과 함께 연금보험, 의료보험, 상해보험, 실업보험 도입.
- 동독의 연금은 1949년 이래 보험료 납부금 상한선이 월 600동독마르크로 고정

되어 있었고 따라서 연금기금은 매우 빈약한 상태.

– 그러나 1990년 7월 1일 화폐통합과 함께 동독의 연금수준이 서독수준으로 평준화 되어, 동독 연금자(조기 퇴직자 포함)의 80% 이상이 인상된 연금을 수령: 화폐통합 시 동독 연금자들은 서독 연금자 대비 56%의 연금 수준이었으나, 4년 후인 1994년 7월 1일에는 이미 서독수준의 95%에 달하는 연금을 수령.

○ 동독재건 재원 조달 문제

– 통일 전 서독정부는 동독재건을 위한 세금인상이 필요하지 않을 것이며, 국가의 "통일기금(Fonds Deutsche Einheit, 1990~1994년간 1150억 마르크)"으로 충분히 감당할 수 있을 것으로 간주.

– 통일 후 현실은 예상과 많은 차이 시현: 각종 세금 인상에도 불구하고 부족한 신연방주(구 동독) 재건 기금 마련을 위해 "연대협약(Solidarparkt)"이라는 세금이 1994~2004년간 신설되었고, 그 후 "연대협약 II(Solidarparkt II)"가 2005~2019년까지 지속될 예정.

– 독일통일 후 지금까지 동쪽에 지원된 총 규모는 계산법에 따라 많은 차이 발생: 최저 1조 유로부터 최고 2조 유로 사이의 액수가 동쪽 지역을 위해 지원된 것으로 알려지고 있으며(*베를린 자유대학 발표에 의하면 1990~2009년간 구동독 지원액은 1조 6,000억 유로), 그 중 대부분이 연금, 의료보험, 실업자 지원 등 각종 사회복지 부분에 투입되었고 실제로 구동독 지역의 재건을 위해서는 3,000억 유로 정도가 투여됨.

나. 통일 후 이룩한 성과

○ 정치적, 경제적 통합 성공적

- 통일과 함께 구동독 지역의 정치, 경제, 사법, 행정, 경찰, 교육제도 등 모든 분야에 서독의 제도가 도입됨.

- 40년 동안 지배했던 공산주의 제도가 민주제도, 사회시장경제제도로 바뀜. 국가에 모든 것을 의존하던 공산주의 체제에서, 개인이 스스로 결정하고 책임지는 제도로 바뀌는 급작스러운 변화는 동독지역 주민들에게 커다란 충격이었고 적응하기에 상당한 시간이 필요했음.

- 그동안 정치분야와 경제분야의 통합이 성공적이었다는 것은 대체적으로 인정됨. 통일 후 8년 만에 연방하원의장에 동독 출신이 선출되고(Wolfgang Thierse), 통일 후 15년 만에 동독출신 여성이 연방수상에 선출되었음(Angela Merkel). 또한 독일 최대 양대 정당의(기민당, 사민당) 당수로 동독 출신이 선출되었던 점 등은 정치분야 통합의 수준을 말해줌.

- 그동안 서쪽의 막대한 경제지원으로 구 동독 지역이 완전히 변화되었고, 개인의 경제수준도 과거 동독 시절에 비해 현저히 높아졌음.

- 모든 도로, 철도, 공항 등 교통망과 통신망이 최현대식으로 구축되었고, 붕괴되는 건축물들은 개축·신축되었으며 심각한 환경오염문제는 제거되었음. 수많은 박물관과 오페라하우스, 문화유적들이 보수되어 옛날의 위용을 다시 보여주고 있음.

- 2008년도 동쪽의 서쪽 대비 생산성은 79%, 임금은 81.5%로 상승하였음. 그러나 실업률은 서독의 6.0% 보다 훨씬 높은 11.8%임. 구 동독 지역의 지역별 산업특성화 추진으로 일부 지역의 첨단산업은 국제적인 수준이며, 관광산업 활성화로 2008년도 구동독지역을 방문한 관광객이 약 7천만 명에 달함(관광산업 종사자는 45만 명으로 구 동독 지역 직업종사자의 8%).

○ 현재 동·서독 지역의 경제적 격차는 이태리 남부와 북부의 차이보다 적음.

– 통일 후 소위 "분단비용(각종 대동독 지원, 난민지원, 높은 군대유지비 등)"이 감소된 점도 간과해서는 안 될 것임. 통일당시 동독은 약 17만 명 서독은 약 50만 명의 군대가 있었으나, 현재 독일의 군대 수는 약 25만 명이며, 사병의 복무기간도 10개월로 대폭 감축됨. 군대유지비 감축뿐만 아니라 젊은이들의 산업현장 진입이 빨라진 점 또한 국가 발전에 긍정적인 요소임.

○ 사회적 통합은 진행 중

– 자유는 공기와 같은 것이어서 부족할 때 그 절박한 필요성을 느끼는 것임. 또한 인간은 좋은 것에 대한 적응은 매우 쉽고 빠른 것임. 과거 그렇게 원했던 자유와 평화, 안정된 생활, 자유로운 여행 등은 이제 너무나 당연한 것이 되었음.

– 1990년 구동독 주민들의 평균 수명은 남성 69.5세(서독 72.2세), 여성 76.7세 서독 79.3세)로 서독과 큰 차이가 있었으나, 2007년 평균 수명은 남성 75.8세 (서독 77.5세), 여성 모두 82.3세로 평균수명이 거의 비슷하게 되었음. 통일 후 2002년까지 구동독 지역에 1025개의 의료시설이 신설된 것이 이를 반영함.

– 교육은 사회통합에서 매우 중요한 분야임. 교육제도와 교과서가 바뀌고, 교사는 전문성과 과거 정치전력 등을 검증하여 재임용됨. 1990년 가을학기에 교과서 250만 권(독일어, 역사, 영어, 정치, 경제 등)이 일반학교에 보급됨.

– 구 동독의 기성세대 중에는 심리적으로 아직도 자신들이 "이등국민"이라는 느낌을 가지고 있는 사람들이 있음. 특히 과거 동독 시절의 사회 지도층은 과거에 대한 향수 때문에 경제적 수준 향상에도 불구하고 지위적 박탈감에 대한 불만이 큼. 과거 동독 시절 반체제 운동을 했던 인사들도 통일 후 모든 제도가 하루 아침에 서독식의 제도로 바뀌는 과정에서 통일의 실질적 주역이었던 자신들이 제3자로 전락한 것과, 또한 지난 40년간의 동독생활이 모두 무의미해진 것에 대한 허탈감이 큼.

- 동쪽의 이러한 사회적, 심리적 불만은 2009.9.27 독일 총선결과에서도 나타남: 구 동독 지역에서 구 공산당 후신 정당에 대한 지지도 26%.
- 40년 동안 전혀 다른 제도와 가치관 속에서 생활했던 사람들의 사회적, 심리적 통합은 시간이 필요함.(*의식의 변화는 1세대(30년) 이상이 필요하다고 봄)
- 지난 2007년 11월 *Der Spiegel*지가 발표한 여론조사에서 "독일통일의 승자(Gewinner) 또는 패자(Verlierer)로 느끼는가?"라는 질문에 대해, 24세 미만의 구서독 출신 41%, 구동독 출신 45%가 독일통일의 승자로 느끼며, 각 15%가 패자로 느낀다고 답함. 반면 35세 이상의 연령층에서는 서독 출신 29%와 동독 출신 57%가 승자로, 서독 출신 25%와 동독 출신 20%가 패자로 느낀다고 답함.

5. 독일통일의 역사적 의미와 한국에 주는 교훈

가. "종합예술품" 독일통일

○ 필자가 본 독일통일은 수준 높은 "종합예술품"이며, 그 이유는 다음과 같음:
- 첫째, 독일통일은 평화적으로 이루어졌음: 베를린 장벽이 붕괴되는 순간에 동서독에는 100만 명이 넘는 군대가 대치하고 있었으나, 한 방의 총성도 울리지 않았음. 만약 한 방이라도 총성이 울렸다면 사태는 급반전하였을 것이며, 평화로운 통일은 이루어지기 어려웠을 것임. 특히 당시 동독에 50만 명의 소련군이 주둔하고 있었다는 점을 감안한다면
- 둘째, 독일통일의 주역은 동독주민들임. 체제에 반대하는 동독주민들의 목숨 건 시위와 탈출은 결국 동독 공산당정권의 붕괴를 가져왔음.
- 셋째, 서독 정치가들의 정확한 기회 포착과 과감한 추진력임. Kohl 수상은 급

변하는 동독과 유럽의 상황을 놓치지 않고 이를 독일통일로 이끌어 갔음. 당시 고르바초프가 추진하는 소련의 개혁, 개방 정책은 반대파들에게 점점 밀리고 있었고, 독일은 고르바초프가 실각하기 전에 독일통일을 달성해야 한다는 것을 잘 알고 있었음. 그리고 2차 대전 이후 국제법적으로 미해결 상태였던 폴란드와의 국경문제에서도 정치적 결단력을 발휘함. 즉 1937년 이전 독일 영토이었던 오더—나이세 강변의 동부 지역 영토(독일 영토의 약 23%)를 영원히 포기함.

- 넷째, 서독의 막강한 경제력은 통일을 앞당기는 원동력이었음. 서독정부는 헝가리, 체코, 폴란드의 서독 대사관에 진입한 동독주민들의 서독여행 허가를 위해 많은 차관을 제공했고, 특히 소련의 독일통일 지지와 통일독일의 NATO 잔류 승인을 위해서 50억 마르크(약 25억 유로)의 차관과 동독주둔 소련군 철수와 관련된 비용 전액(약 64억 유로) 제공 등 경제력을 최대한 이용함.

- 다섯째, 독일의 강력하고 수준 높은 외교력임. 18년 동안 외교장관을 역임한 Genscher 외교장관은 유럽뿐만 아니라 국제사회에 신뢰를 구축하고 있었고, 독일 외교 협상팀은 짧은 기간에 전승 4개국들과 주변국들의 독일통일에 대한 지지를 이끌어 내는 강력한 외교력을 발휘함.

- 여섯째, 서독 전문가 집단의 높은 저력임. 1990년 2월 7일 Kohl 수상의 본격적인 통일 추진이 발표된 후 동·서독 간 "국가조약" 체결이 추진되었고, "경제·화폐·사회통합"을 위한 각 분야를 총망라한 세부적인 법률을 짧은 기간 내에 (1990년 5월 18일 동·서독 재무장관 간 서명) 만들어낸 서독 법률가들과 공무원들의 전문성은 괄목할만한 것이었음. 이에 따른 문제점과 후유증이 물론 있었으나, 공무원들의 전문성은 평가할 만한 수준이었음.

- 일곱째, 서독국민들의 인내심과 연대감임. 통일 후 현재까지 구 동독 지역의 재건을 위하여 엄청난 액수가 지원되고 있으며 이는 즉 국민들의 세금인상을 통

한 지원임. 구동독 지역 지원금인 "연대협약 II"는 2019년까지, 즉 베를린 장벽 붕괴 이후 30년 동안 지속될 예정임.

나. 독일통일의 역사적 의미

○ 독일통일의 문제점과 후유증에 대해 많은 논란이 있으나, 독일통일에 대해 회의적인 시각을 표명하는 사람들이 간과하는 중요한 역사적인 사안이 있으며 그 중 대표적인 사항은 다음과 같음:

- 첫째, 독일은 통일과 함께 완전한 국가의 주권(volle Souveraenitaet)을 획득함. 2차 대전 패전국인 독일은 주권이 제한되어 있었으며 베를린과 통일문제를 포함한 독일 전체에 관련된 사항은 전승 4개국의 권한과 책임사항이었음. 즉, 통일 전 서독은 막강한 경제력(당시 세계 3대 경제력)에도 불구하고 정치적으로는 완전한 주권 행사에 제약을 받고 있었음. 독일은 2+4 회담을 통해 전승 4개국의 통일 지지와 주권회복을 얻어냄.

- 둘째, 통일 후 구동독인들이 누리고 있는 자유는 무엇하고도 바꿀 수 없는 값진 것임. 그들은 읽고, 말하고, 쓰고, 학교 선택하고 직업 선택을 하는데 더 이상 제약을 받지 않으며, 원하는 나라에 여행할 수 있고, 또한 공포심과 두려움 없이 살아갈 수 있음.

- 셋째, 독일통일은 유럽 통합의 테두리 속에서 이루어졌음. 동·서독의 통합이 없는 유럽의 동구권 확대는 상상할 수 없으며, 유럽의 평화와 번영은 이루어질 수 없을 것임. 2004년 EU에 신규 가입한 10개 국가 중 8개국은 독일의 동쪽에 위치한 국가로서 독일은 현재 정치적으로도 유럽연합의 중심국임.

다. 독일통일이 한국에 주는 교훈

○ 독일인들이 한국에 주는 조언

- 외교관 생활 중 3년간 주 세르비아 대사직을 제외한 15년 동안 독일관계 업무를 수행하였음. 그동안 우리 대통령들과 수많은 고위인사들의 독일 고위인사들과의 면담에서 통역하거나 배석하였음. 모든 면담 시 우리나라 인사들이 독일 측에 마지막으로 항상 묻는 질문은 통일관련 우리에게 어떠한 조언을 하겠느냐는 것이었음.

○ 독일 인사들이 공식적으로는 언급할 수 없는 내용이지만, 우호적인 입장에서 우리에게 조심스럽게 줄 수 있다고 말한 조언을 요약하면 다음과 같음:

- 자신들이 상상했던 통일과정과 현실과는 커다란 차이가 있었고, 자신들이 준비했던 시나리오와 자료들은 통일과정에서 휴지조각이나 다름없었음. 긴박하게 변화하는 상황에서 대처해야 했기 때문에 판단이 잘못된 부분도 있음. 한국은 모든 가능성에 대비한 준비를 사전에 한다면 자신들이 범한 실수를 하지 않을 것임.

- 특히 동·서독 "경제통합"에서 동독의 경제상황에 대한 판단이 현실과 큰 차이가 있어 통일비용이 예상보다 훨씬 더 많이 소요되었음. 한국은 북한의 경제상황을 정확하게 판단해야 할 것임.

- 급증하는 동독 난민들의 문제는 서독사회의 안정을 위협하는 심각한 상황이 되었음. 그들을 동독에 머물게 하기 위해 "화폐통합"에서 경제적으로는 문제가 된다는 점을 알면서도 과감한 정치적 결단을 내릴 수밖에 없었음. 한국은 통일 시 북한인들의 남하를 막기 위해 독일과 같은 경제적 문제에 봉착되지 않도록 사전에 특별한 연구를 해야 할 것임.

- 토지와 건물 등에 대한 원소유주 반환은 민주, 자본주의 법에 의해 당연한 것이나, 통일 후 수백만 건에 달하는 원소유주들의 소송(상당수는 원소유주 사망으로 후손들에 의해 제기된 복잡한 사건)으로 구동독 지역 재건이 상당기간 지연되었음. 또한 서독에서 갑자기 나타난 원소유주와 동독인들 간에 심리적, 사회적 마찰도 컸음. 그리고 원소유주에 대한 보상으로 국가적 재정부담도 대단히 컸음. 한국은 통일 후 원소유주 반환문제에서 "특별법 제정" 등을 통해 독일과 같은 문제점을 갖지 않기 바람.

- 동·서독 통일시 서독의 전문가들이 동쪽으로 가서 모든 제도적 통합과 개혁을 주도하였음. 이에 대한 동독인들의 심리적 반감이 있었고, 이는 동·서독 내적 통합에서 걸림돌로 작용하였음. 한국은 사전에 북한 전문가 교육과정에서 내적 통합에 대한 연구를 하고, 통일 후 "탈북자"들도 통합 전문가로 활용한다면 북한인들의 반감을 줄일 수 있을 것으로 봄.

- 동·서독 통일의 원동력은 동·서독 국민간의 교류였음. 분단 시 독일은 인도적인 측면을 가장 중요시 여겼고, 대동독 지원에서 항상 인도적 문제에 대한 양보를 얻어내는 데 주력하였음. 많은 어려움이 있겠지만 한국도 인적교류를 적극 추진해야 할 것임. 수많은 "바늘구멍"은 결국 어떠한 장벽도 붕괴 시킬 것임.

- 인간의 사고와 가치관은 변화하기 대단히 어려운 것임. 따라서 사회적·심리적 통합은 적어도 1세대(30년) 이상이 소요될 것이며, 아마도 진정한 내적통합은 통일 전에 태어났던 사람들이 모두 사망한 후에나 가능할 것임.한국의 심각한 분단 상황과 기간을 감안할 경우 독일보다 내적통합이 훨씬 더 어려울 수 있음.

- 독일통일은 역사적 "선물"이었음. 고르바초프가 없었다면 통일이 불가능했을 것임. 그러나 미국의 강력한 지원이 없었다면 통일이 이루어질 수 없었음. 불란서와 영국을 포함한 우방국들과 모든 주변국들의 반대를 극복할 수 있었던 점

은 미국의 완벽한 지지와 지원이었음. 한국의 통일과정에서 제2의 "고르바초프" 등장은 기대하기 어려울 것이나, 우방국들의 적극적인 지지는 반드시 필요할 것임.

- 한국과 독일의 분단은 배경, 과정, 상황 등이 매우 다르나, 분단으로 인해 감당해야 하는 정치적, 경제적, 사회적인 막대한 "분단비용"을 감안한다면, 통일 후 진정한 자유와 평화를 위해 지불하는 비용은 절대로 헛되지 않을 것임.

○ 독일통일이 한국에 주는 교훈

- 예측 불허한 통일과정에 대한 대비: 독일통일은 아무도 예상하지 못한 시기와 방법으로 실현되었음. 갑작스러운 베를린장벽 붕괴 후 독일은 급변하는 긴박한 상황에서 통일정책을 결정해야만 했고, 이에 따른 후유증도 컸음. 한국은 독일과 분단 상황이 매우 다르지만 모든 가능한 통일 시나리오를 설정하고 이에 대한 사전 연구와 대비가 필요함.

- 통일 후 발생할 통일비용에 대한 연구와 재원대책 강구: 독일은 막강한 경제력을 이용하여 통일을 앞당길 수 있었고, 또한 통일 후에도 엄청난 액수의 "통일비용"을 지불하고 있음. 한국은 "분단비용"과 "통일비용"에 대해 연구하고, 통일 후 발생할 비용에 대한 재원 마련 대책을 강구해야 함.

- 통일 대비 외교 협력관계 강화: 독일은 막강한 외교력과 미국의 강력한 통일지지로 모든 통일 반대국가들을 설득할 수 있었음. 한국도 동맹국들과 주변국들 및 다자협력 관계를 강화하여 통일에 대한 지지를 획득할 수 있도록 외교력을 강화해야 할 것임. 통일 후 발생할 비용에 대한 국제사회의 지원을 위해서도 외교력의 강화는 절실함.

- 남·북한 교류 강화: 독일은 동·서독 간 교류, 특히 활발한 인적 교류가 통일을 앞당기는 역할을 했고, 통일 후 내적 통합에도 도움이 됨. 한국도 남·북한

교류, 특히 인도적 차원의 인적 강화 추구가 바람직함.

- 통일 후 정치적, 경제적, 사회적, 문화적, 심리적 통합에 대한 분야별 연구: 남·북한의 분단 상황, 분단 기간, 경제력, 인구비율 등은 독일의 상황과는 현저히 다름. 따라서 통합에 따르는 각종 후유증도 더 심각할 것임. 각 부처 산하 국책 연구기관에서는 해당분야에 대한 통합 연구, 특히 원소유주 반환 문제 등 경제적, 사회적, 심리적 갈등에 대비한 연구와 대책 마련이 필요함.

- "탈북자 정책" 강화: 탈북자의 정착 지원체계 강화 및 통일 후 탈북자 활용도에 대한 연구가 필요함.

- 통일에 대한 국민의 이해 제고 노력: 독일 통일에 대한 비용문제가 부각되면서 우리 국민들의 통일 염원이 저하된 점을 감안, 분단으로 인하여 지불하고 있는 정치적, 경제적, 사회적, 문화적, 인도적인 "분단비용"에 대한 국민들의 의식 변화를 추구하고, "우리가 왜 통일을 원하는가?"에 대한 국민들의 이해 제고 노력이 필요함.

∰ 참고문헌

Auswaertiges Amt(Hrsg.): Aussenpolitik der Bundesrepublik Deutschland, Dokumente von 1949 bis 1994, Koeln 1995.

Bahr, Egon: Zu meiner Zeit, Muenchen 1996.

Bundesministerium fuer Verkehr, Bau und Stadtentwicklung(Hrsg.): Jahresbericht der Bundesregierung zum Stand der Deutschen Einheit 2009.

Bundesministerium des Innern(Hrsg.): Deutsche Einheit, Dokumente zur

Deutschlandpolitik, Muenchen 1998.

Bundesministerium fuer innerdeutsche Beziehungen(Hrsg.): Die Entwicklung der Beziehungen zwischen der Bundesrepublik und der DDR, 1973.

Busch, Ulrich: Aufbau Ost – Bilanz und Perspektiven, in: Berliner Debatte Initial. 16, Nr. 1, 2005.

Fuhr, Eckhard(Hrsg.): Geschichte der Deutschen 1949–1990, Insel 1990 Genscher, Hans–Dietrich: Erinnerungen, Berlin 1995.

Hertle, Hans–Hermann: Chronik des Mauerfalls, Die dramatischen Ereingnisse um den 9. November 1989, Berlin 1996.

Kohl, Helmut: Ich wollte Deutschlands Einheit, Berlin 1996.

Lehmann, Hans Georg: Deutschland Chronik 1945–1995, Bonn 1995.

Mueller, Uwe: Supergau Deutsche Einheit, Rowolt 2005 (이봉기 번역, "대재앙 통일", 독일통일로부터의 교훈, 문학세계사, 2006).

Mueller, Helmut(Hrsg.): Deutsche Geschichte in Schlaglichtern, Meyers Lexikon 1996.

Paque, Karl–Heinz: Transformationspolitik in Ostdeutschland: ein Teilerfolg, In: Aus Politik und Zeitgeschichte, Bundeszentrale fuer politische Bildung, 28/2009.

Ritter, Gerhard A.: Der Preis der deutschen Einheit. Die Wiedervereinigung und die Krise des Sozialstaates, Beck 2007.

Schaeuble, Wolfgang: Der Vertrag, wie ich ueber die deutsche Einheitverhandelte, Stuttgart 1990.

Schaeuble, Wolfgang: Und der Zukunft zugewandt, Berlin 1994.

Schmidt, Helmut: Auf dem Weg zur deutschen Einheit, Bilanz und Ausblick,

Reinbek 2005.

Siebert, Horst: Das Wagnis der Einheit, Eine Wirtschaftliche Therapie, Stuttgart 1998.

Teltschik, Horst: 329 Tage, Innenansichten der Einigung, Berlin 1991.

주 독일대사관 (발행): 숫자로 본 독일통일, Bonn 1992.

주 독일대사관 (발행): 동서독 교류협력 사례집, Bonn 1993.

주 독일대사관 (발행): 법률로 본 독일통일, Bonn 1995.

주 독일대사관 (발행), 저자 김영탁: 독일통일의 어제와 오늘 −독일의 분단과 통일 및 통합 과정−, Bonn 1997.

오준근: 독일연방공화국 60년, 베를린장벽 붕괴 20년, 한반도평화연구원, 2009.

2009 JPI 정책포럼 시리즈

동아시아
평화의 미래

안보와 다자협력 · 인간안보 · 동아시아 지역연구 · 북한과 통일

초판인쇄 | 2010년 2월 26일
초판발행 | 2010년 2월 26일

편저자 | 제주평화연구원
펴낸이 | 채종준
기　획 | 이주은
표지디자인 | 장선희
본문디자인 | 양은정

펴낸곳 | 한국학술정보㈜
주　소 | 경기도 파주시 교하읍 문발리 파주출판문화정보산업단지 513-5
전　화 | 031) 908-3181(대표)
팩　스 | 031) 908-3189
홈페이지 | http://www.kstudy.com
E-mail | 출판사업부　publish@kstudy.com
등　록 | 제일산-115호(2000. 6. 19)

ISBN　　978-89-268-0843-6　93340(Paper Book)
　　　　　978-89-268-0844-3　98340(e-Book)